알기 쉬운 심리학

Understanding Psychology for
Nursing Students

SAGE | Learning Matters

Learning Matters
An imprint of SAGE Publications Ltd
1 Oliver's Yard
55 City Road
London EC1Y 1SP

SAGE Publications Inc.
2455 Teller Road
Thousand Oaks, California 91320

SAGE Publications India Pvt Ltd
B 1/I 1 Mohan Cooperative Industrial Area
Mathura Road
New Delhi 110 044

SAGE Publications Asia-Pacific Pte Ltd
3 Church Street
#10-04 Samsung Hub
Singapore 049483

Editor: Alex Clabburn
Development editor: Caroline Sheldrick
Production controller: Chris Marke
Project management: Deer Park Productions
Marketing manager: Tamara Navaratnam
Cover design: Wendy Scott
Typeset by: C&M Digitals (P) Ltd, Chennai, India
Printed in the UK

Understanding Psychology for Nursing Students by Jan De Vries, Fiona Timmins

English language edition published by SAGE Publications of London, Thousand Oaks and New Delhi

Library of Congress Control Number: 2016956882

British Library Cataloguing in Publication Data

A catalogue record for this book is available from the British Library.

ISBN 978-1-4129-6195-0 (pbk)
ISBN 978-1-4129-6194-3 (hbk)

알기 쉬운 심리학

Understanding Psychology for Nursing Students

Jan de Vries · Fiona Timmins 공저

하태희 · 송지현 · 이은영 · 정추영 · 정미애 외 공역

학지사메디컬
HAKJISA MEDICAL

알기 쉬운 심리학

Understanding Psychology for Nursing Students

2021년 2월 15일 1판 1쇄 인쇄
2021년 7월 15일 1판 2쇄 발행

지은이 | Jan de Vries · Fiona Timmins
옮긴이 | 하태희 · 송지현 · 이은영 · 정추영 · 정미애 외
펴낸이 | 김진환
펴낸곳 | 학지사메디컬 HAKJISA MEDICAL
04031 서울특별시 마포구 양화로 15길 20 마인드월드빌딩
대표전화_ 02-330-5188 팩스_ 02-326-0338
등 록 | 2010년 2월 8일 제313-2010-36호
메 일 | hakjisamd@hakjisamd.co.kr
홈페이지 | http://www.hakjisamd.co.kr

ISBN 978-89-6069-904-5 93510

가 격 | 23,000원

역자 소개

대표역자

하태희	대구대학교	**정미애**	문경대학교
송지현	제주한라대학교	**정추영**	대구보건대학교
이은영	수성대학교		

번역진

곽미경	안동과학대학교	**신은정**	경북전문대학교
김경란	제주관광대학교	**양경희**	원광보건대학교
김 민	동아보건대학교	**여현주**	대구과학대학교
김윤영	구미대학교	**오미숙**	전주비전대학교
김판희	구미대학교	**우미영**	호산대학교
박정미	영남이공대학교	**유광자**	거창도립대학교
박정은	광주여자대학교	**이은영**	수성대학교
박혜인	대경대학교	**정미애**	문경대학교
배영주	대구과학대학교	**정추영**	대구보건대학교
송지현	제주한라대학교	**하태희**	대구대학교

저자 소개

Jan de Vries는 Trinity College Dublin의 School of Nursing and Midwifery에서 조교수로 재직하고 있다. 그는 네덜란드의 Utrecht University에서 학부 및 석사, 아일랜드의 Trinity College Dublin에서 박사학위를 취득했다(1999). 그는 30년 넘게 심리학을 교육하고 있으며, 네덜란드, 독일, 아일랜드, 영국, 미국에서 응용심리학 모듈 및 프로그램을 개발하고, 설계 및 구현하였다. 그는 네덜란드, 아일랜드, 켈리포니아의 대학에서도 근무했다. 스트레스 및 외상 관련 상담가로서 근무했으며, 아일랜드의 Glencree Centre of Reconciliation에서 의사소통 프로그램을 협업하였다. 그는 2007년부터 Trinity College Dublin의 School of Nursing and Midwifery에서 재직해 왔으며, 다방면에서 심리학과 간호학 사이의 인터페이스를 개발하는 데 열중해 왔다. 여기에는 간호 면허에서 심리학에 대한 Nursing and Midwifery Board of Ireland (NMBI)에의 조언, Trinity College Dublin 내 커리큘럼 개발 및 학부와 대학원 수준에서의 수많은 교육 모듈이 있다. 연구 관심사는 간호심리학, 인지부조화, 정신건강 중재, 손 씻기, 기타 건강관리 관련 주제들을 포함한다. 또한, 많은 간호심리학 서적에 대한 리뷰를 발표했다. Jan과 Fiona는 심리학과 간호학의 정점에 관한 여러 간행물 발간에 있어서 서로 협력해 오고 있다.

Fiona Timmins는 Trinity College Dublin의 School of Nursing and Midwifery에서 부교수로 재직하고 있다. 간호학자로서 100편 이상의 연구논문을 저널에 게재했으며, 간호학 서적 7권을 집필 또는 공동 저술하였다. 그녀는 많은 기조연설과 워크숍을 포함하여 150편이 넘는 논문을 국제적으로 발표하였고, 현재 Journal of Nursing Management의 편집위원이자 연구논문에 대한 동료 심사위원으로서 활동하고 있다. 연구 관심 영역은 전문간호 문제, 간호교육, 영성, 성찰 분야이다. 2004년 Provost's Teaching Award를 비롯한 여러 상의 수상으로 교수능력을 인정받았으며, University of Glamorgan에서 간호학 박사학위를 포함한 여러 학위와 상을 받았다.

저자 서문

심리학은 오랫동안 국제적으로 간호교육 교과과정의 필수적인 요소였다. 초기 간호 문헌에서도 환자 이해, 효과적인 돌봄, 돌봄 제공자 자신과 동료를 이해하는 데에 있어서 심리학은 필수적임이 제시되어 있다. 전혀 다른 분야였던 심리학은 지난 50년 동안 간호학 교과과정 내에서 점점 더 관련성을 가지게 되었으며, 이러한 심리학의 중요성을 반영하는 주제의 교재가 급증하고 있다. 간호학과 심리학의 발전적 방향을 고려할 때 이러한 흐름을 따라가기 위해서는 최신의 간호심리학 교재가 요구되는 것이 현실이다.

이 교재는 이것을 염두에 두고 쓰여졌으며, 학생 간호사의 교육과 간호학적 지식 및 기술을 향상시키고자 하는 서적이다. 인간 돌봄에 있어서 현대 심리학의 역할에 대한 혁신적이고 실용적인 관점을 제공하며, 각 분야의 진보와 공통적인 문제 영역을 언급하고 있다. 독자가 흥미를 갖도록 접근 가능하고 이해할 수 있는 방법으로 자료를 제시하는 데 많은 노력을 기울였다. 간호교육을 담당하는 심리학자와 간호학자에 의해 집필되었으며, 간호사들이 변화에 대한 자극을 받을 수 있도록 하는 데 중점을 두고 있다. 수년간의 경험을 통해서 저자들은 신속하게 요점을 밝히고 지나치게 어렵고 자세한 설명은 최대한 자제하기 위해 노력하였다.

이 책에는 학생들을 적극적으로 참여하게 하는 많은 활동이 있다. 이런 점은 간호교육자가 강의 모듈과 상호작용 세션, 강연, 워크숍을 설계하는 데 상당한 도움이 될 것이다. 또한, 이 책은 문제 기반 및 탐구 기반 학습이 용이하도록 설계되었으며, 자기주도 및 웹 기반 학습과제를 포함하고 있다. 오늘날 간호대학은 심리학을 별개의 분리된 주제로서 가르치거나 간호교육 모듈 내에서 통합적인 교육을 한다. 이 책은 두 가지 맥락 모두를 사용할 수 있도록 설계되어 있다. 간호학 내에서 심리학을 이해하고 사용하는 것뿐만 아니라, 심리학을 간호 및 건강관리 실무에 적용하고 통합하는 데 중점을 두고 있다.

저자 서문

이 책은 임상간호사와 지역사회 간호사, 정신전문 간호사, 소아전문 간호사, 지적 장애 전문 간호사들이 사용 가능하도록 설계되어 있다. 또한, 영국(NMC, 2010)과 아일랜드(NMBI, 2016) 간호사 면허에 필요한 심리학적인 요건들을 다루고, 관련 이론과 연구뿐만 아니라 유럽 간호에서 필수적인 심리 도구와 기술들을 제공하고 있다. 특히 이 책에는 영국 간호 및 조산위원회(UK Nursing and Midwifery Council: NMC) 요건 사항들이 통합적으로 기술되어 있다.

NMC(2010: 7)는 간호대학생이 사전교육 프로그램에서 습득해야 할 지식과 기술, 태도를 규정하고 있는데, 학생들이 교육과정 동안 개발해야 할 역량과 관련된 네 가지 영역을 제시하고 있다. 각 영역에는 명시적으로 기술하지는 않았지만 심리학적 지식에 근거한 많은 역량이 제시되어 있는데, 이러한 역량을 기반으로 기본적인 콘텐츠를 제공하고, 관련 실무 기술 개발을 위한 구체적인 지원 내용이 기술되어 있다.

간호사 면허에 필요한 NMC 교육 요구 사항과 이 책과의 일치성

- **Domain 1: 전문가로서의 가치(NMC 2010: 13-14)**

  이 책은 간호에 있어서 '전인적이고, 비판단적이며, 배려적이며, 민감성 있는 태도(역량 2)'의 달성 방법과 그 과정에서 가능한 장애물에 대한 이해를 돕기 위한 심리학적인 기본틀을 제공하고 있다. 구체적으로 보면, 파트너십, 건강 증진, 대상자의 존엄성 유지 방법(역량 3 & 4)은 1, 2, 8, 9, 10장에 제시되어 있다. 이 책을 통해서 '근거 기반 실무의 가치(역량 9)'에 대한 이해뿐만 아니라 '성찰'의 함양(역량 8)이 가능하다. 아울러, 간호 성과와 안전을 향상시키는 핵심 요인(역량 7)은 4, 5, 6, 7장에 제시되어 있다.

- **Domain 2: 의사소통과 대인관계기술(NMC 2010: 15-16)**

심리학은 의사소통과 대인관계기술의 개발에 도움이 된다. 이 책의 모든 장에 포함된 활동을 통하여 이런 기술을 개발하는 것이 이 책의 목표이다. 특히 1, 9, 10장은 대상자 중심 간호(역량 2)의 개발과 이와 관련된 실무에서 간호사가 경험하는 장애물에 대해 중점적으로 기술하고 있다. 1, 4, 8, 9장에서는 스트레스와 불안을 줄이기 위한 최적화된 의사소통(역량 4)과 건강 증진 및 회복을 촉진(역량 6)하기 위해 사용할 수 있는 심리학적인 접근법에 대해 다루고 있다. 특히, 간호사가 대상자의 불안이나 스트레스를 인식하고 치료적인 원리를 사용하여 효과적으로 대처할 수 있도록 돕는 것을 가능하게 한다(역량 4). 이는 인본주의, 행동주의, 인지 및 긍정심리학의 원리를 인식하고 적용하며 간호의 치료적 원리로 전환시킴으로써 가능하다.

- **Domain 3: 간호 실무와 의사 결정(NMC 2010: 17-19)**

근거와 건전한 사정에 기반을 둔 안전한 의사 결정(역량 1)을 하기 위해서는 정보화 과정에 있어서 인지적인 강점과 한계에 대한 이해가 필요하다. 이 내용은 5장과 6장에 기술되어 있다. 특히, 2, 3, 5, 8장에서는 '인간의 신체 구조와 기능에 대한 지식, 건강, 질병, 장애, 노화, 죽음에 적용되는 생명, 행동 및 사회과학적 관련 지식(역량 2)'의 실무적인 내용이 기술되어 있다. 4장과 9장에서는 대상자와 가족 대상의 교육적 지원과 자가관리의 방법(역량 8)에 대해 기술되어 있다. 간호 수준을 평가하는 방법의 중요성과 세부 사항(역량 10)은 10장에서 구체적으로 다루고 있다.

- **Domain 4: 리더십, 관리, 팀 업무(NMC 2010: 20-21)**

이 책은 의료기관의 동료 및 다학제적 팀과의 협력에 있어서 사회적 요인의 이해를 강조하고 있다. 특히, 7장에서는 이 영역의 개발을 위한 토대가 제시되어 있다. 본문 전반에 걸쳐 저자들은 '변화관리자'로서의 간호사의 역할을 심화시키고자 시도하였다(역량 1). 이 영역에 포함된 또 다른 역량 중 '간호의 체계적인 평가 방법(역량 2)'은 10장에 제시되어 있다. 마지막으로 '자기인식(역량 4)'은 이 책의 전반적인 목표이며, 특히 2, 3, 6장에서 강조하고 있다. 또한, 팀의 일원으로서 자신의 능력을 최적화하는 방법은 7장에 기술되어 있다.

저자 서문

이 책은 짧은 교재이지만 방대한 범위를 포함하고 있다. 심리학은 간호사에게 제공해 줄 수 있는 것이 많다. 그러므로 심리학의 기초뿐만 아니라 돌봄 제공에의 적용과 통합에 중점을 두었다. 각 장은 각각 분리되어 있으나 때로는 상호 의존적으로 구성되어 있다. 제1장에서 제3장까지의 서론에 이어 제4장에서 제7장까지는 4개 특정 주제 영역과 이에 대한 적용이 제시되어 있으며, 제8장에서 제10장까지는 간호학의 심리학적 통합이 이루어진다. 핵심 주제는 독자가 개입하여 성찰하고 연습함으로써 건강관리와 관련된 심리학을 의미 있게 잘 구조화하고 실무 지식의 기반을 구축하는 방식으로 제시된다. 이 책은 또한 독자가 간호를 이해하면서 의문을 제기하고, 간호 실무와 질을 손상시키는 문제에 도전하도록 하는 것을 목표로 하고 있다.

참고문헌

NMC (2010). Standards of proficiency for pre-registration nursing education. London: Nursing and Midwifery Council (http://www.nmc-uk.org/documents/standards/nmcstandardsofproficiencyforpre_registrationnursingeducation.pdf)

NMBI (2016). Requirements and Standards for Nurse Registration Education Programmes (4th ed.). Dublin: Nursing and Midwifery Board of Ireland.

http://www.nmbi.ie/Education/Standards-and-Requirements/Nurse-Registration-Programmes

출처와 감사의 글

저자들과 출판사는 다음 저작권 자료들의 사용을 허가해 주신 것에 대해 감사의 인사를 전합니다.

American Scientist Magazine, for material adapted from Plutchik, R. (1980). *Emotion: A psychoevolutionary synthesis*, forming Figure 6.4: Primary Emotions.

McGraw-Hill Education (UK) for material taken from Ogden, J. (2012). *Health psychology*, forming Figure 9.2 Leventhal's Self-regulatory model of illness behaviour, and Figure 9.3: Coping with the Crisis of Illness, Moos and Schaefer model (1984);

Taylor & Francis Ltd for material adapted from Stroebe, M. and Schut, H. (1999), p. 213. The dual process model of coping with bereavement: rationale and description. *Death Studies*, 23: 197-224, forming Figure 9.6: Dual process of coping with bereavement.

역자 서문

보건의료 및 간호의 대상은 인간이다. 인간의 신체적 · 정신적 · 사회문화적 · 영적 측면에 대한 완전한 이해를 통하여 우리는 인간을 정확하게 이해하고, 판단하며, 그들이 완전하게 기능하도록 도울 수 있는 것이다.

이에 인간의 정신적 · 사회문화적 · 영적 측면의 이해를 위해서는 인간의 행동과 정신 과정을 과학적으로 연구하는 심리학적 지식을 습득할 필요가 있다. 그러므로 정신간호사뿐만 아니라 인간을 대상으로 하는 모든 건강관리 분야 전문 종사자들의 기본 역량으로서 심리학적 지식의 함양을 통하여 신체적 · 정신적 · 사회문화적 · 영적인 측면에서 완전한 돌봄 제공이 가능해질 수 있다.

이 책은 이러한 다양한 보건의료 분야 종사자들의 심리학적 기초 지식 역량을 높이기 위해 심리학의 기본 개념 및 관점, 신경계와 심리학적 기능, 인간의 발달 단계와 학습, 보건의료조직의 안전문화, 건강과 스트레스 및 질병, 심리학의 돌봄 실무 적용 등에 대한 내용을 다루고 있다.

각 장에 있어서 사례 제시 및 학습주제 관련 활동을 통하여 학습한 내용을 실무에서 적용해 볼 수 있도록 하였으며, 각종 관련 참고문헌 및 웹 사이트를 소개함으로써 심화된 자기주도학습이 가능하도록 하였다.

이 책은 심리학자인 Jan de Vries와 간호학자인 Fiona Timmins의 저서 『Understanding Psychology for Nursing Students』를 다년간의 정신간호 임상실무와 정신간호학적 지식을 두루 갖춘 역자들에 의해 번역되었으며, 한국의 간호 교육과정을 반영하여 의역되었다.

이 책을 통하여 실습을 앞둔 간호대학생뿐만 아니라 다양한 임상 현장에서 대상자 돌봄에 힘쓰는 모든 간호사 및 건강관리 관련 종사자들에게 심리학적 지식을 함양할 수 있는 기회가 될 수 있기를 바라며, 오랜 시간 동안 본 책이 완성될 때까지 수고하여 주신 공역자분들과 학지사메디컬 관계자 분들께 감사의 인사를 드린다.

2021년 2월

대표 공역자 **하태희**

차례

CHAPTER 1

연구 분야로서의 심리학

CHAPTER 2

심리학적 관점의 이해

CHAPTER

3 핵심적인 기능과 세상을 인식하는 방법

CHAPTER

4 우리는 어떻게 발달하고 학습하는가

CHAPTER 5

의식과 기억

CHAPTER 6

사고와 동기, 감정 및 행동

CHAPTER 7

사회적 동물로서의 인간

CHAPTER 8

건강과 스트레스 심리학

CHAPTER 9 질병의 위기

CHAPTER 10 돌봄에서의 심리학

CHAPTER 1

연구 분야로서의 심리학

학습목표

- 심리학의 정의 및 돌봄에 있어서의 적용과 기여점에 대해 설명한다.
- 다양한 건강관리 상황에 있어서 심리학적인 측면들을 고려한다.
- 건강관리상의 문제점들에 대한 심리학자들의 연구방법과 심리학적 연구 적용에 대한 개요를 이해한다.
- 생물심리사회모형으로서의 심리학의 적합성을 논의한다.

알기 쉬운
심리학

이 장은 심리학을 소개하고, 심리학이 어떻게 우리 자신과 타인의 정신 및 행동 과정들을 반영하고 있는지에 대해 안내하고 있다. 우리는 심리학이 건강과 질병에 대한 비의학적 측면의 지식을 알려 주는 방법도 알게 될 것이다. 이 장은 대상자 돌봄에 있어서의 심리학적 사고방식과 배경 지식을 제공한다. 또한, 건강관리와 심리학과의 관련성에 대해서도 알게 될 것이다. 심리학은 돌봄에 대한 견해에 변화를 일으킬 수 있다. 시간이 흐른 뒤 환자와 그 가족들에게 자신의 건강관리에 대한 경험을 이야기해 보라고 한다면, 그들은 간호사가 온정, 희망, 정보적인 지지, 견해의 제공과 같은 좀 더 전문적인 관리를 제공했다고 분명히 기억할 것이다. 이 책은 당신이 바로 그런 간호사가 될 수 있도록 도와줄 것이다.

1. 도입

1.1. 심리학의 정의

심리학은 보통 **'인간의 행동과 정신 과정에 대한 과학적인 연구'**로 정의된다(Nolen-Hoeksema et al., 2014). 따라서 심리학은 우리의 행동뿐만 아니라 감정, 사고, 우리의 머릿속에서 일어나는 모든 것들에 초점을 둔다. 우리가 행하고, 느끼고, 사고하는 많은 부분들은 타인과 연관되어 있기 때문에 심리학은 우리가 타인과 맺고 있는 관계나 상호작용에 초점이 맞추어져 있다. 그러므로 심리학은 인간 경험에 대한 연구라고 볼 수 있다. '과학적(scientific)'이라는 용어는 심리학이 우리가 우리 자신과 타인을 이해하기 위해 관찰, 해석, 추론 능력을 사용한다는 의미이다. 심리학자들은 인간 경험에 대한 진술을 검증하기 위해 증거를 모으고, 평가하며, 체계적인 연구 방법들을 사용한다.

심리학은 인간에 관한 것이기 때문에 교육, 미디어, 건축, 도시 계획, 제조, 유통 등과 같은 많은 실용적 영역에 적용되어 왔다. 또한, 경영학, 경제학, 인류학, 사회학, 공학과 같은 분야에 있어서도 확고한 입지를 두고 있다. 심리학은 건강관리에 있어서 실질적인 적용이 가능하며, 건강, 질병, 치료 및 간호 이론의 이해를 위한 연구에 이론적인 공헌을 한다. 다음 섹션에서는 이런 적용점들과 이 책의 적용 방법들이 제시될 것이다.

2. 왜 심리학을 알아야 하는가

간호교육 인증 기관들은 간호사가 되기 위한 필수 교육으로 심리학을 포함시키도록 규정하고 있다. 심리학은 간호와 건강관리의 모든 단계에 유용하게 적용될 것이다. 여기에는 다음 몇 가지의 중요한 이유가 있다.

심리학의 중요성은 간호와 건강관리 두 분야가 학문적 연구의 초창기였던 20세기 초부터 인식되어 왔다. 간호심리학의 초기 저자는 간호에 있어서의 심리학적 미래에 대해 다음과 같은 용어로 표현하였다.

> 현존하는 모든 학교가 연구 과정 주제를 포함할 것이고, 결국 간호의 힘은 측정할 수 없을 정도로 증가될 것이다. 대부분 간호사의 실수는 심리학적 지식이 없기 때문에 발생한다. 심리학은 간호 교육과정에 포함되는 일개 주제라기보다는 생략할 수 없는 하나의 존재가 되어야 한다.
>
> (Higgins, 1921, p. vii).

특히, 돌봄 제공자 자신을 이해하고, 그들이 제공하는 돌봄, 대상자, 동

그림 1.1 왜 심리학을 알아야 할까?

료, 그들이 근무하는 건강관리 조직과 지역사회에 있어서 실질적인 이용 가치 때문에 간호와 관련된 문헌들은 심리학을 특히 중요하게 인식하였다(de Vries & Timmins, 2012). 그렇지만 궁극적으로 최적의 간호라는 목표가 있는 것이다.

다음 섹션에서는 실제 간호 상황 및 문제들과 관련된 시나리오가 제시될 것이다. 이를 통하여 당신이 이 책에서 학습하게 될 심리학적 적용에 대한 개요들이 설명될 것이다.

3. 심리학의 적용

각각의 상황을 생각해 보고 질문들에 대한 답을 해 볼 수 있도록 하라. 각각의 시나리오에 대한 즉각적인 명확성의 부족에 대해서는 염려하지 않아도 된다. 해당되는 장으로 돌아가서 내용을 미리 볼 수도 있다.

시나리오: 대상자와의 만남(제2장, 제10장)

돌봄을 받고 있는 그녀는 지금 대화를 하지 않으려 하고 슬퍼 보인다. 질문에 대한 그녀의 답은 단편적이며, 눈을 마주치려 하지도 않는다. 당신은 그녀와의 실존적인 만남이 중요하다고 생각하기에 적극적인 개입이 필요하다고 판단한다. 직관적으로 어떤 접근 방식을 사용할 것이며, 대안은 무엇인가?

⋯→ **관련 용어:** 심리학의 서로 다른 학파들

이 장의 끝에 예시 답안이 제공된다.

돌봄 제공자들은 보통 어떻게 의사소통할 것인가를 직관적으로 판단하는 경향이 있지만, 전문가로서의 당신은 당신의 행위에 대한 이유를 이해하는 것이 중요하며, 이를 통하여 당신의 역량은 좀 더 향상될 수 있다. 심리학은 정보에 입각한 선택을 할 수 있도록 돕고, 근거를 제시해 주며, 돌봄 제공자와 대상자 간의 의사소통을 강화시켜 줄 수 있는 실질적인 지침을 제공한다. 이번 사례에서 상이한 심리학적 관점이나 학파는 다양한 접근 방식을 제공한다. 예를 들어, 제2장과 제10장은 의사 결정을 돕는(인지이론) 효과적인 정서적인 지지의 제공(인본주의), 격려의 제공(행동이론), 긍정적인 에너지의 제공(긍정심리학)과 관련된 고려점들을 제시할 것이다.

시나리오: 뇌에 대한 이해(제3장)

팀 회의에서 신경과 전문의는 심각한 자동차 사고를 당한 환자들의 뇌병변에 대해 설명한다. 소뇌가 손상되었다는 것은 확실하나, 이로 인하여 편도체나 시상하부와 같은 피질하부 영역이 어떻게 영향을 받는지에 대한 근거는 불명확하다. 지난 며칠 동안 환자를 관찰한 내용에 대해 질문을 받았을 때 당신은 어떤 말을 해야 할지 확신이 서지 않을 것이다.

당신은 무엇을 찾아야 하는지에 대해 잘 몰라서 주의도 그만큼 기울일 수 없었을 것이다. 당신은 이런 것을 의사와 상의할 수 있어야 하는 것이 간호사에게 있어서 왜 중요한지 논의할 수 있는가?

··· **관련 용어:** 뇌와 신경계의 구조와 기능; 감각과 인식

이 장의 끝에 예시 답안이 제공된다.

심리학자들은 뇌와 신경계의 구조 및 기능에 대한 연구가 없었다면 인간의 기능 방식에 대한 이해는 불가능했다는 점을 강조한다. 여기서 심리학과 생물학이 중첩된다. 제3장은 뇌의 구조 및 기능의 연결이 어떻게 되어 있는지 이해하도록 돕고, 이런 점들이 대상자들에게서 어떻게 나타나는지에 대한 이해를 도울 것이다. 이러한 뇌의 구조와 기능에 대한 토론은 팀 회의에서 이루어질 것이다. 예를 들어, 이 시나리오와 관련하여 환자의 통제되지 않은 감정적 폭발에 대해 당신이 인식한다면 이는 편도체가 영향을 받았을지도 모른다는 자문가의 의문과 연관되어 있을 것이라고 당신은 확신할 것이다.

시나리오: 발달과 학습(제4장)

당신은 일상적인 업무로서 목발 사용하기, 약물 분류하기, 스스로 식사하기, 불건강의 원인 인식하기, 건강 증진 등에 대한 교육을 다양한 연령대의 대상자들에게 한다. 얼마 후 당신은 대상자에 대한 접근은 연령에 따라 달리해야 함을 깨닫게 된다. 또한, 인간은 각기 다른 방식으로 학습함을 알게 된다. 학습에 있어서 연령 차이의 예를 들어 볼 수 있는가?

··· **관련 용어:** 발달 단계와 학습에 대한 접근법

이 장의 끝에 예시 답안이 제공된다.

인간 발달과 학습과정의 복잡성에 대한 이해가 없다면 아주 간단한 것이라도 교육하기가 어렵다. 또한, 돌봄에 있어서 인간의 사고, 정서, 행동에 영향을 주기 위한 노력은 간과될 수 있다. 제4장은 발달과 학습의 과정을 알고 이를 여러 가지 방법으로 적용할 수 있도록 도와줄 것이다. 경험과 발달을 고려하고, 특정 기술이나 원칙을 배울 준비가 되었는지 인식하며, 어떤 지원이 필요한지에 대한 확인을 할 수 있다면 학습은 좀 더 효과적으로 이루어질 수 있을 것이다. 협력, 격려, 모델링, 이해와 같은 학습 경험이 있다. 심리학은 대상자들에게 어떻게 영향을 주고 지지를 해 줄 수 있는가에 대한 기초 지식을 제공한다.

시나리오: 밤 근무(제5장, 제6장)

당신은 오늘로 밤 근무 3일째이다. 지난 이틀 동안 수면의 문제가 다소 있어서 정신이 맑지 못한 경향이 있고, 상황을 잘못 판단하기도 한다. 신체적으로는 별 문제가 없지만 정신을 집중하기가 힘이 들며, 근무와 관련된 기억에도 차이가 있음을 느낀다. 이 상황을 어떻게 해결할 수 있는가?

⋯▸ **관련 용어:** 집중력, 수면, 기억

이 장의 끝에 예시 답안이 제공된다.

제5장에서는 수면 과정에서 발생할 수 있는 문제 및 수면 과정을 포함한 기억과 집중력의 작용에 대한 개요가 제시됨으로써 수면 부족이 판단력과 기억력에 어떻게 영향을 미치는지 알 수 있다. 이를 바탕으로 수면의 질을 향상시킬 수 있는 계획을 세울 수 있을 것이다. 돌봄 제공자에게 있어서 불규칙한 시간과 근무는 일반적인 것이다. 그러므로 수면의 변화 패턴을 잘 관리하는 방법을 이해하고 개발함으로써 안전하고 효과적인 전문가로서의 업무를 지속적으로 할 수 있을 것이다.

시나리오: 압박감(제6장)

당신은 바쁜 응급실에서 근무하고 있다. 대기시간이 길어짐으로써 사람들의 긴장감은 상승하고, 호소하는 것도 많다. 결과적으로 당신은 치료의 우선순위에 대한 합리적인 결정을 내리는 것이 힘들고 압박감을 느끼게 되어, 밤 근무가 끝날 무렵에는 혼란에 빠지게 된다. 심지어 퇴근 후 집에 와서도 스스로의 결정에 대해 방어하려 한다. 이 상황에서 당신은 양심적인 돌봄 제공자라고 생각하는가?

→ **관련 용어:** 사고(thinking)에 대한 이해, 동기화, 정서

이 장의 끝에 예시 답안이 제공된다.

내면의 평화가 파괴되는 심리 체계에 대한 이해를 통해 이런 상황을 왜 혼란스럽게 느꼈는지에 대한 이해가 가능하다. 또한, 합리적인 사고가 비합리적이고 단순한 사고로 변화되는 이유에 대해서도 알게 된다. 이러한 심리 체계에 대한 설명은 제6장에서 다루어진다. 이러한 과정에 대한 이해를 통하여 전혀 영향을 받지 않는다기보다는 적어도 스스로가 주의를 기울이고 혼란을 예방할 수 있게 된다. 제6장은 인간의 사고, 동기화, 정서에 대해 설명되어 있으며, 이는 효과적인 돌봄을 제공하기 위해 개발해야 하는 핵심적인 기술 요소들이다.

시나리오: 집단의 영향력(제7장)

당신은 새로운 팀에서 함께 일하고 있으며, 새로운 동료들이 그랬던 것처럼 사람들과 상호작용한 이유에 대해 숙고하고 있다. 그것은 잘못되었다기보다는 다소 다르게 교육받아 왔다는 것이다. 다음 날 팀 전원은 감독자가 있는 동안 당신이 배워 온 방식으로의 접근법으로 되돌아간다. 이것이 당신을 혼란스럽게 한다. 당신은 그런 날에 특히 안전 지침을 더 엄격하게 따른다는 점을 인식한다. 당신이 관찰한 점의 긍정적인 부분과 부정적인 부분은 무

엇인가?

⋯› **관련 용어:** 사회적 상호작용에 대한 이해, 사회적 영향력, 동조(conformity), 복종(obedience), 대형 병원에서 근무하기

이 장의 끝에 예시 답안이 제공된다.

이 시나리오는 첫날에 있어서 집단적 동조나 압력의 영향, 둘째 날에 있어서 복종의 영향에 대해 기술하고 있다. 사회심리학자들은 함께 근무해 온 다른 모든 동료들에게 있어서 신랄한 경고를 주는 이런 주제들에 대한 연구를 통하여 사실을 밝히고 충격을 주곤 했다. 제7장에서는 사회적 상호작용의 주된 측면이 제시되고 있어, 타인과의 효과적인 협력 및 상호작용할 수 있는 방법을 제시하고, 대형 병원 조직에서의 사회적 상황의 힘을 인정할 수 있도록 한다.

시나리오: 스트레스(제8장)

새로운 관리 조직이 병원을 인수하게 되어 모든 상황이 예전과는 다르다. 비용 절감을 위하여 직원들이 해고되고 근무시간이 연장되었으며 새로운 교대 시스템이 도입되었다. 이로 인해 매월 직원들의 병가가 평균 두 배로 증가하였으며, 당신이 근무하는 과는 폐쇄될 위험에 처해 있다. 정확히 어떤 일이 발생할지는 아무도 모른다. 당신은 제공할 수 있는 돌봄 행위에 대해 걱정하고 있으며, 동료와의 관계는 긴장되어 있다. 당신은 무엇을 할 수 있는가?

⋯› **관련 용어:** 스트레스와 건강, 스트레스 관리

이 장의 끝에 예시 답안이 제공된다.

건강과 스트레스는 모든 사람들에게 있어서 중요한 관심사이다. 이 시나리오는 압력을 받으며 근무하는 사람들에 대한 이야기이다. 많은 사람들

이 끊임없는 변화, 자금, 인력적인 문제가 빈번한 대형 병원에서 근무하고 있을 것이다. 일반적인 건강 유지를 위해 지켜야 할 점을 알고 있는 것은 물론 중요하며, 장기간의 스트레스 시 해야 될 것과 하지 말아야 될 것에 대해 알고 있는 것 또한 중요하다. 이 시나리오에서 가장 염려스러운 부분은 평균 병가 일수가 두 배로 증가되었다는 점이다. 제8장을 읽어 보면 왜 그런지 충분히 이해할 수 있을 것이다. 심리학자들이 영양과 운동에 관심을 가지는 이유나 긍정적인 태도의 유지가 도움이 되는 이유를 좀 더 잘 알 수 있을 것이다(제6장과 제10장을 볼 것).

시나리오: 위기로서의 질병(제9장)

많은 대상자들이 병원 입원을 하나의 위기로 여기는 경향이 있긴 하지만 항상 그런 것은 아니다. 한 남자 대상자는 질병에 걸린 자기 자신보다는 자신이 부재한 회사 걱정이 더 된다고 한다. 그의 방문객들과의 시간은 사업상의 모임처럼 보인다. 그가 지치고 아파 보인다고 해서 그의 사업 파트너를 돌려보내어 그를 구해야 하는가?

→ **관련 용어:** 질병 위기

이 장의 끝에 예시 답안이 제공된다.

돌봄 제공자로서 당신은 대상자들을 가족이나 직업적 환경보다는 단지 보건의료 환경 내에서만 경험하는 경향이 있다. 그러므로 대상자 상태에 대한 전체적인 통찰에는 제한이 있을 수 있다. 심리학자들은 최상의 돌봄을 제공하기 위해서는 인간의 모든 상황에 대한 이해가 필수적이라고 주장한다. 제9장에서는 질병 위기에 대한 단순한 이해를 넘어 질병 위기가 건강관리에 영향을 미치는 주된 이유들이 제시된다. 만성질환, 통증, 만성 피로, 정신건강상의 문제들, 낙인, 상실 및 슬픔이 심리학적 측면에서 다루어진다.

대상자의 문제들에 대한 심리학적 시각에서의 영향들을 이해할 수 있다.

시나리오: 대상자 중심 돌봄 vs 업무 중심 돌봄(제10장, p. 293)

A 돌봄 제공자는 경청하고, 공감하며, 대상자 및 그들의 가족과 함께 주로 시간을 보내며, 모두에게 관심이 있음을 표현하고, 모든 결정에 그들을 포함시킨다.

B 돌봄 제공자는 효율적으로 일하고, 시간 내에 일을 끝내며, 대상자들에게 지도 · 조언하고, 대상자와 그들의 가족 간의 사생활 침해를 피한다.

각각의 접근법들에 대한 강점과 약점은 무엇인가?

⋯→ **관련 용어:** 정신 간호, 심리학적 원칙과 실무에서의 적용

이 장의 끝에 예시 답안이 제공된다.

A 돌봄 제공자가 좀 더 성공할 가능성이 높으며, 이는 제10장을 읽어 보면 확신할 수 있을 것이다. 일반적으로, 대상자 중심의 관심을 기울임으로써 좀 더 좋은 관계가 형성되며, 이는 효과적인 돌봄 및 지지로 이어지고, 대상자와 그들의 가족 모두 좀 더 나은 돌봄을 제공받게 된다. 효과적인 돌봄의 많은 측면들이 심리학에 근거를 두고 있음을 아는 것은 중요하다. 제10장을 통하여 대부분의 돌봄 업무에 대한 윤곽이 분명해진다. 또한, 돌봄에 있어서 심리학적 원리를 적용하고 이러한 원리를 좀 더 발전시킬 수 있도록 해 준다.

활동 1-1 ••• 생각해 보기

제시된 시나리오를 보고 각각의 질문에 대해 숙고해 보라. 단서와 관련된 내용을 탐색하기 위해 관련된 장을 미리 펼쳐 보라. 동료들과의 논의를 통해 또 다른 중요한 점들이 발견될 수 있을 것이다.

이 장의 끝에 예시 답안이 제공된다.

이 책에서는 많은 시나리오와 사례 연구, 활동들이 소개된다. 적극적인 학습 경험은 물론 중요하다. 이 책의 내용과 관련된 돌봄 과정상의 경험과 실무 경험을 연결하는 것이 도움이 될 것이다. 생각하고 있는 개념들이 마음을 지배하는 경향이 있으므로 먼저 개념들을 확인하는 것이 좋다. 이후 해당되는 장을 다시 보게 될 때는 좀 더 쉽게 읽고 학습할 수 있어 익숙해짐으로써 적용도 그만큼 잘할 수 있게 된다. 제기된 문제들에 대한 사고만으로도 통찰력은 증진될 수 있다.

돌봄문제 해결에 대한 심리학의 기여 외에도 주된 고려 사항은 간호학과 심리학의 두 분야가 돌봄의 제공이라는 공통된 윤리적 원칙을 지니고 있다는 점이다. 두 전문 분야 모두 실무에 있어서 자신을 존중하고, 역량, 책임, 성실성을 보여 주어야 한다. 심리학의 전문적 실무에 있어서 '개방적이고, 청념하며, 책임감 있고, 근거 중심적이며 포괄적'이어야 한다(BPS, 2015). 또한, 실무에 있어서의 윤리적인 수준은 간호실무지침(NMC, 2010)을 따라야 한다. '무해의 원칙'은 심리학적인 돌봄에 있어서 기본적인 사항이다.

4. 생물심리사회모형

이 장에서의 시나리오를 통해 당신의 사고는 심리학적 영역에 국한되지 않는다는 것을 알게 될 것이다. 의학적 혹은 생물학적 측면과 가족, 지역사회, 민족적 배경을 고려한 돌봄의 심리학적이고 사회학적인 측면을 함께 고려해야 한다. 왜냐하면 그런 측면들은 상호 연결되어 있기 때문이다. 이러한 상호 연결의 원칙은 현대 건강관리의 기본적인 사항이다.

생물심리사회적 사고(그림 1.2)는 돌봄에 있어서 필수적인 개념이다. 건강심리학은 제8장을 보면 된다. 그러나 우선은 이것이 얼마나 중요한지 이해하는 것이 중요하다. 물론 돌봄 제공자들은 신체적인 건강에 대한 관심이 선행될 것이다. 대상자는 신체적으로 회복되고 있는가? 신체적 혹은 생물학적인 징후들(혈압, 호흡, 감염 징후, 의식, 수면 등)은 무엇인가? 그러나 대상자의 정서, 병에 대한 생각, 호전되고자 하는 동기, 기타 심리학적인 변인들에 대해서도 관심을 가져야 한다. 방문객이 누구든 대상자에게 사회적인 지지, 가족, 지역사회, 사회적인 광범위한 영향을 주는지의 여부를 고려해야 한다. 이런 것들은 '전인적인(holistic)' 관점을 형성한다. 당신은 당신이 제공하는 돌봄에 대해 아마도 처음에는 신체적인 관점으로 바라볼 것이다. 나는 대상자를 신체적으로 돕고 있는가? 그러나 당신은 정서적인 안정과 스트레스의 감소, 미래에 대한 낙관적인 전망과 같은 심리적인 측면에 대한 조력을 해 왔음을 알게 될 것이다. 또한, 당신은 대상자에게 최적의 지지를 제공하도록 가족을 모으고, 직장과 같은 사회로의 복귀를 준비시켜 주는 등의 돌봄의 사회적인 측면들을 고려해 왔음을 알게 될 것이다.

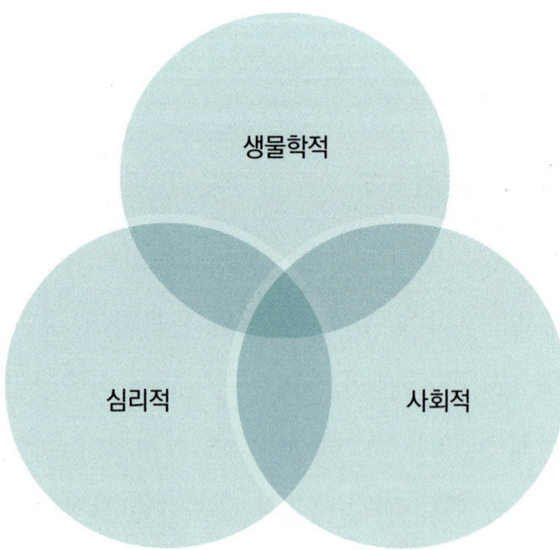

그림 1.2 생물심리사회모형

활동 1-2 ●●● 생각해 보기

다음과 같은 대상자와의 돌봄 상호작용에 있어서 생물-심리-사회적 모형의 세 가지 변인들이 어떻게 내포되어 있는지 논의하라.

	생물학적	심리적	사회적
a. 혈압 측정하기			
b. 화가 난 사람의 말을 경청하기			
c. 퇴원 및 가정에서의 지원에 대해 논의하기			
d. 대상자에게 변기 대어 주기			
e. 아동이 자신의 상태에 대해 이해할 수 있도록 도와주기			
f. 대상자들과 집단 활동 구성하기			

이 장의 끝에 예시 답안이 제공된다.

5. 심리학자는 무엇을 하는가

이 장의 주요 초점은 심리학과 돌봄의 관련성을 설명하고, 건강관리에 있어서 생물심리사회모형을 설명하는 것이다. 또한, 이 장을 통하여 우리는 심리학자를 전문가이자 연구자로서 주목할 수 있으며, 동시에 건강관리에 있어서 심리학적인 연구의 역할에 대해 설명할 수 있을 것이다.

5.1. 전문가로서의 심리학자

심리학자에 대한 일반적인 오해 중의 하나는 그들 모두가 심리치료에 개입하고 있다는 것이다. '심리학자(psychologist)'라는 용어는 종종 '심리치료사(psychotherapist)'와 동일시되며, 이는 그들 대부분이 치료자로서 다양한 기관에서 근무하고 있음을 봄으로써 알 수 있다. 물론 여기에는 교육자나 연구자로서의 역할이 포함되나 그들은 조직의 고문으로서 근무하고 있는 것 또한 사실이다. 그들은 지역사회, 정부, 텔레비전 네트워크, 제조업, 항공업, 경찰청, 군부대, 교도소, 대형 유통업체, 병원에서도 근무하고 있다. 심리학자들은 다른 어떤 분야보다도 인간에 대해 많은 연구를 해 왔기 때문에 거의 모든 기관이나 활동에 개입되어 있다.

심리학자들은 사고의 깊이를 제공하고 다양한 많은 상황에서의 의미를 표로 분석 및 제시해 준다. 또한, 그들은 특정 활동이나 기관에서 전문화되곤 한다. 조직심리학을 전공한 심리학자는 대기업에서 근무할 수도 있다. 소비자의 행동에 중점을 두는 심리학자는 대형 유통업체의 체인점들이 서비스의 제공에 대한 관심이 있다는 점을 알고 있다. 건강관리 분야에 있어서는 건강심리학자가 기여할 수 있는 부문에 대한 관심이 대부분이며 이것이 부정적인 자극체가 되지 않을 때 많은 건강관리센터들은 그들을 고용할 것이다. 심리학자들의 주된 관심은 인간의 행동, 사고, 정서에 대한 기본적인 원리와 체계에 대한 인식이다. 이는 건강심리학뿐만 아니라 건강관리에도 적용할 수 있는 심리학의 다양하고 방대한 원칙들이라고 볼 수 있다. 이 책을 통하여 돌봄 제공자들은 심리학자처럼 사고하고, 임상 실무에서 이러한 사고를 통합할 수 있도록 심리학적 지식과 기술을 폭넓게 적용하는 방법을 알게 된다.

활동 1-3 ●●● 생각해 보기

당신은 심리학적 사고방식에 의해 행동해 본 적이 있는가? 다음의 테스트를 해 보자.

모두 10개 문항이며, 전혀 그렇지 않다(0점), 때때로 그렇다(1점), 항상 그렇다(2점) 중 선택하라.

솔직하게 끝까지 실시하고, 점수를 합산하라.

	전혀 그렇지 않다	때때로 그렇다	항상 그렇다
1. 나는 타인들의 생각이 궁금하다.	0	1	2
2. 나는 사람들을 도울 수 있는 방법을 찾기 위해 노력한다.	0	1	2

3. 나는 내가 왜 그렇게 느끼는지 궁금하다.	0	1	2
4. 나는 타인들의 기분을 좋아지게 하기 위해 말을 한다.	0	1	2
5. 나는 인간관계에 대해 생각하고 말한다.	0	1	2
6. 나는 심리학적 주제에 대해 읽는다.	0	1	2
7. 나는 인간의 문제들에 대해 분석한다.	0	1	2
8. 친구들은 정서적인 지지를 받기 위해 나를 찾는다.	0	1	2
9. 나는 스트레스 관리를 위해 노력한다.	0	1	2
10. 나는 갈등 해결을 위해 최선을 다한다.	0	1	2

위의 진술들이 자신과 타인에 대한 이해 및 이에 대한 반영, 심리학의 적용을 통한 자신과 타인에 대한 조력과 관련이 있음을 알 수 있을 것이다. 이것은 심리학의 핵심적인 목표이다. 이 테스트에서 10점을 초과한다면 일상생활에서 심리학적인 사고방식을 자주 사용하고 있다는 것을 의미한다. 5점에서 10점 사이일 경우 가끔 사용한다고 볼 수 있다. 5점 미만일 경우 심리학적인 견해를 거의 사용하지 않는다고 볼 수 있는데, 이는 심리학 관련 서적의 독서를 통하여 변화될 수 있다.

이 장의 끝에 예시 답안이 제공된다.

5.2. 심리학자의 연구방법

이 책에 소개되어 있는 지식, 체계, 원리들은 모두 경험적 연구의 결과들이다. 연구가 그 분야 발전의 핵심이라는 점은 알고 있지만 지금까지는 어떻게 진행되어 왔는가? 이 질문에 대한 답을 찾기 위해서 먼저 심리학 연구의 일반적인 과정을 살펴보고, 다음으로 사용된 구체적인 연구방법들을 살펴볼 것이다.

5.2.1. 심리학에서의 연구 과정

❖ 관찰

대부분의 연구는 현실에서 일어나는 현상에 대한 직접적인 관찰에서 시작된다. 현실에서 일어나는 현상은 필연적으로 인간의 행동과 경험, 인간과 환경과의 상호작용과 관련이 있다. 인식할 수 있는 관심사와 기대, 이해 정도에 따라 관찰 내용은 달라질 수 있다.

❖ 의문점과 문제점, 쟁점 사항들에 대한 인식

다음 단계는 심리학적 사고방식에 있어서 필수적인 단계이다. 심리학자들은 이해하기 어려운 측면들을 찾아내고, 해결할 가치가 있는 문제나 쟁점 사항들을 지적할 것이다. 의문점을 찾아내고 어떤 것도 당연하게 여겨지지 않게 하기 위해서는 비판적인 견해가 요구된다. 심리학자들은 사회적인 주요 문제들뿐만 아니라 인간 실체의 본질적인 관심사와 관련된 쟁점 사항에 대해서도 관심을 가지고 있다.

❖ 이해 방식에 대한 제안

인식된 쟁점들에 대해 현재 알려진 사항들은 면밀히 조사되고, 이해를 위한 노력도 이루어질 것이다. 만일 확신이 없다면 현상에 대한 이해는 원인과 결과에 대한 학습된 추측인 가설로 제안될 것이다. 우리가 이해하는 방식은 우리가 이미 알고 있었던 것, 이론, 이전에 획득한 과학적인 증거에 의해 영향을 받을 것이다. 또한, 가능한 해석이 많아 판단이 망설여지거나 알려진 어떤 이론들도 적용되지 않아 오히려 당혹스러움을 느낄 수도 있다.

❖ 체계적인 증거 수집

가설을 세웠다면 경험적 연구를 통하여 세운 가설을 검증해 볼 것이다. 이런 연구는 편견 없이 설정하는 것이 중요하다. 이는 가설을 지지하거나 반박할 수 있는 근거의 확립을 균등하고 개방적으로 한다는 것을 의미한다. 만약 가설을 세우지 않았다면 연구에 대한 우리의 노력들은 탐색적인 특성을 나타낼 수 있고, 이는 추후 가설 설정으로 이어질 수 있다.

❖ 결과의 공표

결과가 공개되지 않는다면 연구 수행의 의미는 없다. 과학계뿐만 아니라 일반 대중들에게 있어서도 연구 결과에 대해 학습하는 것은 필수적인 것이다. 일반적으로 심리학자들은 논문 심사 과정이 있는 저명한 학술지에 자신의 연구 결과를 게재하려고 한다. 이것은 특정 연구 영역의 전문가인 동료 패널이 연구의 방법과 절차가 신뢰롭고 타당한지를 가린다는 것을 의미한다. 이를 통하여 특정 쟁점에 대한 우리의 이해를 모호하게 할 수 있는 잘못된 과학적 증거가 공표되는 것을 막을 수 있다. 방대한 대중적 관심에 대한 심리학적 정보들은 유명 심리 서적과 잡지, 웹사이트, 신문, 기타 여러 매체를 통해 수집된다. 이처럼 심리학적인 지식은 사회 전반에 퍼져 있고, 이것은 우리 모두에게 유익하게 작용할 수 있다.

❖ 이론의 확립

건전한 경험적 근거에 바탕을 둔 이론은 어떤 연구 과정에서든 바람직한 결과를 도출해 낸다. 이것은 수십 년 또는 수 세기에 걸쳐 퍼져 나갈 수 있으며 연구자 수백 명의 노력을 수반할 수 있는 변증법적 과정이다. 때때로 특정 이론이 유행하여 지속적인 경험적 노력을 유도하기도 한다. 때로는 이념적 또는 정치적인 이유로 지지받는 이론이 생겨나기도 한다. 반면, 어떤 주제들은 금기시될 수도 있다. 연구 자금의 지원은 이론에 대한 연구 및 휴면 상태 유지 여부에 대한 결정을 하는 데 중요한 역할을 한다. 물론 이는 과학 발전에 영향을 미치고, 편향된 이론 구축을 유발한다. 어떤 면에서는 '과학적이고 편향되지 않는 연구 과정을 시도하는 것이 항상 성공적인 결과를 낳는 것은 아니다'라는 것이 오히려 더 솔직한 표현일 수 있다. 심리학에는 오랜 기간 지지받았으나 이후 위조된 사항에 대한 뜨거운 논쟁이 있었던 이론들에 대한 역사가 있다.

우리의 지구와 태양계(갈릴레오와 코페르니쿠스)에 대한 이해가 어떻게 진화해 왔는지에 대한 격동의 역사를 생각해 보라. 심리학적 이론의 발달도 그리 다르지 않다.

5.2.2. 연구방법

연구는 보통 질적 연구와 양적 연구로 분류된다(Polit & Beck, 2013). 양적 연구는 현상의 규모에 대한 탐색을 강조하는 반면, 질적 연구는 현상의 특징과 정체성을 이해하는 데 중점을 둔다. 때로는 양적 접근과 질적 접근을 조합한 연구가 이루어지기도 한다. 연구 논문을 비판적으로 읽거나 자신이 연구에 참여하기 위해서는 연구의 원칙에 대해 알아야 할 필요가 있다(NMC, 2015). 간호학뿐만 아니라 심리학적 연구에서도 몇 가지 접근법을 사용하는 경향이 있다. 우리는 이것을 여기서 다루고자 한다.

활동 1-4 ●●● 근거 기반의 실무와 연구

양적 연구 vs 질적 연구

병원 경영진은 환자들의 병원 만족도를 알고자 한다. 연구자들은 다음과 같은 접근 방식을 제안하였다.

양적 접근 방식

0점(전혀 만족하지 않음)에서 10점(매우 만족함)까지의 척도로, 우리 병원에 머무는 것에 대해 얼마나 만족하는지 표시해 주시겠습니까? (당신의 만족 정도를 가장 잘 나타내는 숫자를 원으로 그려 주세요.)

0 1 2 3 4 5 6 7 8 9 10

질적 접근 방식

병원에 머무는 것에 만족하는지를 말씀해 주시겠습니까? 아래의 공간에 그 이유에 대한 설명을 적어 주세요.

이 장의 끝에 예시 답안이 제공된다.

5.2.2-1 관찰법 Naturalistic observation

이러한 유형의 연구는 자연환경 내에서 사람들 사이의 행동과 상호작용에 대한 관찰을 포함한다. 이 접근법은 오랫동안 동물 행동을 연구하는 데 사용되어 왔지만 인간 행동을 연구하는 데에도 적합한 접근법이다. 예를 들어, 병원에서 간호사, 환자 또는 방문객의 행동을 관찰할 수 있다. 과거에는 관찰된 행동들을 기록하기 위해 체크리스트를 사용해 왔다. 오늘날에는 카메라나 오디오 녹음 장비를 통하여 반복적이고 좀 더 상세한 분석이 가능하게 되었다. 이러한 연구에서는 윤리적 고려 사항이 중요한 쟁점이긴 하지만, CCTV의 사용은 가능성을 더욱 확대할 수 있다.

5.2.2-2 면접법 Interviews

면접법은 관심 있는 연구 쟁점 사항들에 대한 정보를 이끌어 내기 위해 질문을 사용하는 것이다. 질문은 개방형("건강에 대한 당신의 견해를 이야기해 주실 수 있나요?")이거나 특정 사항에 대해 초점화("당신은 당신의 만성적인 질환에 대해 걱정하고 있나요? 그렇지 않나요?")되어 있을 수도 있다. 면접법은 면접자와 피면접자간의 만남을 포함하여 전화나 온라인상에서도 이루어질 수 있다. 때로는 동시에 여러 사람들의 의견들을 이끌어 내기 위해 그룹 인터뷰 또는 포커스 그룹이 사용되기도 한다. 일반적으로, 면접 내용은 녹음되고, 녹음된 내용은 전사된다. 오늘날 연구자들은 데이터 관리 프로그램과 다양한 데이터 분석 방법을 사용하는 경향이 있다(Denzin & Lincoln, 2011).

5.2.2-3 사례 연구 Case study

한 사람 또는 한 상황에 대해 상세하게 연구하는 것을 사례 연구라고 한다. 한 의사가 구성한 특정 환자에 대한 모든 치료력이 사례 연구에 해당된다. 조사가 필요한 병원 내에서 발생한 문제들은 병원 사례 연구에 해당된다.

사례 연구는 종종 다양한 출처로부터의 광범위하고 세부적인 사항들을 제공한다. 사례 연구는 심리학의 초기 발달 시기에 특히 인기가 있었다.

5.2.2-4 조사 연구 Survey

조사 연구 또는 설문조사는 일반적으로 우편이나 온라인으로 유포되거나 직접 또는 전화를 통하여 질문하며, 사전 코딩된 질문 목록으로 구성된다. 질문들은 대개 일련의 척도(활동 1-4) 또는 다른 답변 범주를 선택하도록 요구한다. 그것은 짧거나 매우 상세하고 길 수도 있다. 인구조사는 일반적으로 설문조사의 형태로 수행되며 이는 여론조사도 마찬가지이다.

5.2.2-5 상관관계 연구 Correlational studies

이런 유형의 연구는 새로운 자료들을 재수집하는 것을 필요로 하는 것은 아니다. 그 자료들은 이미 사용할 수 있는 자료들이다. 병원들은 증상이나 질병의 유형, 사망률, 입원 기간, 연령이나 성별 같은 많은 인구학적 자료들을 문서화하고 있다. 이를 통해 이런 변수나 요인들 간의 상관관계를 파악할 수 있다. 특정 조건들에 대한 수년간의 사망률을 확인하고 남녀 간의 차이가 있는지도 확인할 수 있다. 또한, 최장 입원 기간 연장을 유발한 상황에 대해서도 밝혀낼 수 있을 것이다. 건강심리학자들은 이런 변수들과 특정 질병과의 관계를 설정하기 위해 운동, 흡연, 식사 습관과 같은 행동학적인 갤럽 조사 자료를 이용해 왔다. 그러나 상관관계를 밝혀내는 것이 인과관계를 밝혀내는 것은 아니므로 주의해야 한다.

5.2.2-6 실험 연구 Experiments

실험 연구(유용한 웹 사이트 참조)는 심리학적으로 가장 흥미와 관심을 끌어 왔던 결과들을 제공해 왔다. 실험 연구에서 연구자는 엄격하게 통제된 조건하에서 변수(독립변수)를 조작하고 그 결과 두 번째 변수(종속변수)에서 일어나는 변화가 있는지 관찰한다(Weiten, 2010, p. 40). 실험 연구는 제한된 수의 변수들이 결과나 종속변수들에 미치는 영향을 측정하기 위해 엄격하게 통제된 조건하에 일어나는 실험실에서의 실험과, 원칙은 동일하나 자연적인 환경에서 일어나 참여자들은 실험의 한 부분이라 인식되지 않을 수도 있는 현장 실험으로 구분된다. 유사 실험 연구에서는 독립변수가 자연적으로 발생하므로 조작은 필요 없고, 종속변수에 대한 변화의 정도 및 영향은 측정해야 한다.

표준실험설계(그림 1.3)에서는 연구대상자에 대한 기준이 포함되어 있으며, 연구조건에 무작위로 선택되고 임의로 할당되도록 보장된다.

개념 요약 실험실 실험 연구, 현장 실험 연구, 유사 실험 연구

이 세 가지 접근법은 모두 시나리오에서 두 가지 돌봄 제공법의 영향을 검증하는 데 사용할 수 있다: A 돌봄 제공자의 대상자 중심 돌봄과 B 돌봄 제공자의 업무 중심 돌봄(p. 12)

만약 실험실 실험 연구라면 모의 실험 대상자들에게 하루는 특정 돌봄을 받고 다른 날에는 다른 종류의 돌봄을 받는 실험실 환경을 제공할 수 있다. 모든 돌봄 제공자들에게 A와 B 역할을 하도록 지시한다면 그들은 그들이 묘사할 수 있는 돌봄의 접근법을 번갈아 사용할 수 있을 것이다. 그리고 모의 실험 대상자들은 일정한 간격으로 만족도에 대한 정보를 제공한다.

현장 실험 연구에서는 실제 대상자가 있는 실제 병원이라는 점을 제외하고는 동일한 조건일 것이다.

유사 실험 연구에서는 돌봄 제공자에게 지시하기보다는 대상자 중심 돌봄과 업무 중심 돌봄의 이분법에 대한 그들의 자연스러운 성향을 보고하게 하고, 대상자에게는 각각의 돌봄 제공자로부터 반복적인 돌봄을 받은 후 등급 척도로 그들의 만족도를 표현하도록 한다.

각각의 접근법에 대한 장단점을 논의하라.

이 장의 끝에 예시 답안이 제공된다.

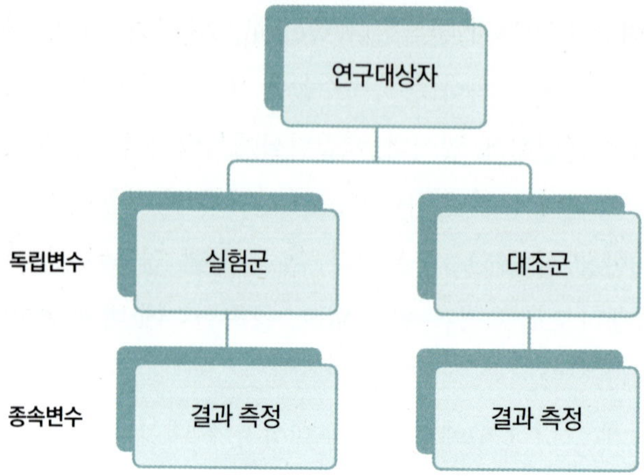

그림 1.3 표준실험설계

5.2.2-7 무작위 통제법 Randomised Controlled Trials: RCT

무작위 통제법은 실험의 원칙을 따르지만 순수실험연구에 포함시키기 위해 사람들로 하여금 정상적인 삶을 이탈하도록 할 수는 없다. 예를 들어, 우울증에 대한 신약의 효과를 확립하고자 한다면 시간 경과에 따른 효과를 확인해 보아야 할 것이다. 우울증 환자 대상으로 시간 경과에 따른 신약 복용자와 신약 미복용자(독립변수)의 정서상태의 차이(종속변수)를 확인하고자 한다.

요즘 이런 연구는 단일 대조군보다는 위약 집단과 기존의 상용화된 우울증약 복용 집단을 대조군으로 포함시킨다. 신약의 상용화를 위해서는 대상자들의 정서상태가 실험군인 신약 복용군에게서 현저하게 개선되어야 할 것이다. 그 차이가 다른 변수들에 의해 영향을 받지 않아야 한다는 것은 매우 중요한 점이다. 물론 실험 참여자들은 자신이 복용하고 있는 약이 신약인지, 위약인지, 기존의 상용화된 약인지는 모르고 있어야 한다. 참여자들이 알고 있다면 그들의 기대치에 의해 효과는 영향을 받을 수 있기 때문이다. 이것을 맹검법(blind study)이라고 한다. 투약이나 정서상태에 대한 평가를 하는 보조 실험자 역시 참여자의 복용약 종류를 모르도록 하는 것(이중 맹검법)이 중요하다. 참여자들이 어떤 집단에 속해 있는지 알고 있었다면 조금은 다르게 행동했을지도 모른다. 예를 들어, 신약 복용에 참여한 대상자들이 좀 더 호응이 커서 이 부분이 결과에 영향을 미칠 수도 있다. 물론 연구에 참여한 대상자들은 연구 과정에서 매우 다른 삶의 경험을 했을 것이고, 이는 아마 몇 개월은 영향을 미칠 것이다. 이러한 차이는 참여자들의 정서에 영향을 미칠 가능성이 높다. 통계적으로는 참여자 집단이 충분히 클 경우 이런 변수들은 조정이 된다. 그러므로 이런 종류의 연구들은 안전한 결과에 도달하기 위해 수천 명의 실험 참여자들을 포함시키는 것이 필요하다.

활동 1-5 ●●● 생각해 보기

앞서 소개된 각각의 연구방법을 간호 업무상 문제에 대한 연구 사례에 적용해 보라. 관찰법에서 시작하여 순서대로 진행해 보라.

이 장의 끝에 예시 답안이 제공된다.

요약

- 심리학은 건강관리와 관련된 실무에 있어서의 효용성에 의해 간호 교육과정에 포함되었으며, 이는 간호사 면허 기관의 통제에 의해 규정된다.
- 심리학의 적용은 좀 더 정보화된 건강관리로 이어져야 하며, 심리학적 사고방식은 돌봄에 있어서 좀 더 정교한 접근이 가능하게 한다.
- 심리학은 생물심리사회모형의 필수적인 요소이며, 건강관리와 밀접한 관계를 형성하고 있다.
- 심리학적인 근거들은 양적 혹은 질적 성상에 대한 경험적 연구의 결과들이다.
- 심리학적 연구는 관찰법과 면접법, 조사 연구, 사례 연구, 상관관계 연구, 실험 연구 및 무작위 통제법을 사용한다.

활동: 예시 답안

시나리오: 대상자와의 만남

심리학의 각 학파들은 전통적으로 각기 다른 접근법을 제시하고는 있지만, 일반적으로 한 가지 이상의 방법들을 시도해 보는 것이 바람직하다. 공감하기(인본주의), 격려의 제공(행동주의), 사고방식의 전환(긍정심리학/인지심리학) 방법들을 시도해 볼 수 있다.

시나리오: 뇌에 대한 이해

의사와의 상호작용은 상호 존중에 기초한다. 뇌에 대한 이해를 통하여 이러한 상호 존중이 가능해지며, 환자들에 대한 이해도 좀 더 잘할 수 있게 될 것이다.

시나리오: 발달과 학습

예를 들어, 매우 어린 아동에게 있어서는 보상의 제공이 중요하고, 좀 더 성장한 아동은 당신이 성취하고자 하는 것이 무엇인지 이해가 가능할 것이다. 또한, 나이 든 성인들은 자신의 독립적인 기능을 잃지 않는 것이 중요하다.

시나리오: 밤 근무

당신에게는 좀 더 많은 시간의 REM 수면이 필요하고, 이는 좀 더 오랜 수면을 보장받음으로써 획득 가능하다.

시나리오: 압박감

근무가 끝난 직후에 진행되지 않았던 일에 대해 비판적으로 되뇌고 있다면 그것은 과도하게 양심적인 것이다. 이때는 업무를 어떻게 변화시킬 것인가를 고려해 보는 것이 중요하다. 압박감에 의해서 합리적인 사고가 영향을 받을 수 있음을 명심하라.

시나리오: 집단의 영향력

동조와 복종은 중요한 역할을 한다. 이것은 건강관리 조직에 있어서 필요한 부분들이지만 그런 것들이 우리의 독립적인 판단을 흐리게 할 수 있다.

시나리오: 스트레스

긍정적인 태도를 유지하고, 지금 먹고 있는 음식에 집중하고, 운동을 지속적으로 할 수 있도록 스스로에게 말할 수 있다. 당신이 조직에서 자신의 목소리를 제대로 낼 수 있는 위치에 있다면 직원 수 증원, 직원들 간의 정서 및 태도의 개선을 위한 옹호를 할 수 있을 것이다.

시나리오: 위기로서의 질병

대상자로부터 그들의 동료를 분리시키는 것은 대상자의 스트레스를 가중시킬 수 있다. 대상자의 삶에 대한 돌봄 제공자의 인식을 통하여 대상자 지지를 위한 최선의 방법을 결정할 수 있다.

시나리오: 대상자 중심 돌봄 vs 업무 중심 돌봄

A 돌봄 제공자를 선호할 확률이 높지만, 정말 바쁠 때 A 돌봄 제공자와 같은 접근이 가능할까? 이것은 현대 건강관리 조직에 있어서 중요한 쟁점이다.

활동 1-1

이 활동은 심리학이 건강관리와 얼마나 밀접한 관계가 있는지에 대한 이해를 돕기 위한 활동이다. 시나리오와 연관된 장을 찾아보는 것이 필요하다.

활동 1-2

해답: a) 생물학적 측면, b) 심리적 측면, c) 심리적, 사회적 측면, d) 생물학적 측면, e) 생물학적, 심리적 측면, f) 사회적, 심리적 측면.

대면 접촉이 있는 모든 돌봄 활동은 심리적인 측면을 포함하고 있음을 알 수 있을 것이다.

활동 1-3: 심리학적인 사고방식

이 테스트의 결과는 단지 당신의 타인에 대한 반영 정도를 의미하며, 공식적인 평가는 아니다.

활동 1-4: 양적 연구 vs 질적 연구

접근 방식의 선택은 병원이 만족 정도(양적 접근)에 좀 더 관심이 있느냐, 아니면 만족도에 영향을 미치는 요인이 무엇인지(질적 접근)에 관심이 있느냐에 달려 있다. 실재적으로, 두 번째 질문에 답을 하는 것이 좀 더 많은 시간을 필요로 하고, 어쩌면 모든 대상자들에게 물어보는 것은 불가능할 수도 있다. 반면, 첫 번째 질문은 1분 정도만 소요될 수 있고, 공식적인 퇴원 절차의 한 부분을 차지할 수도 있다.

개념 요약: 실험실 실험 연구, 현장 실험 연구, 유사 실험 연구

실험실 상황은 혼란을 피할 수 있다는 장점은 있지만, 실제 실험 대상자들을 접촉하지 않는다는 단점이 있다. 현장 실험은 대상이 실재 환자라는 장점은 있지만, 병원 현장에서 일어나는 모든 변수들을 완전하게 통제하지는 못한다. 유사 실험에서는 A 돌봄 제공자와 B 돌봄 제공자의 업무 특성에 대한 분명한 이분화를 보여 주기보다는 좀 더 미묘한 대조가 있어 현실적이다. 그러나 이로 인해 결과의 명확성이 다소 떨어질 수 있다.

활동 1-5

각각의 접근법들은 연구에 적용될 수 있다. 이런 연습 과정을 통하여 각각의 방법들이 다양한 문제와 어떻게 연관되는지에 대한 아이디어를 찾을 수 있을 것이다.

더 읽을거리

- Nolen-Hoeksema, S., Frederickson, B., Loftus, G., & Lutz, C. (2014). *Atkinson & Hilgard's Introduction to Psychology* (16th ed.). Andover, Hampshire, UK: Cengage Learning.
  이 책은 간호사를 위한 일반 심리학 입문서로서 고전에 해당된다.
- Weiten, W. (2008). *Psyk.Trek 3.1: A Multimedia Introduction to Psychology* (3rd ed.). New York: Wadsworth.
  이 CD-ROM을 통하여 심리학 입문을 가장 포괄적이면서도 쉽게 할 수 있다.
- Coon, D., & Mitterer, J. (2014). *Psychology: modules for active learning* (13th ed.). Stamford, CT: Cengage Learning.
  Dennis Coon은 우리 모두가 심리학자가 되고 싶어질 만큼 심리학 입문 안내의 달인이다.
- Lilienfeld, S. O., Lynn, S. J., Ruscio, J., & Beyerstein, B. L. (2011). *50 great myths of popular psychology: Shattering widespread misconceptions about human behavior.* Chichester: Wiley-Blackwell.
  심리학에 대한 대중적인 관점에는 많은 신화들이 포함되어 있는데, 이 책은 이러한 신화들의 모순점들을 발견하는 즐거움을 제공한다.
- Barley, E. (2016). *Health Psychology in Nursing Practice.* London: SAGE.
  가장 실무적인 측면에서의 건강심리학과 간호에 대한 이해를 제공한다.

유용한 웹 사이트

- http://www.apa.org/action/
  American Psychological Association의 공식 사이트로서 심리학 주제 검색을 위해 이용할 수 있다.
- http://www.bbc.co.uk/programmes
  BBC Horizon은 건강과 심리학의 첨단 분야와 관련된 우수한 프로그램들을 제공한다.
- http://www.open.edu/openlearn/health-sports-psychology/psychology/starting-psychology/contentsection-0
  영국의 방송대학은 자율 열람 섹션을 보유하고 있는데 이것을 통하여 심리학 모듈들을 이용할 수 있다.

- http://list.ly/list/Gc-fun-psychology-related-youtube-videos
  심리학은 유튜브를 통하여 잘 표현될 수 있다. 그러므로 유튜브를 이용하되 중요한 사안과 그렇지 않은 흥미 위주의 단순한 사안을 구별하여 인식할 수 있어야 한다.

- https://www.youtube.com/watch?v=l49MzGZa_5M
  이것은 실험실, 현장, 유사실험의 실험설계에 대한 10분간의 개별학습시간을 제공한다.

CHAPTER 2

심리학적 관점의 이해

학습목표

- 연구 분야로서의 심리학의 발달 과정에 대해 기술한다.
- 20세기 간호심리학의 발달 과정에 대해 논의한다.
- 심리학의 여러 학파를 구분한다.
- 서로 다른 심리학파의 본질적인 관점들을 건강관리에 적용한다.

알기 쉬운
심리학

이 장에서는 심리학과 간호심리학의 역사에 대한 개요를 설명한다. 우리는 19세기 후반에서 20세기 초반에 걸친 기능주의와 구조주의에서 오늘날까지도 영향을 미치고 있는 관점들인 정신역동심리학/정신분석, 행동주의, 인지심리학, 인본주의, 사회심리학, 진화심리학, 긍정심리학, 생물심리학에 이르기까지의 심리학적 이념들에 대해 살펴볼 것이다. 이러한 학파들의 서로 다른 관점과 건강관리와의 관련성을 제시하고, 학파들의 서로 다른 관점들에 대해 탐색해 볼 것이다.

1. 심리학의 진화

심리학은 본질적으로 우리 자신의 행동, 활동, 우리와 타인들과의 상호작용을 어떻게 이해하는지에 대한 역사이다. 행동과 반응 형성에 대한 이해는 고대로 거슬러 올라간다. 물론, 고고학적이며 역사적인 증거는 인간이 무엇인지 알고 이해하는 것에 대한 일관된 인간의 관심을 나타낸다. 문자 기록을 통하여 이러한 관심이 지속적으로 있어 왔음을 알 수 있으며, 실제로 우리 자신을 이해하고자 노력해 온 점들이 고대 문자를 통하여 발견되고 있다.

흥미롭게도, 종교적인 작품들이 주류를 이루고 있는데, 이것은 이해한 것을 기술하는 요소일 뿐만 아니라 놀라운 방식으로 인간의 사고와 행동에 영향을 준 교훈을 포함하고 있다는 것이다. 성경과 코란과 같은 신성한 문서는 이러한 종교에서 요구되는 행동을 성문화하는 데 도움이 되었으며, 이는 인류의 도덕성 발달과 일치한다. 종교적인 문서들은 우리가 세상과 우리 자신을 바라보는 가장 중요한 시각이 '믿음'이라는 점을 확실히 했다.

르네상스 시대(14~17세기)까지의 여러 세대에 걸쳐 유럽인들이 잊혀졌던 그리스 철학자들의 작품을 재발견함으로써 지금의 심리학에 대한 이해를 가능하게 하였다. 플라톤, 아리스토텔레스, 소크라테스 같은 철학자들의 표현처럼 '믿는' 것이 아니라 '알고 있는' 것에 중점을 두는 것은 많은 유럽 학자에게 영감을 주었다. 계몽주의 시대는 이 원칙이 더 넓은 사회로 확장되었고, 서유럽의 철학자들은 인간에 대한 좀 더 복잡한 질문을 던지고 그에 대한 답을 찾기 위해 노력하였다. 인쇄술의 발명은 사상의 자유로운 흐름과 철학의 발전에 의한 논제의 변증법적 과정을 용이하게 했다. 신체와 영혼의 관계는 뜨거운 논쟁거리였다. 천성과 교육에 대한 논쟁도 좋은 예이다. 인간으로서 우리 자신에 대해 어떻게 생각하는지에 대한 부분은 오랫동안 지속되어 온 논쟁거리였다.

특히, 사고, 의식, 진화, 정신물리학 및 관련 주제에 관한 19세기 유럽 논제의 복잡성과 다재다능성은 우리 자신에 대한 경험적 연구라고 불리는 다음 단계로의 학문적 번성을 이루었다. 일반 심리학 서적들의 도입부는 이 시기를 오늘날 우리가 알고 있는 심리학의 확립 시기로 기술하고 있다.

2. 19세기 경험심리학의 출현

19세기는 과학사에서 흥미진진한 시기였다. 이 시기는 서구사회에 있어서 기술과 산업화, 식민주의, 교육의 발달 및 과학의 인간중심화가 점진적으로 이루어진 시기였다. 이 모든 요소들은 합리주의와 경험적 연구를 활성화시켰다. 인간의 사고와 인식에 대한 연구 또한 물론 포함되었다. 19세기 초 많은 분야에서의 발달이 독일에서 일어난 점은 우연이 아니다. 과학과 철학의 주류는 물리학 이론뿐만 아니라 인간의 기능을 검증하는 데 관심이 있었다. 특히, 심리학의 초기 형태라고 불리는 **정신물리학**(psychophysics)을 도입한 테오도르 페히너(Theodore Fechner, 1801~1887)와 에른스트 하인리히 베버(Ernst-Heinrich Weber, 1795~1878)가 그 길을 닦았다. 정신물리학자들은 '정신과 물질은 같은 현실에서의 동등한 두 가지 측면'이라는 믿음에서 인간의 경험을 연구하기 위해 물리학 법칙을 적용하였다(Lowry, 1971, p. 93). 뒤를 이어 벨헬름 분트(Wilhelm Wundt, 1832~1920)는 경험심리학을 확립하기 위해 심혈을 기울였다. 1879년 라이프치히에서의 세계 최초 심리학 연구소 설립은 종종 랜드마크로 간주된다. 그와 동료 연구자들은 의식 경험의 구조를 확립하기 위해 엄격하게 통제된 실험실 실험을 수행했다. 예를 들어, 그의 피험자들은 다른 근육군들과는 분리되어 다른 군으로 분류되었으며, 이 과정에서의 자신의 경험에 대해 기술해 보도록 요청받았다. 또 다른 실험에서 피험자들은 그 과정 동안 일어난 간단한 사고과정을 반추해 보도록 요청받았다. 이런 과정을 '내관(introspection)'이라고 한다. 분트의 제자인 에드워드 티치너(Edward Titchener, 1867~1927)는 분트의 업적을 영국과 미국에 소개하였다. 초반의 그들의 노력은 의식 경험의 구조에 중점을 두었기 때문에 **구조주의**(structuralism)로 알려져 있다.

동 시기에 과학적인 영향력의 균형은 미국으로 옮겨 가기 시작했다. 물론 구조주의는 대서양을 가로질러 영향을 미쳤지만, 특히 미국의 윌리엄 제임스(William James, 1842~1910)에 의하여 또 다른 관점도 자리를 잡았다. 그의 저서 『심리학의 원리』(James, 1890)는 심리학의 실용적 관점으로의 전환을 제시하였다. 다윈의 진화론에 크게 영향을 받은 그는 감정, 의식, 습관, 본능의 기능과 같은 일상적인 심리적 현상들에 대한 탐색의 필요성을 강조하였다. 이는 **기능주의**(functionalism)라고 불리는데 당시 많은 미국의 심리학자들에게 공유되었다.

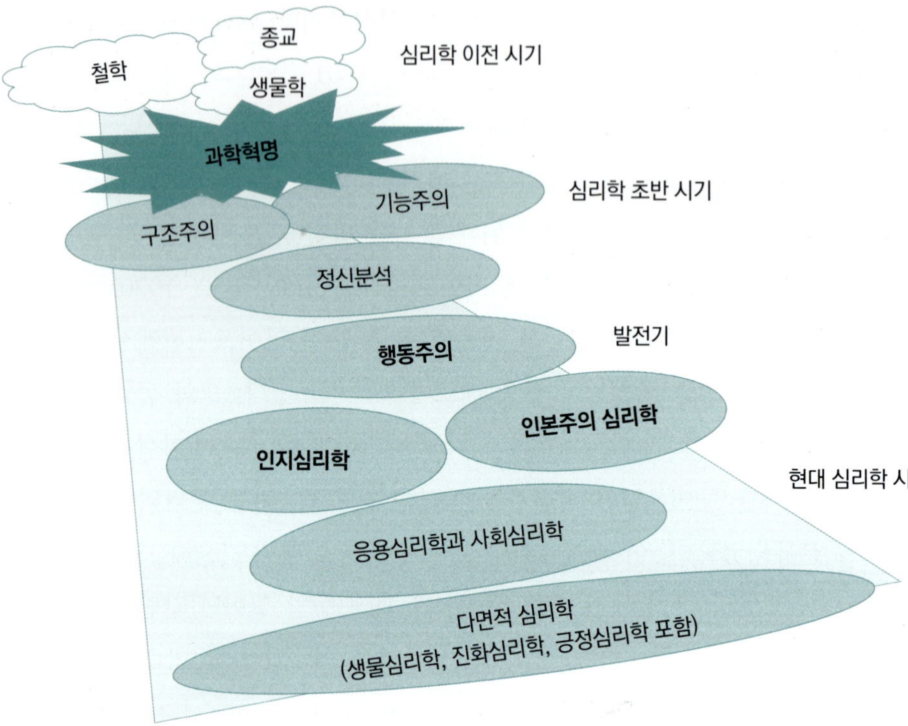

그림 2.1 심리학의 진화 과정

찰스 다윈(Charles Darwin, 1809~1882)이나 그 밖의 진화이론가들을 언급하면서 『종의 기원』(Darwin, 1859) 출판의 중요성을 강조할 필요가 있다. 인간 대상의 연구에 있어서 경험적 방법을 사용함으로써 정신물리학자들은 문을 잠금 해제하였으며, 심리학의 출현은 이 문을 발로 차서 연 것 중의 하나로 묘사될 수 있다. 진화론에서는 인간이 다른 종으로부터 진화했다는 의미에서 동물과 다르지 않다는 것을 제안했다. 당시 다윈의 이론은 매우 급진적인 이념으로 간주되어 자주 공격받고 조롱당했다.

그럼에도 불구하고, 동물들을 경험적으로 연구할 수 있다면 인간에 대한 연구도 같은 방법으로 접근할 수 있을 것이라는 생각이 동료 과학자들 사이에 자리 잡고 있었다. 행동주의자들이 인간 학습에 대해 추론하고자 동물을 연구함으로써 인간을 비롯한 모든 포유류 사이의 가족관계는 이후 논쟁거리로 남게 되었다.

같은 시기에 **정신의학**(psychiatry) 분야의 발달을 주도한 정신질환과 치료에 대한 관점의 현격한 변화가 있었다. 1800년대에 이르러 정신건강 문제에 대해 악마에게 홀렸다거나 마법에 걸렸다는 사람들의 생각은 다소 옅어졌다. 그럼에도 불구하고, 정신질환자들을 위한 기관들은 단지 그들을 통제하기 위해 만들어졌으며, 이에 대한 변화의 속도는 아주 미약했다. 이는 정신병리와 치료에 대한 통찰 부족이 주된 역할을 했다(Eling et al., 2013). 그럼에도 불구하고, 이런 기관들은 정신병리 발달에 있어서 관점의 변화가 생겨나게 되었다. 특히, 프랑스의 기관인 La Salpetriere는 이 과정에서 중추적인 역할을 했다. 필리프 피넬(Philippe Pinel, 1745~1826)은 정신과 환자들을 쇠사슬로부터 해방시키는 과정을 시작한 사람으로 역사에 남게 되었다. 좀 더 인간적인 치료방법이 발달하였으며, 정신질환의 원인과 신경병리, 특히 뇌조직과의 일치성이 점점 강조되었다. 반면, 신경학과는 별도로 정신의학을 독립적으로 제안하는 세력도 생겨났다. 특히, 연구에 바탕을 둔 크레펠린(Kraepelin, 1856~1926)의 진단과 예후에 대한 체계적인 발달은 신경학적 기반이 불필요한 정신의학 자체에 초점이 맞추어졌다. 19세기 말까지 그는 『정신질환의 진단 및 통계 편람(Diagnostic and Statistical Manual of Mental Disorders: DSM)』의 기초가 된 진단 체계를 발전시켰다.

비슷한 시기에 미국과 유럽에서는 일상생활에서의 정신병리에 대한 관심이 뜨거운 쟁점이 되었다. 지그문트 프로이트(Gigmund Freud, 1856~1939)의 업적이 좋은 예가 된다. 비엔나에서 가정의로 시작한 그는 대상자들에게 드러나는 신체적인 문제들에 대한 숨겨진 심리적인 원인들에 대해 관심을 가지게 되었다. 그는 이 분야의 대표적인 가장 영향력 있는 인물이었고, 잠재의식, 정신성 발달, 꿈, 대화를 통한 치료의 한 형태인 **정신**

분석의 발달과 관련된 그의 이론적 업적은 정신의학과 심리학 분야에 있어서 혁명을 일으켰다. 이는 구조주의와 기능주의 이후 세기 전환기인 1900년대에 있어서 심리학을 형성한 세 번째 힘으로 간주된다. 그리고 이 영향은 아직도 미치고 있다.

개념 요약 정신역동적/정신분석적 관점-우리의 숨겨진 부분(무의식)을 발견하는 것

인간의 많은 정신활동은 잠재의식 속에 숨겨져 있고, 우리는 이를 잘 알아채지 못한다. 우리 자신을 이해하기 위해서는 꿈과 환상을 통해서 수면 위로 떠오르는 의문점들을 풀어야 하고, 복잡한 상징들을 이용할 수 있어야 한다. 인간 발달의 대부분은 어린 시절에 근간을 두고 있다.

돌봄과 건강관리에 있어서의 적용점

- 돌봄 제공자들에게는 자신의 업무에 있어서 필수적이고 무의식적인 동기가 있다.
- 무의식적인 정신건강 문제는 신체적인 건강 문제에 영향을 줄 수 있다.
- 돌봄 제공자들은 대상자들의 회복을 막을 수 있는 무의식적인 심리적 요인에 대해 탐색할 수 있어야 한다.

3. 20세기와 21세기의 심리학

일반적으로 심리학의 발달은 대립된 관점들 간의 긴 논쟁의 과정으로 이해할 수 있다. 이런 경향은 특히 20세기에 두드러졌다. 심리학에서는 이때 비로소 몇몇 명제의 형태가 갖추어졌다. 20세기 초에는 식민지화를 위한 전쟁의 가속화나 심리학이 싹트고 있는 분야에서 '소유권(ownership)'이라는 단어가 우세해지는 경향이 있었다. 구조주의와 기능주의 관점이 경험적 연구의 심리학을 대변해 오긴 했지만, 객관적인 방법으로 인간의 머릿속에서

일어나는 일들에 대해 연구하는 것이 가장 어려웠고 지금도 그러하다. 프로이트 등의 정신분석가들이 사례 연구를 통해 의식과 잠재의식에 대한 이론들의 발전을 위해 끊임없이 노력한 반면, 과학심리학의 막다른 길이라 불리는 새로운 변화가 일어나기 시작했다.

이 접근법은 **행동주의**(behaviourism)라고 불렸다. 초기 행동주의자들은 심리학자들이 관찰 가능한 행동과 그 행동이 환경으로부터의 자극에 대해 어떻게 다르게 반응하는가에 대한 연구만 해야 한다고 주장하였다. 그들은 인간의 사고나 감정을 부인하지는 않았지만 사고나 감정은 측정은 말할 것도 없고 객관적으로 관찰할 수도 없기 때문에 연구 분야에서 제외시켜야 한다고 주장했다. 그들은 모든 정신적인 활동은 과학적인 연구가 불가능하다고 간주하였다. 1904년 이반 파블로프(Ivan Pavlov, 1849~1936)의 개 실험을 통하여 학습의 중요한 원리(고전적 조건형성-제4장)가 발견되었다.

당시 비슷한 연구에 참여했던 미국인 존 왓슨(John Watson, 1878~1958)은 인간 조건화의 원리에 대한 실험(악명 높은 어린 앨버트 실험-제4장)을 하기 시작했다(Watson & Rayner, 1920). 스키너(B. F. Skinner, 1904~1990)를 포함한 많은 행동주의자들의 연구를 통하여 그 분야에서의 주된 접근법으로서 행동주의 관점을 발달시켰다. 주로 쥐와 기타 동물들을 이용한 스키너의 연구를 통하여 보상과 처벌이 행동에 주는 영향에 대한 이론의 발달이 가능하였다. 이를 '조작적 조건형성(제6장)'이라고 한다. 스키너는 다작 작가였으며, 20세기의 가장 영향력 있는 심리학자 중 한 명이었다. 흥미롭게도 그는 자신의 원칙들을 공상 소설(Skinner & Hayes, 1976)과 세계는 전적으로 행동주의 원리에 근거하여 작동한다는 설득력 있는 주장이 있는 유명 서적(Skinner, 1972)에 적용하였다.

행동주의에 대한 반응으로 몇 가지 변화의 바람이 일어났다. 첫째, 정신분석이 사그라들지 않았다. 정신분석의 이론적 관점은 많은 사람들이 추종

개념 요약 행동주의적 관점-학습과 환경에 대한 반응으로서의 행동에 대한 이해

인간은 생각하거나 느끼는 것보다 행하는 것과 가장 관련이 깊다. 분명한 행동과 이에 대한 통제가 심리학의 핵심이 되어야 한다. 인간은 손다이크(Thorndike)의 효과의 법칙(law of effect)을 따르는데, 이는 바람직한 결과를 초래하는 행동들은 반복될 확률이 높고, 바람직하지 않은 결과를 초래하는 행동들은 반복될 가능성이 적다는 것이다. 학습법은 행동주의적 연구에 있어서 중요한 초점으로 작용한다.

돌봄과 건강관리에 있어서의 적용점

- 간호술기 학습방법이 연구의 주제가 되어야 한다.
- 효과적인 돌봄은 대상자와의 상호작용 시 격려(보상)와 낙담(처벌) 기법을 이용한다.
- 불건강한 행동을 학습하지 않고 건강한 행동을 학습하는 것이 건강 증진의 핵심이다.

했고, 정신건강에 문제가 있는 사람들에 대한 정신분석적 치료 방법에 대한 관심이 증가했다. 프로이트, 융, 아들러 등은 정신기능, 의식, 잠재의식을 심도 있게 파헤치는 포괄적인 이론의 개발에 몰두하였다. 정신분석이론은 정신적인 활동이 배제되는 행동주의자들의 주장을 무시함으로써 인상적인 대안의 지위를 유지하였다. 둘째, 행동주의와 거의 같은 시기에 생겨난 **게슈탈트 심리학**(Gestalt psychology)은 '정신(mind)'을 연구하는 방법을 찾고 있었다. 게슈탈트 심리학은 전체성(totality)의 원리를 이용하여 경험의 양상들을 분리하기보다는 '전체(whole)'로 인식하는 심리학을 옹호했고(Koffka, 1921), 과학적 증거를 실험실에서의 실험보다는 현실에서의 일상생활에 대한 실험을 통하여 찾고자 하였다. 이는 수십 년 후 세상의 주목을 받게 된 **인본주의적 관점**(humanistic perspective)에 영감을 주었다. 인본주의자들은 특별히 인간 문제의 조명에 있어서 동물 연구에 대한 유용성을 일축했다. 또한, 인본주의자들은 인간의 숨겨진 부분과 잘못된 부분들에 대

한 정신분석학적 주안점은 비판했지만, 'American Dream(민주주의, 인권, 자유, 기회 균등, 평등, 자본주의)'이라는 승리의 이데올로기에 바탕을 둔 인간 기능에 대한 보다 긍정적인 관점을 촉진하는 새로운 의제를 제시했다. 제2차 세계 대전의 결과 서구 자유 진영에서의 인본주의에 대한 현격한 지지는 결코 우연이 아니다. 민주주의의 번성은 인간이 단지 유전적 소인이나 환경적 영향의 산물이라기보다는 자신의 삶에 대한 진정한 선택을 할 수 있는 힘을 소유하고 있다는 가정과 일치했다. 심리학의 중심 개념으로서 '자유의지(free will)'와 독립적인 '자기(self)' 개념은 우리 자신을 이해하는 것과 관련되어 주된 논쟁거리가 되었다. 칼 로저스(Carl Rogers, 1902~1987)와 에이브러햄 매슬로(Abraham Maslow, 1909~1970)는 대표적인 인본주의자들에 속한다. 로저스는 '인간 중심 돌봄(person-centred care, 제10장)'의 기초인 '내담자 중심 치료(client-centred therapy)'의 원리와 방법을 개발했으며, 매슬로는 현대 심리학과 간호학 교과서에서 아직도 언급되고 있는 '욕구계층이론(hierarchy of needs, 제8장)'을 제안하였다.

개념 요약 인본주의적 관점-우리 안에 있는 인간을 이해하고 발달시키는 것

인간 경험에 초점을 맞추지 않고서는 심리학을 연구할 수 없다. 우리가 자신을 어떻게 바라보고 경험하는지, 삶의 의미에 대한 동기 부여가 어떻게 되는지에 대한 연구가 필수적이다. 삶에 대한 자유의지를 소유하고 있는 인간의 삶은 존엄하고, 그러한 인간은 삶에 대한 목표를 소유하고 있다. 이것이 인간 중심 돌봄의 기원이다. 경청, 공감, 정서적 지지의 제공과 같은 기법들이 인본주의 관점에서 개발되고 기술되어 왔다.

돌봄과 건강관리에 있어서의 적용점

- 인간 중심 돌봄의 실행은 오늘날 보건의료의 필수적인 것이다.
- 보건의료에 있어서 강력한 치료적 관계는 인본주의적 원칙을 기초로 해야 한다.
- 돌봄 제공자와 돌봄 수혜자의 동기가 무엇인지에 대한 이해가 필요하다.

세 번째 물결인 **인지심리학**(cognitive psychology)은 검은 상자인 '블랙박스'의 원리를 추월하는 과학의 문제였다. 스키너를 비롯한 행동주의자들에 대한 놈 촘스키(Noam Chomsky, 1928~)의 적나라한 비판과 더불어 '인지혁명'은 컴퓨터의 발달과 함께 비약적인 발전을 하였다. 인지 연구에 관심이 있는 심리학자들은 인간의 사고를 모델링하는 수단을 소유할 수 있게 되었다. 그들은 인간에 대한 연구(기억, 의사 결정, 문제 해결, 위험 평가 등)의 기초로서 정보처리 모형을 개발하였다. 컴퓨터는 블랙박스가 더 이상 알 수 없는 어둠의 공간이 아니라는 것을 보여 주었다. 가드너(Gardner)와 같은 인지심리학자들은 우리가 컴퓨터의 사고(think)를 인정한다면 인간의 사고도 인정해야 한다고 주장했다(Gardner, 2008). 물론 최근에는 EEG, PET, fMRI를 통해 뇌를 좀 더 자세하게 들여다볼 수 있을 만큼 발달하게 되었는데, 이는 의제를 인간 사고에 대한 연구로 완전하게 회귀하도록 하였다.

개념 요약 인지주의적 관점-사고하는 방법에 대한 이해

우리는 서로 다르게 생각하기 때문에 우리의 세계와 우리 자신에 대해 전혀 다른 방식으로 경험한다. 그러므로 심리학의 한 분야로서 사고와 관련된 정신적인 노력인 인지(cognition)를 연구할 필요가 있다. 인지심리학자들은 비합리적이고 부정적인 사고가 합리적이고 긍정적인 사고로 어떻게 전환될 수 있는가에 대해 매우 관심이 많다.

돌봄과 건강관리에 있어서의 적용점

- 돌봄 제공자들의 사고는 그들이 행하는 돌봄의 질에 있어서 중요하다.
- 돌봄 제공자들은 종종 자신이 돌보고 있는 대상자들의 사고와 태도에 영향을 미친다.
- 건강과 질병에 대한 우리의 사고는 건강 행동에 영향을 미친다.

게슈탈트 심리학자들과 인본주의자들이 심리치료에 있어서 고차원적인

기능의 이론들과 새롭고 획기적인 접근법들을 개발하는 동안, 정신분석학자들은 정신역동심리학(psychodynamic psychology)이라는 새로운 명칭 아래 질문 위주의 상담을 이어 갔고, 인지심리학자들의 활동은 가시화되었다. 1960년대와 1970년대에는 부유한 지식인들 사이에서 심리치료가 유행처럼 번져 갔고, 각 학파들이 심리치료 분야에 개입한 것은 놀라운 일이 아니다. 그동안 응용심리학적 연구는 엄격한 행동주의적 관점을 계승하기 시작했다. 1920년에서 1970년 사이에 한편으로는 끊임없이 성장하는 경험주의적 풍조이며 다른 한편으로는 이 사회와 정신건강을 포함하는 개인적인 삶에 영향을 주는 에너지인 다양한 심리학의 진정한 탄생이 있었다. 그것은 계량심리학, 발달심리학(Piaget), 사회심리학(Lewin, Milgram, Asch), 성격심리학(Allport, Eysenck), 사회인지적 관점(Bandura)의 출현이었다.

이러한 분야들 중 가장 영향력 있는 분야는 **사회심리학**(social psychology)일 것이다. 응용심리학 분야이긴 하지만 사회적 맥락의 관점으로 심리학 연구에 접근하는 사회심리학적 관점이 심리학에 대한 일반적인 이해에 있어서 독특한 공헌을 했다는 점은 점점 더 분명해지고 있다. 우리는 타인들이 우리에게 미친 영향을 이해하는 방식을 크게 변화시킨 사회심리학적 실험을 한 레온 페스팅거(Leon Festinger), 스탠리 밀그램(Stanley Milgram), 필립 짐바르도(Philip Zimbardo)와 같은 독특하고 대담한 연구자들에게 감사를 표해야 한다. 인지부조화와 복종, 동조, 역할 행동에 대한 실험들을 통해서 세상은 사회적인 압력이 있을 때 현명한 판단과는 반대되는 인간 행동이 얼마나 있을 수 있는가에 대한 논쟁에 휘말리게 되었다. 제2차 세계 대전 이후 사회심리학을 통하여 인간의 어두운 부분에 대한 이해가 빨라졌다. 1950년에서 1980년 사이의 많은 사회심리학적 연구들은 심리학 역사에서 경험주의를 전형적으로 나타내며 경험주의 발달의 핵심이 되었다. 이 내용은 제7장에서 다시 다루어질 것이다.

개념 요약 사회심리학-사회적인 상호작용 및 영향에 대한 이해

우리는 사회적인 동물이다. 우리의 행동과 사고는 타인과 우리 자신이 인식하는 사회적 상황에 의해 영향을 받는다. 우리는 종종 이것을 과소평가한다. 상황의 힘은 우리를 개인적인 원칙에 반하여 생각하고 행동하게 할 만큼 강하다.

돌봄과 건강관리에 있어서의 적용점

- 의료기관의 돌봄 제공자와 돌봄 수혜자에 대한 영향력은 강력하다.
- 건강과 질병에 대한 사회적 요인들을 사정해 볼 필요가 있다.
- 사회적 상황의 영향력은 건강관리에 대한 우리의 판단을 흐리게 할 수 있다.

활동 2-1 20세기의 상위 10명의 심리학자들(Dittman, 2002)

다음의 심리학자들은 가장 많이 언급되고, 심리학 서적에 가장 많이 인용되었으며, 20세기의 전문가들에 의해 가장 많이 지명된 학자들이다. 온라인에서 이 이름들을 찾아보고, 각각의 학자들에 대한 짧은 문장을 기술해 보라. 이 활동을 통하여 심리학에 대해 더 잘 이해할 수 있게 될 것이다.

1. B. F. Skinner
2. Jean Piaget
3. Sigmund Freud
4. Albert Bandura
5. Leon Festinger
6. Carl R. Rogers
7. Stanley Schachter
8. Neal E. Miller
9. Edward Thorndike
10. A. H. Maslow

이 장의 끝에 예시 답안이 제공된다

4. 최신 동향

심리학파의 초기 지지자들은 자신들의 관점이 모든 연구 분야에 있어서 기초가 된다고 주장하였지만, 사실 현대의 많은 심리학자들은 절충적이거나 한 가지 이상의 접근법에 의해 영향을 받는다고 보고 있다. 1980년대의 심리학자들은 자신이 소속된 학파에 열중함으로써 자신은 타인과 다름을 주장하였다. 오늘날에도 여전히 행동주의자, 정신역학 또는 인본주의적 심리학자 등으로 자신을 인식하는 심리학자들은 과거에 살고 있는 사람으로 볼 수 있다. 현대의 심리학자들은 자신의 특정 연구 분야나 이 분야 내에서의 주제에 따라 구분된다.

교육심리학과 문화심리학, 직업심리학, 조직심리학, 법정심리학, 인지신경과학 및 실제로 건강심리학과 같은 몇 가지 특정 분야가 20세기 후반에 등장하여 성장하고 있다. 이들 각각의 분야들은 인간 기능의 특정 영역에 초점을 맞추고 있으며, 대부분은 특정 문제를 해결하기 위한 사회적인 요구에 부응한다. 이런 분야들은 점점 확대되고 전문성이 강화되고 있다. 그러나 이러한 심리학의 가속화된 성장과 전문성의 증대로 인해 대가를 치러야 하는 부분도 존재한다. 오늘날 상이한 영역들을 서로 상호 관련시킬 수 있는 광범위하고 일반적인 지식을 소유한 심리학자는 거의 없다. 즉, 각 분야들이 파편화될 위험에 처하게 되었다. 그러나 놀랍게도 대중들에게 심리학적인 원칙들을 설명하고 안내해 주는 대중적인 심리학 서적들이 파편화된 분야의 요소들을 연결시켜 주는 역할을 하고 있다.

생물심리학(bio-psychology)은 생물학과 밀접한 관련이 있는 관점을 옹호하고 있다. 마음과 몸은 분리된 실체라는 이원론적 견해에 변화가 있긴 했지만, 통합적 연구는 생물학과 심리학 사이의 관계의 복잡성 때문에 억제되어 왔다. 그러나 1990년 이후 우리는 이러한 경로를 거쳐 발달하는 관점들을 볼 수 있었다. **인지신경과학**(cognitive neuroscience)이 대표적인 예

활동 2-2 ••• 대중심리학(popular psychology)

여기에 인기 있는 심리학 서적 10권이 있다. 우리는 다양한 책들을 선정했고, 어쩌면 중요한 서적은 생략했을지도 모른다. 당신은 선호하는 책이 있을 것이다. 이 책들은 온라인에서 찾아보고 리뷰를 읽을 수 있다. 각 책의 중심적인 주제에 대한 개념을 확립해 볼 수 있도록 하라.

1. Daniel Kahneman-『Thinking fast and slow(생각에 관한 생각)』
2. Richard Dawkins-『The selfish gene(이기적 유전자)』
3. Daniel Goleman-『Emotional intelligence(감성지능)』
4. Ellen Langer-『Mindfulness(마음챙김)』
5. Carol Tavris and Elliot Aronson-『Mistakes were made but not by me(거짓말의 진화)』
6. Oliver Sachs-『The man who mistook his wife for his hat(아내를 모자로 착각한 남자)』
7. Malcolm Gladwell-『Blink(블링크: 첫 2초의 힘)』
8. Mihaly Csikszentmihalyi-『Flow: the psychology of optimal experience (몰입: 미치도록 행복한 나를 만난다)』
9. Tony Buzan-『Use your memory(마인드맵 암기법)』
10. David Coleman-『The thriving family』

이다. 이 분야에서의 주된 발전이 20세기 후반에 이루어져 장밋빛 미래가 그려졌다. 건강심리학과 행동의학은 각기 정신면역학(psycho-immunology), 심리종양학(psycho-oncology), 정신신경내분비학(psycho-neuro-endocrinology), 행동유전학(behavioural genetics)과 같은 특정한 분야들처럼 동일한 통합적 관점을 따르고 있다. 임상심리학과 정신의학의 발달도 이러한 관계에 대한 탐색을 강조하고 있다. 생물심리학의 범위를 새로운 것으로 간주해서는 안 되겠지만 심리학이 실행되고 인식되는 부분에 있어서 변화를 주었다는 것은 중요한 점이다.

심리학 분야의 확장을 위한 다학제적인 노력의 일환으로 **진화심리학**(evolutionary psychology)이 나타났다. 진화론에 뿌리를 두고 행동유전

개념 요약 생물심리학-심리학과 생물학의 통합

생물심리학적 관점은 인간체계의 생물학적 기능과 구조가 어떻게 심리학적 발현과 상호작용하는지를 보여 준다. 인간의 행동, 정서, 인지는 생물학적 측면과 심리학적 측면을 통합하지 않고는 완전하게 이해할 수 없다는 점이 핵심적인 개념이다.

돌봄과 건강관리에 있어서의 적용점

- 생물학적 · 심리학적 지식은 돌봄 제공자들이 협력적으로 이용할 필요가 있다.
- 생물학적 · 심리학적 요인들은 신체적 건강, 정신적 건강, 질병, 장애, 노화에 있어서 상호작용한다.
- 대상자들은 생물학적인 요인들이 심리적으로 어떻게 영향을 미치는지, 그리고 반대의 경우에 대해서도 교육받을 필요가 있다.

학, 생물학, 고고학, 사회학, 역사학, 인류학과 같은 다양한 분야들로부터의 근거들을 기초로 한 진화심리학은 인간이나 그 이전의 다른 포유류 내에서 여러 세대에 걸쳐 진화해 온 적응에 기초를 둔 우리의 행동, 정신, 사회적인 기능에 대해 연구하는 것이다. 기능주의자들과는 달리 진화심리학자들은 '행동, 정서, 인지의 원래 기능은 무엇인가?', '이런 것들이 인간의 생존과 번식에 어떤 도움이 되었나?'라는 질문을 던지는 경향이 있다(Buss, 1999). 고대부터 인류가 존재해 왔다는 명확한 증거들이 많아짐에 따라 수렵채집인(hunter-gatherer)으로서 유목생활을 해 오던 긴 기간 동안 생존에 대한 압박이 특히 심했던 인류 역사의 시기에 무슨 일이 일어났는지 잘 묘사할 수 있게 되었다. 어느 순간 인류는 멸종의 위기가 있었다고 생각된다. 이 시기에 인류를 살아남을 수 있도록 한 '적응(adaptation)'에 대한 연구는 특히나 흥미롭다. 왜냐하면 '적응'을 통하여 오늘날 우리는 회복이 가능하기 때문이다. 또한 진화심리학자들은 우리 안의 수렵채집인이 오늘날 우리가 살고 있는 아주 다른 상황들을 어떻게 다루는지에 대해서도 관심이 있다.

개념 요약 진화심리학-우리 안에 있는 '수렵채집인'에 대한 이해

우리가 행동하고, 생각하고, 느끼고, 타인들과 상호 교류하는 방식은 대체로 우리가 한 종으로 분화 및 발달한 방식에 근간을 두고 있다. 우리는 이것을 염두에 두고 우리 자신을 연구하고, 생존과 번식이 어떻게 인간이라는 종을 신체적 · 정신적으로 형상화했는지에 대해 인식할 필요가 있다. 그리고 오늘날에는 부적응적인 것으로 보이는 행동들이 우리가 수렵채집인으로 살아가던 시절에는 적응적이었는지도 질문을 던져 보아야 한다. 이런 경향들의 일부는 간과할 수 없는 부분이 있다.

돌봄과 건강관리에 있어서의 적용점

- 많은 사람들은 진화론적 프로그래밍 때문에 먹는 것을 통제하는 것은 어렵다고 생각한다.
- 서로 '다른' 사람들의 타고난 내재된 성향으로 여겨지는 부분들은 간과할 필요가 있다.
- 건강관리에 있어서 많은 직관적이고 잠재의식적인 반응들은 우리 안에 있는 수렵채집인의 성향에 근간을 두고 있다.

동일한 시기에 과도한 문제중심적 접근에 대한 반응으로서 **긍정심리학(positive psychology)** (Seligman & Csikszentmihalyi, 2000)이 시작되었다. 셀리그먼(Seligman)은 인간 경험의 긍정적이고, 적응적이며, 창조적인 양상들에 대한 연구가 충분히 이루어지지 않았으며, 이러한 사실은 시정될 필요가 있다고 주장하였다. 진화심리학과 긍정심리학은 우리에게 새로운 질문을 던지고, 오래된 쟁점에 대한 새로운 관점을 제시하며, 새로운 가설과 해결책을 제안하도록 동기를 부여했다. 이러한 흥미로운 발전을 통하여 심리학은 쇄신되었으며, 심리학의 사명은 21세기에도 새롭게 지속될 것임이 증명되었다.

개념 요약 긍정심리학-심리학의 긍정적인 이용

심리학은 우리의 약점에만 과도하게 초점이 맞추어져 있다. 이 세상에서 효율적이고, 건강하며, 행복해지기 위해서는 우리의 강점에 대한 연구를 더 많이 해야 한다. 심리학은 인류에게 긍정적인 영향을 미치기 위해 노력해야 한다.

돌봄과 건강관리에 있어서의 적용점

- 돌봄에 있어서 낙관성을 이용하라.
- 긍정적 사고는 건강에 도움이 된다.
- 좀 더 긍정적이 되기 위한 학습방법을 개발하라.

표 2.1 현대 심리학의 핵심적인 관점

주요 이론	핵심 관점
정신분석, 정신역동 심리학(Freud, Jung)	숨겨져 있던 우리(무의식)를 발견하는 것
행동주의(Pavlov, Watson, Skinner)	환경에 대한 반응으로서 학습하고 행동하는 방법에 대한 이해
인본주의(Rogers, Maslow)	인간 본연에 대한 이해 및 발달
인지심리학(Chomsky, Beck, Ellis)	사고하는 방법에 대한 이해
사회심리학(Festinger, Milgram, Asch, Zimbardo)	사회적 상호작용 및 영향에 대한 이해
생물심리학(Lorenz, Tinbergen, Penfield)	인간의 행동, 정서, 인지에 대한 이해에 있어서 심리학과 생물학을 통합함
진화심리학(Darwin, Buss, Tooby & Cosmides)	우리 안의 '수렵채집인'에 대한 이해
긍정심리학(Seligman)	긍정적인 방법으로 심리학을 이용하고 발전시킴

5. 앞으로의 전망

오늘날 심리학의 모든 역사는 영혼에 대한 초점에서 시작하여 의식, 행동, 정서와 인지, 생물학적 · 사회적 측면과 결부된 모든 인간 행동의 발현으로 시간이 지남에 따라 변화하는 것에 대한 관심을 나타내고 있다. 서구 세계에서 엄청난 부를 창출한 산업혁명과 식민주의를 겪으며 인류는 번성하거나 고통받을 때 자기 자신에 대한 이해의 폭을 넓힐 수 있게 되었다. 이를 통하여 심리학에 대한 관심은 커지게 되었다. 지난 세기 동안의 지엽적인 분쟁들, 자본주의와 공산주의 간의 이념적인 다툼과 같은 격렬한 혼란은 심리학 분야에 많은 영향을 미쳤다. 도시화, 세계화, 폭발적인 정보, 인터넷, 환경에 대한 관심, 지구 온난화, 이민 및 주요 정치적 변화는 심리학 및 심리학의 적용에 초점을 맞추면서 우리의 세계를 끊임없이 변모시켜 왔다. 심리학의 발달은 지금까지 주로 서구 사회에서 있어 왔지만 이제는 이에 대한 변화의 징후가 나타나고 있다. 성숙한 심리학은 다른 문화에도 적용될 수 있어야 하고, 다른 삶의 방식을 통합해야 한다. 의심할 나위 없이 앞으로도 현재의 삶과 쟁점들을 제대로 다루지 못한다면 심리학 분야에 있어서의 발전적 변화는 계속될 것이다.

6. 간호심리학의 발달

최초의 간호사를 위한 심리학 서적(Burr, 1906)은 정신과 간호사들을 위한 것이었고, 주로 정신분석 이론에 대해 다루어졌다. 뒤이어 당시의 심리학을 반영하는 포괄적인 여러 서적이 미국에서 출판되기 시작했다(Muse, 1925). 미국 간호교육연맹 교육위원회(American Committee on Education of the National League of Nursing Education)는 심리학을 간호교육에 포함시키도록 권고하기 시작했다. 특히, 그들은 심리학적 내용에 인간 행동의 원리에 대한 진술, 효과적인 환자 관리, 환자 및 동료와의 효과적인 관계 유지 방법의 개발, 일과 개인적인 생활에서 자제력을 얻을 수 있도록 돕는 방법, 정신의학과 깊이 있는 윤리 연구에 있어서의 기반 제공의 내용이 포함되어야 한다고 주장했다(Higgins, 1921). 심리학 도입과 관련된 긍정적인 결과들이 열광적으로 소개되었고(de Vries & Timmins, 2012), 심리학은 환자의 마음을 이해하고 간호사의 전문성에 있어 공헌한다는 점에서 환영받았다(Forbes, 1919). 당시 심리학의 급진적인 발전은 첫 출판 후 불과 몇 년 이내에 완전히 새로운 개정판의 출판으로 이어졌다. 1950년대 영국과 아일랜드의 간호 교육과정으로서 심리학의 의무적인 도입은 수십 년 동안 정기적으로 개정되어 온 오드럼(Odlum)의 서적(1952)처럼 간호사를 위한 심리학 서적의 도입을 활성화시켰다. 좀 더 최근의 서적들은 지금까지 몇 번의 개정판으로 출간되었다(Walker et al., 2012; Gross & Kinnison, 2014; Rana & Upton, 2013). 이런 서적들은 간호에 있어서 심리학의 적용이 완전하게 구체화되지는 못했으며, 심리학의 어떤 부분이 간호사들에게 가장 적절한지에 대한 논쟁이 아직도 진행 중이라는 점을 반영하고 있다.

심리학의 학파 중 인본주의 심리학은 현대의 돌봄 제공의 원리를 유도하는 데에 있어 가장 큰 영향을 미쳤다. 특히, 칼 로저스(1902~1987)의 내담자 중심 치료(Rogers, 1951) 연구로부터 **인간 중심** 돌봄 원칙이 도입되었다. 다른 인본주의자들과 더불어 그의 연구는 오늘날 간호교육의 교육 원칙에 잘 통합되어 있다. 더욱이 행동주의와 인지심리학의 원리는 건강 증진과 행동 변화, 의사소통 기술, 기타 간호사가 참여하는 다른 활동들에 스며들어 있다. 이 외에도 건강심리학의 출현은 새로운 근거 기반 간호 및 건강관리의 도입에 자극을 주었다. 또한, 심리학의 많은 측면들이 간호와 관련이 있으므로 간호사들은 심리학에 대한 기본적인 지식을 이해하는 것이 필요하다. 간호(사)를 위한 심리학(psychology for nurses)의 연관성은 간호(의) 심리학(psychology of nursing)을 넘어선다는 사실을 명심할 필요가 있다. 전자는 심리학에서 시작하여 간호와 건강관리에 도움이 되기 위해 심리학을 광범위하게 적용하는 것을 의미한다. 후자는 간호에서 시작하여 간호의 원칙과 간호사와의 관련성에 대한 쟁점을 분명하게 하기 위해 심리학의 어떤 부분이 유용한지를 조사하는 것을 목표로 한다. 이 책은 두 가지 접근법을 모두 시도하고 있다.

간호심리학(psychology of/for nursing) 분야의 세계적인 발달 양상은 심리학과 유사하다. 간호 분야에 있어서는 국제보건의 발달, 건강관리에 대해 병원이나 지역사회 중 어디에 초점을 맞추어야 하는지에 대한 정치적인 관점, 건강 증진의 역할, 영양, 전염병, 빈곤, 보건의료 스캔들과 같은 문제에 초점이 맞추어진다. 이 책에서는 이런 분야에서의 발달 관련성이 제시될 것이다. 현재로서는 심리학의 어떤 측면들이 가장 영향력이 있는지를 선택할 수 있는 방법은 없다. 제1장에서와 마찬가지로 지금까지 간호 이론과 실무에 있어서 심리학과의 관련성들을 제시하였다. 다음 활동을 통하여 심리학의 서로 다른 관점들을 이해하고 간호에의 적용 방안에 대해 확인할 수 있는 기회를 얻게 될 것이다(활동 2-3).

활동 2-3 ••• 심리학의 여덟 가지 관점들

심리학의 서로 다른 여덟 가지 관점들이 표 2.1에 제시되어 있다. 각각의 관점은 간호에 적용되어 왔다. 간호사들이 간호에 대한 견해를 표현함에 있어서 어떤 심리학적 관점을 기초로 하고 있는지를 알아낼 수 있는가?

(a) ________: 나는 사람들이 감사해하고, 이해하며, 삶에 대한 목적의식을 유지하도록 노력한다.

(b) ________: 나는 바람직한 건강행동들을 장려하고, 건강증진을 강화시킬 수 있는 새로운 기술들을 잘 익힐 수 있도록 하기 위해 최선을 다할 것이다.

(c) ________: 나는 항상 환자의 무의식적인 행동에 대해 관심을 가지고 있다. 이런 무의식적인 행동들은 그들의 진정한 욕구들에 대한 단서를 제공한다.

(d) ________: 환자 간호에 있어서 환자들이 자신의 질병에 대해 합리적인 사고를 하도록 하는 것이 필수적이다.

(e) ________: 낙관주의와 회복탄력성은 내가 장려하고자 하는 자질들이다. 나는 또한 장애 극복 능력을 강조한다.

(f) ________: 나는 주로 환자 건강의 신체적인 문제, 행동, 정신적인 부분이 어떻게 연결되어 있는지에 대해 초점을 맞춘다.

(g) ________: 나는 종종 환자들이 그들의 상황에 대해 직관적으로 반응하는 방식은 생존능력에 기반을 두고 있다고 가정한다.

(h) ________: 건강관리 기관들은 환자와 직원들에게 중요한 영향을 미치는 매우 강력한 환경을 조성한다.

이 장의 끝에 예시 답안이 제공된다.

요약

- 심리학은 최근에 발달한 것이 아니라 경험적 연구의 한 분야로서 19세기 후반에 생겨났다.
- 각기 다른 학파들이 심리학 내에서 지배와 요란한 논쟁에 연루되었으며, 이를 통하여 각 관점들의 의미 있는 기여점들이 점차적으로 수용되었다.
- 현대 간호학에 있어서 결정적인 심리학은 존재하지 않는다. 간호사를 위한 심리학 서적들은 다양한 접근법들을 사용한다.
- 돌봄과 건강관리 분야에서는 인본주의적 관점이 지배적이긴 하나, 행동심리학, 인지심리학, 사회심리학, 긍정심리학을 통하여 문제와 중재에 대한 이해의 폭이 넓어졌다.
- 정보에 정통한 돌봄 제공자는 이러한 심리학적 관점들을 이용할 것이다.

활동: 예시 답안

활동 2-1: 상위 10명의 심리학자들

더 중요한 심리학자들이 다수 있다. 우리는 이미 새로운 이름들이 등장했다는 것을 알고 있다. 심리학은 남성들에 의해 지배되어 왔지만 이는 변화되고 있다. 예를 들면 Elizabeth Loftus, Ellen Langer, Karen Horney, Margaret Washburn 같은 사람들을 떠올려보자.

활동 2-2: 대중심리학

이 각각의 책들은 주요 심리학적 현상들에 대한 대중의 마음을 변화시켰다.

활동 2-3: 심리학의 여덟 가지 관점들

a) 인본주의, b) 행동주의, c) 정신역동 심리학/정신분석, d) 인지심리학, e) 긍정심리학,
f) 생물심리학, g) 진화심리학, h) 사회심리학

더 읽을거리

- Schultz, D., & Schultz, S. (2015). *A history of modern psychology* (11th ed.). Boston: Cengage Learning.
  심리학 역사와 관련된 몇 가지 좋은 개요가 제시되어 있다. 이 책은 생동감 있고 접근이 용이하며, 온라인 접속을 통한 다양한 자료들에 대한 접근법이 제시되어 있다.
- Hock, R. R. (2013). *Forty studies that changed psychology* (7th ed.). Pearson Higher Education.
  심리학은 연구법 학습을 통하여 가장 잘 이해할 수 있는데 이 책은 이에 대한 개요를 제공하고 있다.
- Reber, A. S., Allen, R., & Reber, E. S. (2009). *Penguin dictionary of psychology* (4th ed). London: Penguin Press.
  당신이 온라인 Wikipedia보다 참고문헌 이용이 더 빠르다면 이것은 좋은 선택이 될 것이다.
- Harari, Yuval Noah (2014). *Sapiens: a brief history of humankind.* New York: Random House.
  이 책은 인간 역사의 심리학적 의미에 대한 명료하고 놀라운 관점을 제공한다.

유용한 웹 사이트

- http://www.apa.org/monitor/julaug02/eminent.aspx
  20세기에 가장 영향력 있는 심리학자들에 대한 목록이 여러 차례 인용되어 왔다.
- http://www.learner.org/series/discoveringpsychology/history/history_flash.html
  Annenberg Learner는 학생들과 교사들이 심리학적 모듈을 많이 보유할 수 있도록 하는 중요 기능 몇 가지를 제공한다.
- https://www.youtube.com/watch?v=CsxKcY94EB4
  유튜브에서 '심리학의 역사'에 대해 검색해 보면 5분에서 10분 정도의 개요를 설명하는 동영상이나 슬라이드 프레젠테이션을 발견할 수 있다.

CHAPTER 3

핵심적인 기능과 세상을 인식하는 방법

학습목표

- 신경계 및 내분비계의 구조와 기능이 가지는 심리학적 의의를 설명하고, 사고와 감정 등이 신경계, 특히 뇌에서 어떻게 생성되는지 설명한다.
- 신경계(뇌)의 조직과 기능이 어떻게 심리학적 기능을 촉진하고 세분화시키는지 설명한다.
- 다학제적 돌봄 과정에서 뇌와 신경계 및 관련 주제에 대해 논의한다.
- 인간이 신체 내부와 외부 세계에서 어떻게 정보(감각)를 받아들이며 인식하는지(지각)를 설명한다.
- 인간이 주변 환경을 지각하는 과정에서 어떤 실수와 오판을 내리는 경향이 있는지 이해한다.

알기 쉬운
심리학

이 장은 심리학적인 핵심 기능들과, 인간이 신체 내외부로부터 정보를 수집, 처리, 인식하는 방법에 대해 집중적으로 다룬다. 이 과정들은 지구상의 그 어떤 유기체보다 복잡하며 뛰어나다. 이를 통해 인간은 끊임없이 변화하는 환경 속에서도 생존, 번식, 학습 및 적응할 수 있는 고유의 능력을 길러냈다. 돌봄 제공자는 자신과 대상자를 심리적으로 이해하기 위해 이러한 지식들을 연결시켜야 한다. 추가로 이번 장은 시각, 청각 및 다른 감각과 지각을 다룬다.

1. 인간 체계의 주요 기능

어린아이가 새 장난감을 받으면, 뒤집어 보기도 하고 유심히 살펴보다가 "이 장난감으로 뭘 할 수 있을까?"라고 질문한다. 이는 엔지니어가 기계, 시스템, 장비 혹은 건물을 설계할 때 던지는 "이것은 무엇을 하는 데 필요한가?", "무엇을 위한 것인가?", "어떤 기능이 있는가?" 같은 질문들과 본질적으로 동일하다. 우리는 스스로를 살펴보면, 종종 생물학적 구조나, 심리학적 메커니즘 및 사회적 상호작용의 복잡함에 압도된다. 그 결과, 우리는 흔히 인체의 핵심적 기능을 이해하지 못한다. 우리는 이러한 인식을 뒤집고, 어린아이와 엔지니어처럼 인간이 무엇을 할 수 있는지부터 정립해 나가야 한다. 이 질문에 대한 답을 정립했을 때, 우리는 인체의 핵심적인 기능을 더 쉽게 이해할 수 있을 것이다.

그렇다면 인간은 무엇을 해야 하는가? 가장 기본적인 수준의 답은 간단하게 '생존'과 '번식'이다(그림 3.1). 인간의 다른 기능들은 본질적으론 이 두 가지 목표를 위해 존재하는 것으로 보아야 한다. 영양(생계)을 구하는 것과 우리 스스로를 보호하는 기능은 생존을 위한 이차적인 목표인 반면, 성행위 및 자식에 대한 보살핌은 번식을 위한 이차적인 목표이다. 세 번째 단계로 우리는 이러한 활동에 계속 참여하도록 자극하는 행동, 동기, 그리고 감정을 찾을 수 있다. 운동, 감각, 지각, 학습, 발달, 놀이, 의식, 기억, 사고, 경쟁, 협력, 사회적 지지 등의 핵심적인 기능들은 두 가지 이상의 목적을 가진다. 우리가 스스로를 이해하길 원한다면, 우리의 신체가 생물학적으로 구성된 방식과 우리의 심리학적 기능들이 어떻게 촉진되는지를 연결시킬 필요가 있다.

생존과 번식은 생물학적 · 심리학적 측면을 모두 가지고 있는 필수적인 기능이다. 즉, 생존은 특정한 기능을 가진 시스템의 세포 조직에 의존한다. 각각의 기관계는 생존에 필수적인 역할을 한다. 만약 순환기계 작동이 멈춘다면, 더 이상 산소가 세포로 공급이 되지 않고 사망에 이르게 된다. 또

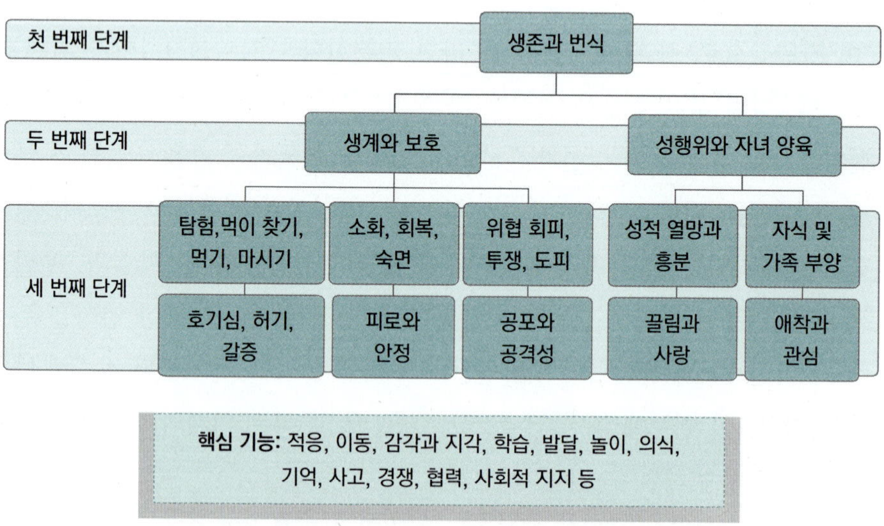

그림 3.1 인간의 삶 속 주요 기능

한 소화기관이 작동을 멈춘다면, 영양성분이 세포로 전달되지 않아 이 또한 죽음에 이르게 된다. 위급함의 정도는 다르겠지만, 이러한 논리를 다른 기관계에도 적용할 수 있다. 굶주림, 갈증, 위험 혹은 곤경에 처했을 때 경험하는 강한 감정과 같은 심리학적 측면은 생존과 관련된 행동을 유발하는 데 필수적인 역할을 한다.

번식도 이와 유사하다. 호르몬과 생식력(생물학)은 번식을 가능케 하는 반면, 감정, 동기, 행동(심리학적)은 배우자나 짝을 찾는 데 필수적인 역할을 한다. 생물학적 측면과 유사하게, 심리학적 측면들도 유전자의 영향을 강하게 받는다. 성격, 지능, 회복탄력성, 정신건강이 유전자에 기초한다는 중요한 증거가 있다(Plomin et al., 2013). 수줍음과 솔직함 같은 성격적인 요소 또한 유전자를 통해 전승된다(Kagan et al., 1988). 도킨스(Dawkins)의 경우 더 나아가, DNA가 모든 주요 심리학적 기질과 활동들을 배후에서 조종한다고 주장하였다(다음의 개념 요약 참조).

개념 요약 **내 유전자가 나를 이렇게 만들었어!**

『이기적 유전자(The selfish gene)』에서 도킨스는 유전자와 우리 사이의 관계를 노예 제도로 표현했다. 유전자가 우리를 만드는 유일한 목적은 대대로 영원한 생명을 보장하는 숙주이기 때문이다(Dawkins, 2006). 도킨스는 '선택의 기본 단위이며 자기 이익의 대상은 종이나 집단, 심지어 개인이 아니라 유전의 단위인 유전자'라고 주장한다(Dawkins, 2006, p. 11). 도킨스의 관점에서 봤을 때, 우리는 본질적으로 생존과 번식을 돕는 활동을 수행하도록 프로그래밍된 유전자의 도구이다. 이는 생명을 위협하는 상황에서 두려움에 압도당할 때 사람들이 생각 없이 도망가는 이유 또는 잠재적 배우자의 매력에 매료될 때 우리가 무력해지는 이유를 설명한다. 이러한 충동의 힘은 우리에게 유전적으로 프로그래밍되어 있으며, 종종 이성과 합리성을 지배한다. 만약 도킨스의 주장이 우리 스스로가 우리의 삶을 통제하고 있다는 인식과 상반되지 않는다면, 당신은 '내 유전자가 나를 이렇게 만들었어!'라는 변명을 훨씬 더 자주 들을 것이다.

간호학적 측면에서는 간호가 인간 삶의 주요 기능과 어떻게 부합하는지를 고려하는 것이 중요하다. 돌봄 제공자가 대상자에게 애착(치료적 관계)을 가질 경우 그들을 돕고 돌볼 준비가 유전자에 새겨져 있다고 보는 것은 타당하다. 물론 이는 각자의 자식, 가족, 주변인들을 위해서 선천적으로 준비된 것이 확장된 것이다. 또한, 자신의 생계유지(일–임금–음식)와 보호가 위태로워지면, 일을 더 잘하고 안전하게 하기 위하여 동기를 부여한다.

활동 3-1 ••• 생각해 보기

그림 3.1의 기능들이 돌봄 제공자로서의 역할에 어떤 영향을 미치는지 고민해 보라.

- 대상자들을 돕고 지지하고자 하는 돌봄 제공자의 동기 강화를 위한 대상자와의 관계 증진 방법에는 어떤 것이 있는가?
- 위험으로부터 스스로를 보호하기 위해 무엇을 할 것인가? 어떻게 충분한 수면과 휴식을 보장할 것인가?

2. 신경계와 심리학적 기능들

신경계는 정보를 처리하는 뉴런의 연결로 구성된다. 뇌와 척수로 이루어진 중추신경계와 체성, 교감 및 부교감신경계로 구성된 말초신경계로 나누어지며(그림 3.2), 각각의 신경계는 심리학적 기능의 조절에 관여한다.

2.1. 말초신경계

말초신경계(The peripheral nervous system: PNS)는 3개의 부분으로 나누어지는데, 이 3개의 부분은 각기 다른 기능을 가진 구심성(들어옴) 신호와 원심성(나감) 신호의 신경회로를 각각 사용한다. 전반적으로, 3개의 부분은 그림 3.1의 기관계의 중요 기능 가운데 '생계와 보호'를 위한 하위의 기능을

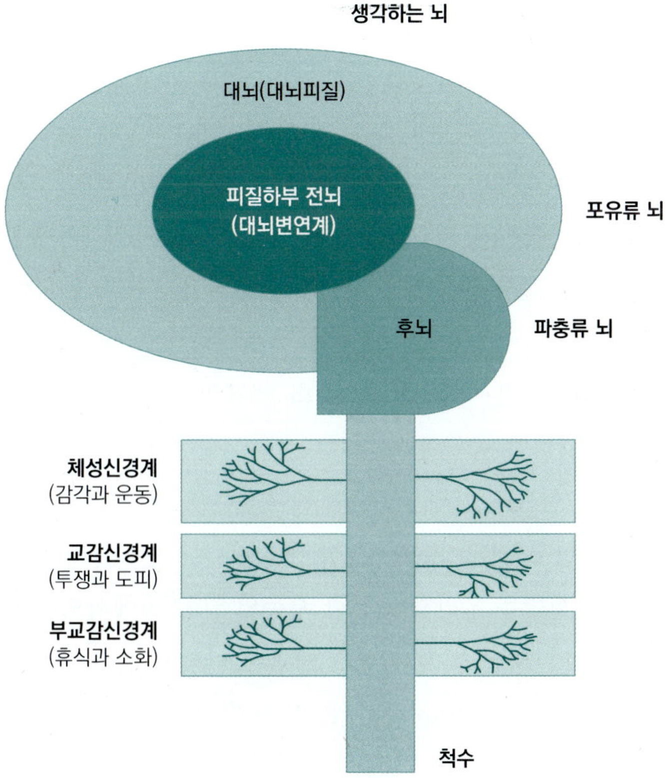

그림 3.2 신경계

나타낸다.

말초신경계에서는 **체성신경계**가 근육과 감각을 척수와 뇌로 연결시킨다. 우리가 '느끼고, 움직이는 것'을 용이하게 한다. 체성신경계는 뇌에 의해 유발되는 움직임을 조정하고, 입력된 감각을 뇌로 전달하기 때문에 계속해서 활성화된다. 즉, 탐색 작용의 핵심이다(그림 3.1).

두 번째, **교감신경계**는 장기와 분비선을 연결하여, 격렬한 행동의 필요성이 인식될 때, 이들을 활성화시켜서 조직적인 반응을 이끌어 낸다. 이러한 활성화는 응급 대처로 매우 빠르게 작동하거나, 시간을 거쳐서 우리를 더 빠르고, 강하고, 효과적으로(투쟁-도피) 만들 수 있다. 그림 3.1에서 볼 수 있듯이, 이는 기관계의 핵심 기능이다. 길을 건너가다 예기치 않은 생명의 위협 때문에 도망칠 때, 교감신경반응이 어떤 느낌인지 알 수 있을 것이다. 심장이 요동치며, 헐떡이고, 땀에 흠뻑이며, 무릎을 떨면서 반대편의 도로에 서 있을지도 모른다. 단지 위험을 마주한 것만으로도 교감신경계는 심장과 호흡을 가속시켜 혈압을 높이고, 부신에게 에피네프린을 생성시키고, 에피네프린은 혈류를 통해 근육으로 전달되어 근육을 더 강하고 빠르게 만든다.

교감신경계 활동은 동공 확장, 소화 억제와 같은 측면도 포함하지만, 본질적으로는 에너지 공급을 담당한다. 교감신경반응은 활력을 불어넣지만 동시에 과한 힘으로 인해 스트레스를 줄 수 있다(Selye, 1956). 일부 이론가들은 교감신경의 활성화를 흔히 우리가 보이는 '활력'과 연관시켰다(Stern, 2010). 몇몇은 우리가 적절한 수준의 압박 속에서도 일을 수행하려는 노력은 교감신경반응을 통제하는 방법에 따라서 좌우된다고 강조했다. 과도한 활성화 혹은 '각성(arousal)'은 오히려 세밀한 활동을 방해할 수 있다(Yerks & Dodson, 1908). 예를 들어, 직관적으로 과도하게 활발하거나 혹은 흥분된 외과의사를 본다면 그의 수술 실력을 의심할 것이다. 이러한

시나리오: 좀 뛰어다니지 마!

혼란에 빠진 대형병원 응급실 밖에 구급차들이 환자들을 내리지 못하고 줄지어 서 있다. 응급실 안에서는 가장 심각한 환자를 제외한 모든 환자는 대기를 해야 한다. 모든 직원은 각자의 임무를 완수하기 위해 뛰어다니며 가장 시급한 문제들을 주시하고 있다. 어느 순간, 수간호사가 모든 직원에게 뛰지 말라고 주장한다. 그녀는 우리가 더 행동을 빨리 할수록 더 많은 실수를 저지를 위험에 빠진다고 설명한다. 또한, 한 사람이 뛰기 시작하면, 다른 사람에게도 이러한 긴박감이 전파되어, 결국 모두가 통제에서 벗어나게 된다고 설명한다. 이에 동의하는가?

교감신경반응은 '자율적', 즉 우리가 어느 정도 통제력을 기르겠지만, 여전히 마음대로 조절할 수 없다는 사실을 기억해야 한다. 다른 예시로, 심폐소생술 같은 응급처치를 준비하기 위해, 움직임을 의도적으로 늦추고, 호흡을 조절하며, 생각만 앞서는 것을 멈추는 방법을 연습할 수 있다.

부교감신경계는 교감신경계가 하는 것과 정반대의 역할을 한다. 신경연결 네트워크를 통해 휴식을 취하고, 긴장을 덜며, 우리가 편안히 저녁을 먹도록 한다(느긋하게 혹은 '휴식과 소화'). 이는 인간을 비롯한 대부분의 동물들의 핵심 기능이다(그림 3.1). 식사 후 매우 피곤하거나, 졸리거나, 게으르거나 만족스러워하는 것은 부교감신경계가 작동하고 있다는 신호이다. 심박수 및 호흡 둔화, 근육질의 감소 및 소화 시스템 활성화가 포함되며, 휴식을 취하고, 정신적 · 육체적 자원을 보충할 수 있게 한다. 교감신경계가 투쟁이나 도피 반응을 통해 우리를 보호하는 것과 마찬가지로, 부교감신경계는 우리 몸에 과부하가 걸리는 것을 방지하고 재충전한다. 병원의 환자들은 종종 침대에서 많은 시간을 보내기 때문에 부교감신경활동을 많이 경험할 것이다. 그러나 만약 그들이 불안하거나 긴장된 상태라면, 오히려 교감신경활동이 더 많이 일어나고 있을 수도 있다. 이 경우, 침대에 누워 있는 것은 불쾌해진다.

두 신경계는 상반되지만, 다방면의 활동에서 우리의 활성화 수준을 제어하기 위해 기초적인 수준에서 함께 작동될 수 있다. 일반적으로 부교감신경은 격렬한 활동이 필요한 순간 이후 우리를 진정시키기 위해 작동한다. 때때로 이 과정이 급작스럽게 일어나기도 한다. 일부 사람들은 혈액을 보면 본능적으로 공포심을 느끼며 이는 교감신경반응으로 이어진다. 이어 뇌로 가는 혈류를 현저히 감소시킬 만큼 강한 부교감신경반응이 즉각적으로 나타나며, 결과적으로 기절에 이른다.

말초신경계를 이해하고 그 지식을 적용할 수 있는지를 확인하기 위하여 활동 3-2를 풀어 보라.

활동 3-2 ●●● 비판적 사고

다음 활동에서 말초신경계의 어떤 부분이 가장 중요하겠는가? 상세히 설명하라(정답으로 복수의 부분이 해당될 수 있다).

	체성신경계	교감신경계	부교감신경계
1. 공황 상태			
2. 스트레스 받는 업무 중 식사하기			
3. 아플 때			
4. 매우 화날 때			
5. 밤근무 중 조용할 때			
6. 혀를 데어서 컵을 떨어트릴 때			
7. 스트레스를 받을 때			
8. 매우 편안할 때			
9. 아이를 낳을 때			
10. 심폐소생술을 실시할 때			

이 장의 끝에 예시 답안이 제공된다.

2.2. 중추신경계

중추신경계는 척수와 뇌로 이루어져 있다. 흔히 뇌간(brain stem)이라 불리는 지점에서 연결되며 이는 우리 목 뒤쪽 두개골의 아랫부분에 위치해 있다.

척수는 척추에 의해 보호되며 뇌에서 나오는 신경과 뇌로 향하는 두 방향의 경로를 지니고 있다. 3개의 말초신경계는 모두 척수에서 분기되기 때문에 척수는 말초신경계와 뇌 사이의 주요 연결 고리이다. 척수는 대체로 뇌의 지시에 따르며, 메시지를 여기저기로 전달하지만, 뇌로부터 명령이 떨어지기 전에 특정한 반사작용을 제공하기도 한다. 뜨겁거나 날카로운 표면에서 손이나 발을 빼내는 것이 좋은 예시이다. 못을 밟으면 척수가 신경 신호를 받고, 다시 이 메시지를 발과 다리의 근육에 보내어 발을 들어 올리게 한다. 뜨거운 접시를 손가락으로 만지면 척수가 즉시 손을 빼라는 명령을 내린다. 이는 정보가 뇌에 도착하기 전에 일어나기 때문에 시간이 절약되어 조직 손상을 막는 데 도움이 된다. 고통스러운 치료가 시작될 때 이러한 반사작용을 대상자가 자발적으로 통제할 수 없다는 것을 고려해야 한다.

뇌는 두개골에 싸인 자몽 크기의 복잡한 정보처리 장치이다. 두개골이 없으면 아래에서 바라봤을 때 콜리플라워의 뒷머리처럼 보인다. 뇌에는 다양한 종류의 뉴런이 있으며, 각각 크기와 역할이 다르다. 뇌의 뉴런은 860억에서 1,100억 개로 추정되며, 아직 다수의 완전히 이해되지 않은 기능들에 관여하는 지원 세포(신경교)도 있다. 대부분의 뉴런들은 다른 뉴런과 연결되어 있다. 이 놀랍도록 복잡한 구조는 신체 기관을 제어하고 운영하는 데 필요한 섬세한 조정 및 지배의 중심적 역할이 활성화될 수 있도록 한다. 뇌에서의 다수의 뉴런은 세포체가 대뇌피질 쪽에 위치해 있다. 이들은 회백질로 표시된다. 이와는 대조적으로, 세포체에서 뇌의 내부로 갈라진 축색돌기들을 덮는 미엘린(myelin)은 하얗게 보인다(백질).

뇌에 대한 이해를 높이기 위해 우리는 뇌 구조를 3개의 중요 부분으로 나누어 표현했다(그림 3.2). 이 구분법은 폴 맥린이 뇌의 진화 역사를 제시하기 위해 처음 고안되었다. '삼위일체 뇌'(MacLean & Kral, 1973)는 후뇌(파충류 뇌), 변연계 또는 피질하부의 뇌(포유류 뇌)와 대뇌(인간 또는 생각하는 뇌)로 구분된다. 3개의 뇌는 본질적으로 기능적 차이를 가지고 있다.

목 뒤의 척수 위에 있는 **후뇌**(hindbrain)는 조정, 균형, 심장 박동, 호흡, 수면 패턴 및 다른 자율 작용과 같은 핵심 신체 기능에 필수적인 구조들을 가지고 있다. 뇌의 진화와 관련하여 이 부분은 가장 오래되었고, 파충류 뇌의 해당 부분과 매우 유사하기 때문에 '파충류의 뇌'라고도 불린다. 후

뇌의 심한 손상은 호흡과 심장 박동을 멈추게 함으로써 즉각적인 사망으로 이어지게 된다. 후뇌 상단에 후뇌와 뇌의 중앙부, 피질하부 전뇌 사이의 통로를 제공하는 중뇌가 존재한다.

피질하부 전뇌(sub-cortical forebrain)는 변연계를 포함한다. 이 부분은 다른 포유류와 공통적으로 가지고 있는 핵심 조정 기능(기본 감정, 동기부여, 성적 흥분, 자손 돌보기, 메모리 인코딩 및 해독, 기아 등)을 가진 여러 모듈로 구성된다. 전뇌는 우리가 생존하고 번식하고 자손을 돌보는 데 필수적이기 때문에 포유류나 정서적 뇌라고 불린다. 쾌락중추는 부분적으로 피질하부 영역에 위치하며, 복잡한 사고가 아니라 즉각적인 욕구, 동기 및 충동을 만들어 낸다. 변연계의 조절되지 않은 활동은 개의 행동으로 가장 잘 표현할 수 있다. 과도하게 흥분해서 기다리지도 않고 물과 음식을 먹는 개를 어떻게 집으로 끌고 돌아왔는지, 혹은 나중에 산책을 나갔을 때 다른 개를 보고 자신을 억제하지 못하지만 한편으로는 위협이 된다고 간주한 사람을 향해 짖고 으르렁거리는 것을 생각해 보라.

대뇌(**대뇌피질**)는 피질하부 전뇌의 주변과 위쪽에서 발견된다. 이 부분은 복잡한 사고, 이해, 문제 해결, 언어, 수학적 이해, 시각 및 청각 처리, 복잡한 운동 기능 같은 전형적인 인간의 특징을 만들어 낸다. 대뇌는 우리의 의식적인 사고 과정을 만들기 때문에, 생각하는 뇌 혹은 사고 뇌라는 별명을 가지고 있다. 대부분의 의도적인 활동은 대뇌에서 시작된다. 대뇌는 우리 뇌에서 가장 독특한 부분이다. 다른 뇌의 부분들에 비해 대뇌는 더 큰데, 다른 동물과 비교해도 마찬가지다. 대뇌는 전략을 세우고 계획을 세우는 과정에 도움이 되며, 피질하부 전뇌에서 발생하는 감정과 충동을 조절하는 데 필수적이다. 개와 반대로, 사람의 대뇌는 더 크고, 유혹 및 애정표현을 조절하는 데 매우 효과적이다. 우리는 음식을 게걸스럽게 먹지 않고 식사 예절을 지키며, 항상 먼저 떠오르는 생각대로 행동하지 않는다. 그림 3.1의 가장 핵심적인 기능들은 대뇌에서는 적어도 부분적으로 처리된다.

개념 요약 뇌에서의 쾌락과 통증

쾌락 중추

1950년대 쥐를 대상으로 한 연구에서, 쥐의 변연계(피질하부 전뇌)에 전기 자극이 가해진다면 쥐가 지렛대를 계속 누를 수 있다는 사실이 밝혀졌다(Olds, 1956). 쥐들은 이 자극을 너무 좋아해서, 음식 대신 전기자극을 선택할 수 있는 경우, 전기자극을 선택했다. 결과적으로 음식을 멀리하다 굶어 죽었다. 인간의 쾌락은 이보다 훨씬 복잡하며 대뇌와 변연계 사이의 다수의 경로들이 사용된다. 그럼에도 불구하고, 인간 또한 쾌락의 노예가 될 수 있다. 우리가 사랑에 빠지거나 중독적인 약물을 섭취할 때, 쾌락 중추는 도파민으로 가득 차게 되고 이는 행복감을 고양시켜 다른 일을 할 동기를 감소시킨다.

통증 중추

우리가 통증을 처리하는 방법은 매우 복잡하며, 척수, 후뇌, 피질하부 전뇌, 대뇌의 여러 부분이 연계된다. 흥미롭게도, 통증과 쾌락이 처리되는 방식과 그 장소가 유사하다. 이는 통증과 쾌락이 어떻게 서로를 상쇄하고(Leknes & Tracey, 2008) 때로는 함께하는지 설명하는 데 도움을 준다. 가려움과 통증은 뇌에서 대체로 상반된 개념으로, 긁으면 가려움이 줄어드는 이유를 설명해준다(Ikoma et al., 2006). 또한 이는 즐거움을 제공한다. 추가로 뇌의 처리 과정에서 육체적 고통과 심리적 고통이 중복되기도 한다(Eisenberger & Lieberman, 2004). 마지막으로 척수(최상단)에는 통증 조절 모형이 존재하여 통증이 발생한 부위를 문지르거나, 감정, 기분전환, 휴식의 영향을 받아서 문을 여닫을 수 있는 관문의 역할을 수행한다. 이 부분은 제9장에서 다시 다룰 것이다(Katz & Rosenbloom, 2015; Melzack & Wall, 1967 참조).

3. 통합적인 뇌

우리의 뇌는 대부분 통합적인 방식으로 운용되며, 이는 뇌 속의 대부분의 모듈들을 연결하여 촉진된다. 상당한 복잡함을 요구하는 활동들의 대부분은 여러 개의 뇌의 분야를 활용한다. 예시들은 다음과 같다.

운동: 운동을 위해서는 대뇌의 운동 피질과 체성 감각 피질이 필요하며, 소뇌(후뇌)의 조정 네트워크가 필요하다.

대화: 대화를 하려면 대뇌 왼쪽 반구에 있는 언어 중추가 필요하다. 또한, 입, 입술 및 혀의 움직임을 조정하여 말을 생성하기 위해 운동 피질(대뇌) 및 소뇌(후뇌)를 사용한다. 또한, 상대방의 말을 이해하고 자신의 말을 듣기 위한 청각 피질(대뇌 피질), 말을 기억하는 데 도움이 되는 해마(피질하부 전뇌), 대화의 감정적 측면에 반응하기 위한 편도(피질하부 전뇌)가 필요하다.

이러한 협응적인 신경 활동 외에도, 뇌의 여러 부분은 때때로 상충되는 반응을 전파하거나 간섭할 수 있다.

사랑: 누군가와 '사랑에 빠질 때' 인간은 피질하부에서의 감정들에 의해 동기부여를 받는다. 사랑하는 사람이 자신과 정반대의 정치적 의견을 가지고 있다는 것을 알게 되면, 대뇌는 더 깊은 관계를 추구하지 말라고 말할지도 모른다. 재미있게도, 이것이 피질하부에서 나오는 성적 매력에 빠진 자기 자신을 바꾸지 못할 수도 있다. 내적 갈등이 존재할 수도 있으며, 뇌의 어떤 부분이 이길지 확실한 예측을 할 수 없다.

자동 vs **자율 운동:** 계단을 올라갈 때 우리는 조정을 위해 후뇌(소뇌)에 의존하며, 이는 자동적으로 일어난다. 만약 어떻게 하는지를 생각하기 시작한다면, 대뇌가 조정에 들어갈 것이다. 과연 발을 헛디딜 때까지 얼마나 걸릴까?

과잉흥분: 계획된 활동들이 과도한 흥분에 의해 틀어질 수 있다. 시험의 일환으로 주사 실력을 보여 주어야 하는 상황에 처해 긴장했다고 생각해 보자. 대뇌에서는 관련된 지식을 제공할 것이고, 피질하부 전뇌는 당신에게 충분히 동기 부여를 시켜 줄 것이다. 그러나 지나칠 경우, 오히려 불안감을 조성하여, 교감신경계가 과활성화될 수 있다. 이는 우리의

운동능력에 부정적인 영향을 주어 주사 바늘을 다루는 능력(후뇌)을 방해할 수 있다.

뇌기능에 대한 통찰력을 높이고 확인하기 위해 활동 3-3을 풀어보라.

활동 3-3 ● ● ● 비판적 사고

다음의 활동을 가능하게 하기 위해 뇌의 어느 부분이 가장 필수적일까? 가장 유력한 활동들을 깊게 논의하고 토론하라. 이 시점에서 생리학 교재나 인터넷을 이용하여 스스로 뇌에 대해 얼마나 이해했는지 복습해 보는 것도 좋다.

	후뇌	피질하부 전뇌	대뇌
1. 새 대상자 맞이하기			
2. 허기를 느끼지만 식사를 기다려야 함			
3. 심폐소생술 수행			
4. 의무 기록 작성			
5. 누워 있는 대상자 자세 변경시키기			
6. 대상자의 기분을 이해하기			
7. 두려움을 느낌			
8. TV 시청			
9. 매우 귀여운 아기를 발견함			
10. 밤 근무 후 깨어 있지만 지쳤음을 느낌			

이 장의 끝에 예시 답안이 제공된다.

3.1. 좌뇌와 우뇌

후뇌 위쪽으로 뇌의 모든 부분은 좌우로 나뉜다. 이들의 전반적인 기능은 비슷하지만, 특정한 기능들은 다르다. 정교한 연결을 통해 왼쪽과 오른쪽의 통합된 기능이 가능하다. 대뇌의 경우, 왼쪽과 오른쪽 반구는 **뇌량**(corpus callosum)이라 불리는 초고속 신경망으로 연결되어 있다. 흥미롭게도, 이러한 연결은 교차되어 있다. 즉, 우리의 감각이나 신체 부위를 지배하는 반구는 항상 반대편의 반구이다. 예를 들어, 왼쪽 귀와 눈은 뇌의 오른쪽 반구에서 처리되고, 오른쪽 팔이나 다리는 왼쪽 반구에서 처리된다. 대뇌의 왼쪽 반구가 언어를 처리하며, 오른쪽 반구는 시각 및 공간적 측면에 더 관여한다. 이것은 지도를 선호하는 사람들이 구두로 방향 지시를 받는 것을 선호하는 사람들을 이해하지 못하는 이유를 설명한다. 서로 다른 뇌를 쓰기 때문이다.

3.2. 뇌의 가소성과 발달

우리의 두뇌는 평생 동안 발달하며 그 연결은 끊임없이 유동적이다. 이것을 '가소성(plasticity)'이라고 한다. 이를 통해 핵심 기능인 '적응(adaptation)'(그림 3.1)을 촉진하여 우리가 주도하는 삶에 능숙하게 적응하고 유지하게 만든다. 어린 시절에는 주로 확장되나(제4장 참조), 이후 신경 연결의 가지치기를 통한 감소가 일어난다. 이러한 과정은 우리가 다양하고 효과적인 방법으로 정보를 배우고 처리하는 데 도움이 된다. 또한, 뇌의 앞쪽과 위쪽 부분의 주도적인 활동을 통하여 인간 삶의 전반에 걸친 점진적인 발달이 이루어진다는 증거가 존재한다(Davis et al., 2008). 이는 우리가 나이가 들었을 때 생각(혹은 지혜)을 통해 더 많은 통제가 가능하게 한다. 성인기 말에 이러한 발달은 멈추는 경향이 있으며, 흔히 치매에 의한 파괴가 삶을 더욱 힘들게 만든다. 이에 대해서는 제4장에서 보다 상세하게 설명할 것이다.

사례 연구: 충격적인 경험의 영향

Maria는 간호학과 학생으로 종합병원의 내과병동에서 첫날을 지내고 있었다. 환자들이 아침에 차를 마신 직후, Maria는 6인실 병실 중 한 곳으로 들어갔다. 그녀가 첫 번째 침대를 지나 두 번째 환자에 다다를 때 마치 회색 시체처럼 보이는 무언가를 보았다. 본능적으로 그녀는 그 자리에서 얼어붙었다. 그녀는 말을 할 수 없고, 두려움에 온몸이 마비되고, 자신의 거칠고 빠른 호흡을 인지했다. 다행히 그녀의 멘토가 바로 뒤에 있었고, 알람이 울렸다. 환자를 되살리려는 시도는 성공하지 못했다. 이후 멘토와 함께 일하고 있을 때, Maria는 자신이 여전히 떨고 있다는 것을 발견했다. 나중에 그녀는 진정했지만, 그녀는 여전히 화가 나 있었다. 모든 것을 이해하려고 애쓰고 있었지만, 만약 심폐소생술을 더 일찍 했다면 어떻게 되었을까를 생각했다. 하루를 마무리할 때 즈음 그녀는 매우 지쳐 있었다.

이 사건 전후로 Maria의 뇌와 신경계에서 일어난 활동들을 설명할 수 있는가? 그리고 Maria는 어떠한 도움을 받아야 할까?

이 장의 끝에 예시 답안이 제공된다.

4. 심리학과 화학

화학적 측면에 치중하지 않으면서 신경계의 심리학적 측면을 설명하는 것이 옳다고 볼 수는 없을 것이다. 마치 생각, 감정 및 행동이 본질적으로 오직 전기에 의해서만 조정된다는 인상을 줄 수도 있지만 이는 사실과는 거리가 멀다. 신경 반응의 핵심인 활동 전위는 축삭돌기 내외로 흐르는 주로 나트륨과 칼륨 같은 화학물질을 포함하며, 한 뉴런에서 다른 뉴런으로의 정보 전달은 또다른 화학물질인 '신경전달물질(transmitter)'에 의해 이루어진다. 신체는 이러한 전달물질을 생산하지만 영양, 활동 수준 및 약물에 의해 영향을 받을 수 있다. 또한 우리 몸 안에는 내분비계라는 호르몬 의사소통 시스템이 있다. 내분비계는 신경계와 상호작용하지만 자체적으로도 복잡한 기능을 가지고 있다. 이를 설명하지 않으면 신체 기관 간의 정보 전달이 어떻게 이루어지는지를 이해하는 데 큰 어려움이 생긴다.

작동 방식은 매우 다르지만, 신경계와 마찬가지로 **내분비계** 또한 신호 전달 체계이며, 우리가 삶을 살아가는 데 필수적이다. 내분비계의 자극이 없다면 우리는 성장과 발달을 하지 않고, 배가 고프거나 음식을 소화하거나 성욕을 느끼지 않으며, 잠을 자지 않고, 완전히 개운하거나 활동적이지도 않을 것이다. 호르몬의 영향에 무관한 활동은 매우 적다고 보아야 한다. 신경계는 정보를 매우 빨리 보내고 대부분의 반응은 단발적이다. 반대로, 내분비 반응은 몇 분에서 몇 시간 또는 며칠 또는 몇 주까지 지속될 수 있다. 신경계는 전기(건식)와 전달 활동(습식)의 조합을 통해 작동하지만, 내분비계는 내분비선(뇌하수체, 송과체, 부신, 흉선, 갑상선, 췌장, 난소, 고환)에 의해 생성되는 메신저 기능을 하는 분자에 의존한다. 이들은 혈관으로 분비되어 특정 활동을 촉진하는 데 사용되는 기관으로 이동한다. 이들을 통제하는 역할을 하는 뇌하수체가 특히 중요하다. 뇌하수체는 시상하부 아래에 매달려 있으며(피질하부), 일반적인 활동 수준, 허기, 소화 및 성적 활동을 제어한다. 이를 통해 뇌하수체는 신경계와 내분비계의 주요 접촉점이 된다. 즉, 뇌하수체의 가장 큰 장점은 주요 신경 및 내분비 활동을 보다 효과적으로 조정할 수 있다는 것이다. 예를 들어, 시상하부에서 발생하는 투쟁-도피 반응은 뇌하수체에서 동기화하여 부신과 교감신경계의 공동 자극을 유발한다. 이것은 종종 스트레스를 경험하는 데 필수적인 '시상하부-뇌하수체-부신 축(hypothalamus-pituitary-adrenal gland axis)'이라고 한다(제8장 참조).

내분비계의 복잡함은 신경계에 비견되며, 신경계와 마찬가지로 내분비선은 서로 영향을 미치고 합동 반응을 유발한다. 내분비계는 종종 폭넓은 감정변화와(Diehl & Gershon, 1992), 쾌락과 고통을 증가시키며, 성적 관심과 활동을 촉진하거나 억제하는 '매개자(fertiliser)'로 작용한다. 내분비계 기능은 추후 심리학적 연구의 의미 있는 대상으로 보인다. 불균형한 호르몬 수치의 도미노 효과는 이러한 유형의 연구가 매우 복잡함을 시사하지만, 현재는 아직 초기 단계임에도 많은 주목을 받고 있다.

연구 요약 호르몬의 비밀스러운 기능

배란 기간 동안 여성들은 **에스트로겐**의 분비로 인해 호르몬의 변화를 겪는다. 이러한 변화는 여성들이 밤을 즐기러 나가는 준비 과정에 영향을 미친다(Baker & Bellis, 1995). 베이커와 벨리스는 나이트클럽에 있는 여성들에게 배란 유무를 확인하기 위해 소변 샘플을 요청했고, 이후 코트를 벗고 그들의 옷 사진을 찍었다. 그들은 배란 중인 여성의 경우 노출이 더 심한 옷을 입는 것을 발견했다. 여성들은 그들이 옷을 고를 때, 호르몬의 영향을 받았다는 것을 알지 못하나, 베이커와 벨리스는 이것이 외적인 요소와 임신 가능성을 결합시킨 일종의 적응현상이라 이론화했다. 이 나이트클럽에서의 행동에 대한 관련 연구로 춤을 준비하는 것과 화장의 수준을 분석했고, 유사한 결과를 얻었다(Guéguen, 2009; Grammer et al., 2004).

테스토스테론이 남성과 여성의 뇌에 미치는 영향은 토론할 거리가 넘쳐난다. 리더의 위치에 있을 경우, 이는 뇌의 테스토스테론 수치를 더 높아지게 하여, 더 권위적인 행동으로 이어지게 한다는 근거가 있다. 이것이 우리를 비이성적일 만큼 권위적으로 만든다. 많은 전 세계 지도자들은 이 변화에 영향을 받아, 그들이 당면한 이슈들에 대한 올바른 시각을 잃곤 했다.

5. 감각과 지각

신경계와 내분비계에서 정보를 처리하는 방법을 소개했고, 지금부터는 세상에 대한 정보를 수집하는 방법(감각)과 뇌가 정보를 인식하는 방법(지각)을 살펴볼 것이다. **감각**은 눈, 귀, 혀, 코 및 피부와 근육 조직에서 일어난다(그림 3.3). 감각(sensation)으로부터 수집된 모든 정보는 뇌로 향하며,

뇌에서의 처리를 지각(perception)이라고 한다. **지각**은 의미를 전달하고 다양한 감각을 조직하는 데 집중한다. 이것은 다른 유형의 감각 정보들 사이의 상호 참조(cross referencing)를 위해 시상을 통하여 먼저 울려진 후 대뇌피질의 특정 영역에서 발생한다. 냄새는 예외이며, 후신경구(olfactory bulb)를 통해 뇌로 들어가 후각피질로 직접 전달된다.

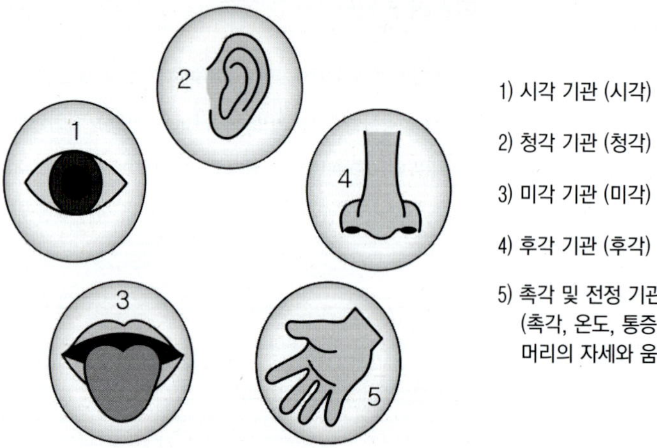

그림 3.3 오감

5.1. 감각

감각은 우리의 환경과 몸에 대한 자세한 정보를 제공한다. 각 감각은 섬세하고 민감하며 다양한 유형의 자극을 처리한다. 그럼에도 불구하고, 각각의 감각은 뉴런이 작동하지 않는 역치값을 갖는다. 이러한 역치값은 우리가 받는 자극의 강도에 영향을 받는다. 소리가 매우 큰 음악을 들을 때, 점차 귀의 반응은 둔감해진다. 우리가 매우 밝은 환경에서 무언가를 본다면, 그늘 속의 사물을 보기가 어렵다. 감각은 자극의 빈도와 강도에 어느 정도는 적응한다. 인간은 보고 듣는 것을 중요시하며, 이를 강조하는 경향이 있다. 냄새나 맛이 우리에게 어떤 영향을 미치는지에 대해서 아직도 모르는 부분이 많다.

전반적으로 감각의 효과는 사람마다 다르다. 뛰어난 시력과 청력은 우리에게 즐거움과 모든 것을 통제하는 듯한 기분을 들게 한다. 불행하게도, 감각은 일생 동안 닳아 마모될 수 있다. 뇌는 어느 정도 감각의 저하를 보완할 수 있지만, 전반적으로 쇠약해질 수 있다. 청력의 상실은 필수적인 정보 수집을 방해하고, 사회적 접촉을 막는 격리 요소가 될 수도 있다(Weinstein & Ventry, 1982). 특히, 노년기에는 노화가 가속화되어 치매에 걸릴 수도 있다(Lin et al., 2011). 마찬가지로 시력 저하로 노년기에 TV 시청과 독서를 못하며, 몸을 가누지 못하게 될 때 사람들은 이러한 능력을 잃어버리고 결국 삶에 대한 의욕을 잃게 된다. 물론 안경과 보청기는 이러한 손실을 상당 부분 보완할 수 있지만 한계가 있다. 최근의 기술 및 의료 발전은 심각한 손실을 입은 사람들에게 새로운 희망을 주고 있다.

사례 연구: 제한된 감각의 관리

Martin(65세)은 최근 오른쪽 눈의 흑색종 진단을 받고 눈암 치료를 위해 전신마취 및 근접 방사선치료를 받았다. 그 결과 그는 안대를 며칠 동안 착용해야 하고 그의 시력은 적어도 단기적으로는 영향을 받을 것이다(이중시력, 흐릿함, 시력 상실). 이런 일이 일어나는 동안, 보청기의 배터리가 나갔고 즉각적인 교체는 불가한 것으로 밝혀졌다. 그는 보청기 없이는 거의 듣지 못한다. 비록 그의 회복과 자립을 촉진하는 것이 중요하지만, 그가 직면할 수 있을 법한 문제들과 이에 대해 당신은 어떤 도움을 줄 수 있는지 생각해 보라. 답안을 적어라.

이 장의 끝에 예시 답안이 제공된다.

5.2. 지각

감각의 역할은 외부 및 내부 세계에서 정보를 수신하여 뇌가 처리할 수 있는 신경 신호로 변환하는 것이다. 어떤 식으로든 뇌가 이러한 신경 신호를 지각한 후에야 보고, 듣고, 맛보고, 냄새 맡고 느낄 수 있다. 무엇보다 지각은 우리가 받는 혼란스러운 감각 신호에서 규칙과 불규칙성을 선택하고 강조하는 일련의 과정이다. 지각에 대한 심리학적 연구는 시력에 크게 초점을 맞추지만, 소리, 맛 그리고 냄새에도 유사한 원리를 적용할 수 있다. 지각은 부분적으로는 학습되고, 감각 자극과 관련된 경험의 결과 발달한다. 예를 들어, 아이가 장님으로 태어나서 10세 무렵 시력을 회복하더라도 시력을 처리하기 위한 뇌가 발달하지 않아서 아이는 여전히 볼 수 없게 된다.

5.3. 지각의 기본 원리

뇌는 우리가 받는 시각적 신호에 일관성을 확립할 수 있는 능력을 갖추고 있다. 우리의 머리와 눈은 항상 움직이고 따라서 다소 혼란스러운 방식으로 환경에 대한 정보를 시각 피질에 보낸다. 그러나 서로 다른 신경계층은 어떤 측면이 동일하게 유지되는지를 규명하는 묘한 능력을 가지고 있다. 가장 기본적인 수준으로 우리의 뇌는 크기, 모양, 밝기를 교정한다.

크기 일관성은 우리가 거리에 상관없이 물체를 동일하게 인식할 수 있는 것을 말한다. 우리는 침대가 가까이 있든 멀리 있든 상관없이 침대를 인식하는 것을 당연하게 여긴다. 그러나 우리는 환경을 확실하게 경험하기 위해 우리의 뇌가 비교하고 항상성을 확인하고 있다는 것을 깨달아야 한다.

모양 일관성은 같은 물체가 다른 각도에서 보여도 동일하게 인식하도록 도와준다. 따라서 보는 각도에 관계없이 테이블이나 침대를 인식하며, 정신적으로 사물을 회전시키는 능력이 이러한 과정에서 도움을 준다.

밝기 일관성은 빛의 양에 관계없이 사물이 동일하게 인식된다는 사실과 관련이 있다. 우리의 시야 내에서 빛과 채도의 정도를 기본적으로 교정한다. 물론, 이 교정 중 일부는 홍채의 수축과 이완을 통해 이루어지지만 뇌는 밝기 차이와 상관없이 불변함을 인식한다.

본질적으로 '크기, 모양 및 밝기 일관성이 물체가 줄어들고 커지고, 고무처럼 모양이 바뀌며, 네온램프처럼 밝아졌다 꺼지는 혼란스러운 세상에서 우리를 구할 수 있었다'(Coon, 2004, p. 215).

20세기 초에 성행한 **게슈탈트 심리학**(Gestalt psychology)은 우리에게 여전히 유효한 통찰들을 제시한다. 그들은 우리의 지각 시스템이 어떻게 개별 신경 자극을 '전체'(또는 Gestalts)로 바꾸어 인식하는 데 관심을 가졌다. 시각적 처리를 반영하는 일련의 법칙이 공식화되었다(Wertheimer, 1923)(그림 3.4). 이런 식으로 우리는 의미 있는 방식으로 자극을 구성하고, 관심 있는 대상과 배경을 구별하고, 부분적인 시각적 정보를 완성할 수 있었다. 또한, 게슈탈트의 원칙은 대칭과 '좋은 형태'에 대한 기대 및 선호가 반영되

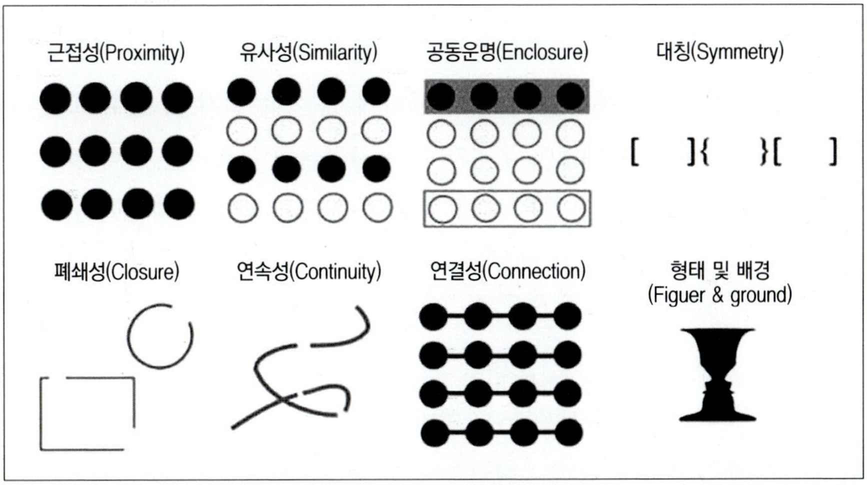

그림 3.4 지각의 게슈탈트 원리

어 있다.

인간을 포함한 포유류의 시력은 생존을 위해 세상을 이해하는 쪽으로 발달 및 적응해 왔다. 예를 들어, 형태 및 배경 인식은 특히 물체가 움직일 때 매우 기민하며, 깊이 인식 또한 특히 그러하다. 우리의 두 눈도 도움이 되지만 예상되는 물체의 크기, 겹침, 물체의 선명도, 빛과 그림자와 같은 거리에 대한 시각적 신호를 통해 우리 자신과 대상 물체 사이의 거리를 추정할 수 있다. 한쪽 눈을 가진 대상자는 두 눈의 단서를 사용할 수 없기 때문에 거리를 확인하기 위해서는 단안 단서를 활성화해야 한다. 처음에는 거리를 잘못 측정할 위험이 있다. 흥미롭게도 적절한 깊이 인식은 유아들이 기어가기 시작할 때 발달한다(Gibson & Walk, 1960).

우리가 3차원 세계에서 정보를 처리하도록 적응되었다는 것을 반드시 인지해야 한다. 우리가 2차원적 묘사로 어떤 것을 볼 때마다 우리의 뇌는 자동적으로 그것을 3차원적 자극으로 읽을 단서들을 찾는다. 이는 실수할 위험성이 상당히 높은 과정이다. 인터넷에서 '지각적 착각'을 찾아보면, 청각을 인식할 때에도 유사한 원리가 적용된다. 소리는 크기, 모양 및 밝기 일관성과 유사하게 음량, 음높이 및 음색이 유사하다는 게슈탈트(Gestalt) 원칙을 따른다(Todorovic, 2008). 우리는 전화를 하는 것처럼 사람들이 말하는 방식, 말하는 내용 및 목소리가 근처에 있는지, 멀지 않은지, 또는 소음이 있는지 여부에 관계없이 우리가 아는 사람들의 목소리를 인식한다.

다른 감각을 결합하는 것은 뇌에 의해 촉진된다. 냄새를 제외한 모든 감각은 시상을 통해 전달되기 때문에, 가장 빠른 시점에서 다양한 감각 정보의 조합 및 상호 참조를 허용하게 된다. 어떤 사람들에게는 이것이 공감각 경험을 발생시킨다. 색깔로 소리를 '보거나' 보는 것을 소리로 들을 수 있다. 이 능력은 우리가 관심 있는 소리만 들어도 시각적 이미지를 불러올 수 있기 때문에 유용하다.

5.4. 고차원적 지각

우리는 자동적으로 큰 소리와 갑작스런 움직임의 방향으로 향하게 하는 본능 지향적 반응을 가지고 있지만(후뇌와 중뇌의 망상체에 의한 과정), 관심의 대부분은 특정한 순간에 우리가 유심히 주시한 것에 기초하고 있다. 일단 주의를 기울이면 보다 정교하고 세련된 지각 과정이 활성화된다. 고차원적 지각은 기억에 저장된 이전의 경험을 바탕으로 만든 기대치와 자신 및 세계에 대한 개념적 이해를 활용한다.

우리는 무언가를 보고, 듣고, 느끼는 맥락에 상당한 영향을 받는다. 만약 병원에서 의사와 간호사를 만나고 싶은데 누군가 흰 코트를 입고 목에 청진기를 걸고 있다면 우리는 쉽게 착각을 할 것이다. 마찬가지로 의료진은 환자의 질병 징후를 찾는 경향이 있는데, 그것이 업무에서 기대하는 것이기 때문이다. 이러한 주안점은 우리가 강조하는 것과 무시하는 것에 중요한 영향을 미친다. 병원 어딘가에 붉은 얼룩이 생기면 혈액이라는 의심이 활성화되기 때문에 간호사에게 경고할 것이다. 대조적으로, 밝은 녹색 또는 파란색 점은 즉각적인 문제를 일으키지 않기 때문에 알리지 않을 수도 있다. 심리학자들은 특정 기대를 가지고 상황을 조사할 때 자연스럽게 기대의 정확성을 확인하기 위해 결론으로 바로 넘어가려 한다. 이를 **확증 편향**(confirmation bias)이라고 한다. '하향식 처리(top-down processing)'라는 일반적인 원칙에서 결론을 도출할 때 이러한 실수를 저지를 위험이 가장 크다. 대안은 '상향식 처리(bottom-up processing)'인데, 이는 우리가 많은 관찰에 기초하여 세상을 이해하려고 시도할 때 나타나는 경향이 있으며, 자극을 조사하기 위한 세부적인 노력 후 결론에 도달한다. 진단을 위한 상담은 일반적으로 정보를 기반으로 진단하도록 설정되며, 특정 방향으로 충분한 근거가 존재할 때만 결론을 내린다.

활동 3-4 ●●● 비판적 사고

다음의 시나리오에는 지각의 오류를 유발할 수 있는 여섯 가지 요소가 포함되어 있다. 이들을 규정할 수 있겠는가? 또한 만약 당신이 간호사라면 어떻게 할 것인가?

어린이 병동은 평소와 같았다. 닥터 Hansen은 회진을 돌면서 방금 도착한 한 아이가 주의력결핍 과잉행동장애(ADHD)를 앓고 있는 것으로 의심된다고 말한다. 그날 늦게, 당신은 약을 분류하는 방에 있는 전구 중 하나가 터졌다는 것을 알게 된다. 심장 모니터 가운데 하나는 오작동하여 환자가 멀쩡한데도 계속 삑삑거린다. 새로 들어온 장비의 설명서를 읽지만, 어수선하여 제대로 이해할 수 없다. 동료들이 점심을 먹고 돌아오면, 그들은 느긋하고 수다스러워진다. 또한 몇몇 아이들이 매우 시끄러워 당신은 무슨 일이 일어나는지 들을 수 없다. 6인실 병실에 들어가니 5명의 아이들은 괜찮은 상태로 보인다. 그러나 여섯 번째 아이는 오직 팔만 보이고 나머지는 담요와 베개로 덮인 것 같다.

이 장의 끝에 예시 답안이 제공된다.

요약

- 인간의 주요 심리학적 기능은 생존과 번식 그리고 이에 기여하는 활동을 촉진하도록 진화해 왔다.
- 이는 그림 3.1에서 강조된 바와 같이 신경계의 기능에 반영되어 왔다.
  - 투쟁/도피 – 교감신경계
  - 휴식 및 소화 – 부교감신경계
  - 감지 및 이동 – 체성신경계
  - 균형, 조정, 자율적 기능 – 후뇌
  - 호기심, 배고픔, 두려움, 공격성, 매력, 사랑, 애착, 돌봄 – 피질하부 전뇌에서 먼저 발생
  - 핵심적 기능 – 대뇌와 뇌의 여러 부분의 통합
- 내분비계는 종종 우리의 행동에 은밀한 영향을 끼친다. 심리학에 미친 영향의 예시들은 어디에서나 찾을 수 있다.
- 감각과 지각은 필수적인 기능이다. 또한 우리가 감각 및 지각적인 착각의 대상이 될 수 있다는 것을 인지해야 한다.

- 돌봄 제공자들은 자신과 대상자 및 동료들을 이해하고 돌보는 과정에서 무엇이 촉진 및 방해를 하는지 알기 위해, 이 장에서 다룬 기능과 메커니즘의 복잡함을 인식해야 한다.
- 이 장을 읽고 나면, 왜 우리가 특정한 방법으로 기능하는지, 왜 몇몇 활동은 자동적으로 이루어지는 반면 몇몇 활동은 인지하여 이루어지는지, 그리고 왜 종종 우리가 강한 충동 및 감정을 통제하지 못하는지에 대해서 더 잘 알 수 있을 것이다.

활동: 예시 답안

활동 3-2

체성신경계는 모든 예시와 연관이 있다. 이것은 단지 교감신경계 혹은 부교감신경계 중 어느 것이 지배적인가의 문제이다. 1) 공황 상태-교감신경계; 2) 스트레스 받는 업무 중 식사하기-교감 및 부교감신경계; 3) 아플 때-체성신경계, 교감신경계(고통으로 인해 혼란스러울 경우); 4) 매우 화날 때-교감신경계; 5) 혀를 데어서 컵을 떨어트릴 때-체성신경계, 교감신경계(고통으로 인해 혼란스러울 경우); 6) 밤근무 중 조용할 때-과도한 부교감신경계 활동으로 인한 위험; 7) 스트레스를 받을 때-교감신경계; 8) 매우 편안할 때-부교감신경계; 9) 아이를 낳을 때-세 분야의 복합적인 활동; 10) 심폐소생술을 실시할 때-교감신경계

활동 3-3

후뇌는 항상 배경처럼 작동하고 있다. 피질하부 전뇌(변연계)와 대뇌의 주도성 차이를 보는 것이 중요하다.

1) 새 대상자 맞이하기-대뇌, 그러나 무의식적으로 피질하부 전뇌의 반응이 수반됨; 2) 허기를 느끼지만 식사를 기다려야 함-피질하부 전뇌와 관심을 전환시키려는 대뇌의 활동이 동반됨; 3) 심폐소생술 수행-세 개 뇌 부분 간의 협응; 4) 의무 기록 작성-대뇌; 5) 누워 있는 대상자 자세 변경시키기-대뇌와 후뇌, 대뇌에서 지시를 내리면 후뇌가 움직임을 조정, 더 자율적이고 무의식인 활동일수록 후뇌의 개입이 많아짐; 6) 대상자의 기분을 이해하기-대뇌 및 피질하부 전뇌; 7) 두려움을 느낌-피질하부 전뇌, 대뇌는 두려움의 감소나 강화에 도움을 줄 수 있음; 8) TV 시청하기-대뇌와 피질하부 전뇌, 시청하는 내용에 영향을 받을 경우 피질하부 전뇌도 작동함; 9) 매우 귀여운 아기를 발견함-피질하부 전뇌; 10) 밤근무 후 깨어 있지만 지쳤음을 느낌-후뇌, 깨려는 신호와 자려는 신호를 동시에 경험함

사례 연구: 충격적인 경험의 영향

그녀의 피질하부, 즉 변연계 반응은 매우 강렬해서 더 강한 교감신경계 반응을 이끌어 낸다. 그녀의

대뇌는 그녀가 겪은 일과 그녀의 반응을 받아들이기 위해 매우 바빠진다. 이를 위한 에너지는 고갈되어 부교감신경계의 반응을 유발한다. 죽음과 관련된 강렬한 경험의 경우 사고 후 외상 후 스트레스장애(PTSD)가 생길 수 있다. Maria를 위해서 일종의 디브리핑을 시도해 보는 것이 좋을 것이다.

사례 연구: 제한된 감각의 관리

그가 물체와 부딪히지 않고 움직이는 것은 어려운 일이 될 것이다. 많이 듣지 못하기 때문에 괴리감을 느끼고, 혼란스럽고 또 속상할 것이다. 처음에는 자신의 무력함을 숨기려 할 수도 있다. 그러나 움직이는 데 도움이 필요하다(적어도 처음에는). 돌봄 제공자는 이러한 일시적으로 감각이 제한될 경우 항상 주의를 기울여야 하며, 모든 원활한 소통을 유지하려고 노력해야 한다.

활동 3-4

닥터 Hansen의 ADHD 진단은 이른 감이 있으며, 확증 편향일 가능성도 존재한다(1). 조명불량(2)은 투약 오류의 위험 요소이다. 지속적인 삑삑거리는 소리(3)는 어떠한 값을 치르더라도 고쳐야 한다. 왜냐하면 양치기 소년처럼 실제로 위험할 때 제대로 반응하지 못할 수 있기 때문이다. 불명확한 장비 설명서(4)는 실수의 원인이 된다. 높은 소음기준(5)은 잠재적으로 스스로의 스트레스 신호들을 듣지 못하게 만들 수 있다. 팔만 보인다고 아이가 있을 거라 가정하게 만든다(게슈탈트의 폐쇄성의 법칙)(6). 이런 것들은 확인해 봐야 할 중요한 사안들이다.

더 읽을거리

- Ward, J. (2015). *The student's guide to cognitive neuroscience* (3rd ed.). Hove: Psychology Press.
  인지 뇌과학을 위한 많은 기본서가 있지만, 이 책은 특히 읽기가 쉽다.
- Melmed, S., Polonsky, K. S., Larsen, P. R., & Kronenberg, H. M. (2015). *Williams textbook of endocrinology* (13th ed.). Philadelphia, PA: Elsevier Health Sciences.
  이 책은 내분비학의 성경과 같다.
- DeLucia, P. R., & Levulis, S. J. (2015). 'Basics of sensation and perception with an eye toward application' in Boehm-Davis, Deborah A. (Ed.), Durso, Francis T., Lee, John D. (Ed.) (2015). *APA handbook of human systems integration. APA handbooks in psychology* (pp. 229–245). Washington, DC: American Psychological Association.
  이 책은 응용에 초점을 두고 있어 감각 및 지각에 관해 유용하다.

유용한 웹 사이트

- https://www.youtube.com/watch?v=q_5myLhhzwE
  이 링크는 BBC 프로그램인 〈인간의 뇌〉로 연결된다. 온라인에는 뇌의 작동 원리를 효율적으로 설명하는 영상들이 많이 있다. 이러한 영상을 챙겨 보는 것은 시간을 매우 효율적으로 사용하는 방법 중 하나이다.

- https://en.wikipedia.org/wiki/Perception
  위키피디아의 지각 관련 문서는 상당한 양의 배경지식을 제공한다.

- https://www.youtube.com/watch?v=9-OQbo_aWbA
  이것은 지각적 착각에 대한 유튜브 영상이다. 유튜브에는 관련 영상이 많은데 지각적 착각, 착시, 감각적 착각, 에임스 방, 청각적 착각 등을 검색어로 써 보라.

- https://www.youtube.com/watch?v=kzo45hWXRWU
  이 프레젠테이션은 청각적 착각을 설명해 준다. Diana Deutsch를 검색하면 더 많은 PPT를 볼 수 있다.

CHAPTER 4

우리는 어떻게 발달하고 학습하는가

학습목표

- 인간 시스템이 어떻게 발달하고 유전적 · 환경적 요인이 어떻게 상호작용하는지를 설명한다.
- 수명의 발달과 이것이 다양한 연령층의 사람들에게 돌봄을 제공하는 것에 대한 의미를 이해한다.
- 학습의 네 가지 메커니즘[연합(고전적 조건형성), 결과(조작적 조건형성), 관찰/모방(모델링), 이해(인지 학습)]을 이해한다.
- 학습의 네 가지 메커니즘을 건강관리에 적용한다.

알기 쉬운
심리학

아기를 돌보는 것은 사춘기 청소년이나 더 어린 혹은 더 나이 든 어른을 돌보는 것과는 매우 다르다. 돌봄 제공자들은 대상자의 연령과 발달 단계에 따라 돌봄을 조정한다. 이를 올바르게 수행하기 위해서는 삶의 과정 동안 인간이 어떻게 발달하고 변화하는지 이해하는 것이 필수적이다. 이는 유전적 성향과 후천적으로 학습된 것 사이의 상호작용을 포함한다. 또한 학습의 메커니즘을 이해해야 한다. 우리는 학습을 연합(고전적 조건형성), 결과(조작적 학습), 관찰 및 모방(모델링)과 이해(인지적 학습)를 통한 학습으로 구분한다. 실질적인 예시들을 통해서, 우리의 간호술기가 어떻게 학습되는지, 그리고 건강 및 질병 관련 원칙과 기술, 행동에 대한 지식을 어떻게 이용하고 대상자들에게 전달할 것인가에 대한 이해가 높아질 것이다.

1. 발달: 천성과 교육의 상호작용

인간은 착상에서 죽음까지 유전자의 설계에 따라서 일정한 패턴으로 차근차근 나아간다. 이 패턴은 범인간적이지만, 개개인의 차이도 존재한다. 이러한 발달은 환경과 신체적 활동 자극에 대한 반응으로서 일어나는데, 이는 유전자가 활동적 또는 비활동적이 되도록 하는 촉진자로서의 역할을 한다. 세포 내에서는 유전자가 복잡한 생물학적 메신저 시스템을 조직하여 성장, 발달, 노화한다. 발달은 유전자로 대변되는 유전적 성향과 후천적인 양육, 교육, 그리고 사회 경험이 합쳐진 결과물이다. 선천적 요인과 후천적 요인은 서로 상대방이 없다면 아무것도 할 수 없다는 것을 인지해야 한다. 이들은 상호작용을 해야 하며, 개별적으로 발현될 수 없다. 이 장을 본격적으로 시작하기 전에, 선천성과 후천성의 논쟁에 관하여 확인하고 싶은 것이 있다. 아마도 한 번쯤은 들어 봤을 내용일 것이다. 우리는 과연 유전적 성향과 후천적인 양육 및 교육 중에서 어떤 영향을 더 받을까?

활동 4-1 ●●● 생각해 보기

다음 질문에 대한 답을 하라.

1. 누군가가 수줍어할 때 당신은 그 사람이 항상 수줍어했다고 가정한다.
   대체로 (맞다/아니다).
2. 위탁 가정에서 자란 아이들은 여전히 그들의 생물학적 부모를 더 닮았다.
   대체로 (맞다/아니다).
3. 죄수는 충동에 대한 통제가 부족한 상태로 태어난다.
   대체로 (맞다/아니다).
4. 조부모가 오래 살면 자신도 오래 살 확률이 높다.
   대체로 (맞다/아니다).
5. 정신병은 유전되는 경우가 많다.
   대체로 (맞다/아니다).
6. 똑똑한 사람들은 매우 훌륭한 교육 때문에 똑똑해졌다.
   대체로 (맞다/아니다).
7. 약물 중독은 양육과 청소년기의 영향에 근간을 두고 있다.
   대체로 (맞다/아니다).
8. 놀라운 재능을 가진 사람들을 볼 때, 당신은 그들이 열심히 노력했다고 가정한다.
   대체로 (맞다/아니다).
9. 아이들이 버릇없이 구는 것을 보면 부모의 형편없는 양육 탓을 한다.
   대체로 (맞다/아니다).
10. 노력만 하면 인생에서 원하는 것은 무엇이든지 이룰 수 있다.
   대체로 (맞다/아니다).

질문 1~5: 각 '대체로 맞음' 답변에 1점씩 포인트를 추가하라.
질문 6~10: 각 '대체로 아니다' 답변에 1점씩 포인트를 추가하라.
점수를 합산했을 때 0~3점이면 양육을 더 중시한다. 4~6점이면 유전과 양육의 두 관점을 다 가진다. 7~10점일 경우 당신은 인간의 성공과 실패를 유전의 일부로 간주한다.

1.1. 상호적이고 '능동적인' 과정으로서의 발달

우리는 수동적으로 환경이 우리에게 영향을 미치기를 기다리지 않는다. 우리는 행동한다. 이는 어른뿐만 아니라 어린이들에게도 해당된다. '아이들은 스스로 발달하기 위해 움직인다'(Papalia et al., 2004, p. 28). 그리고 '아이들은 그들의 세상이 자신들을 변화시키듯 자신의 세상을 바꾼다'(Papalia et al., 2004, p. 29). 그들은 자극을 찾는다. 그들은 처음에는 울거나 옹알이하며 부모의 관심을 요구하고, 보살핌을 받거나 즐거울 때는 미소로 보상한다. 그들은 불편할 때 울기 위해서 유전적으로 준비되어 있다. 마찬가지로, 부모들은 유전적으로 아기의 울음소리를 참을 수 없고, 그것을 멈추기 위해 무엇이든 하도록 프로그래밍되어 있다. 사실, 아이들은 그들의 부모와 보호자를 조종하여 자신들을 돌보고 교육하도록 만든다. 반면, 부모들은 자신의 피붙이에게 주목하고 신경 쓰려는 경향이 있다. 진화론적 관점으로 심리학을 바라볼 경우, 이러한 상호작용 특성이 아이들의 생존을 보장한다. 또한 아이들의 성향과 능력은 초기에 그들이 받고 생성하는 자극의 종류에 중요한 역할을 한다. 예를 들어, 외향적인 아이는 부모에게 다른 아이들과 함께할 기회를 달라고 간청하는 반면, 수줍은 아이는 그러한 상황을 피하려고 한다(Kagan et al., 1988). 이런 상황에서 수줍은 아이와 비교해 볼 때 외향적인 아이와 소통하는 방법은 다를 것이다. 즉, 이는 다른 종류의 경험으로 아이들에게 다가올 것이다. 일반적으로 아이의 특성, 행동, 다른 사람들의 반응, 가족, 이웃, 학교 그리고 더 넓은 문화적 · 사회적 맥락 사이에서 일어나는 복잡한 상호작용의 결과를 예측하는 것은 어렵다. 이는 주로 아이들이 혼자서 혹은 다른 사람과 상호작용하는 방식을 통해서 전개된다. 놀이는 인간 삶의 실무이며 아동 발달의 결정인자이다.

1.2. 발달 단계 이론

많은 발달 이론들은 대부분의 사람들이 겪는 일련의 단계나 시기를 강조한다. 이는 특정 나이에 학교를 가고, 가정을 꾸리고, 일하고, 은퇴하는 것과 같은 서구 세계의 삶과 공통분모를 지닌다. 대체로 우리의 삶은 '짜여 있다'. 그리고 대부분의 발달 이론은 '짜여 있는' 대본 같은 길들을 중요시하는 경향이 있다. 삶의 진행이 이러한 보편적인 패턴과 일치하지 않는다면, 혹은 다른 속도로 진행된다면, 이러한 이론의 연관성에 의문을 제기하는 것이 중요하다. 예를 들어, 결혼의 유무는 개인의 삶이나 다양한 역할수행에도 영향을 미친다. 개인의 결혼 유무와 아이가 있는지 여부를 아는 것이 단순히 개인의 나이를 아는 것보다 발달 상태를 훨씬 더 많이 설명할 것이다. 마찬가지로, 아이의 나이를 아는 것보다 아이가 어린이집 혹은 유치원에 다니는지, 기초교육을 시작했는지를 아는 것이 아이를 이해하는 데 중요하다. 또 다른 구체적인 문제는 과거의 발달 단계 이론들이 현재의 고령사회에 잘 맞지 않는다는 사실이다. 우리는 예전보다 더 오래 살면서, 더 오랫동안 적응하기 위해 노력한다. 간단히 말해서, 이번 장에서 가장 유명한 단계 이론들을 설명하겠지만, 이러한 이론들을 비판적인 시각으로 바라볼 필요가 있다.

1.3. 뇌의 봄

당신의 정원에 있는 나무는 봄에 극적인 변화를 겪는다. 아주 갑자기 새로운 가지, 새로운 순, 새로운 잎, 새로운 새싹 그리고 우리에게 보이지 않는 새로운 뿌리가 자라기 시작한다. 아기가 태어나면 비슷한 변화가 뇌에서 일어난다. 우리는 이것을 브루스 페리(Perry & Szalavitz, 2007)가 주장한 '뇌의 봄(Spring in the Brain)'이라고 부른다. 갑자기 뇌에 있는 1,000억 개 정도의 뉴런들이 더 많은 수상돌기, 축삭 말단, 시냅스를 만들기 시작한다.

정원에서는 더 많은 햇빛과 더 높은 온도에 의해 자극을 받아, 약간의 비가 더해져, 토지의 영양분을 이용할 수 있게 된다. 인간에게도 영양소는 필요하지만, 이 거대한 성장을 이끄는 것은 감각을 통한 자극이다. 이 자극은 외부 세계와 신생아가 참여하는 활동에서 비롯된다.

그림 4.1에는 출생 시, 생후 6개월, 2세로 구분하여 유아 뇌의 단면을 첨부했다. 이러한 성장은 아이가 복잡한 현실에서 효과적으로 살 수 있도록 해 주는 잘 발달된, 혹은 잘 연결된 뇌를 만들기 위해서 필수적이다. 많은 자극과 관심, 사랑, 놀이와 탐험의 기회를 받는 풍요로운 환경에서 자라는 아이는 이 세상에 적합한 뇌를 발달시킬 가능성이 높다. 그러나 아이가 중요한 자극을 받지 못하거나 무시 및 방임될 경우 필수적인 뇌의 연결이 이루어지지 않는다. 이는 결코 정상적이지 않다. 이와 같은 부실한 육아 능력은 매우 흔하며, 많은 부모들은 이것이 아이들의 미래를 위태롭게 할 수도 있다는 것을 알지 못한다(Perry, 2008). 공산주의 시대 루마니아의 고아

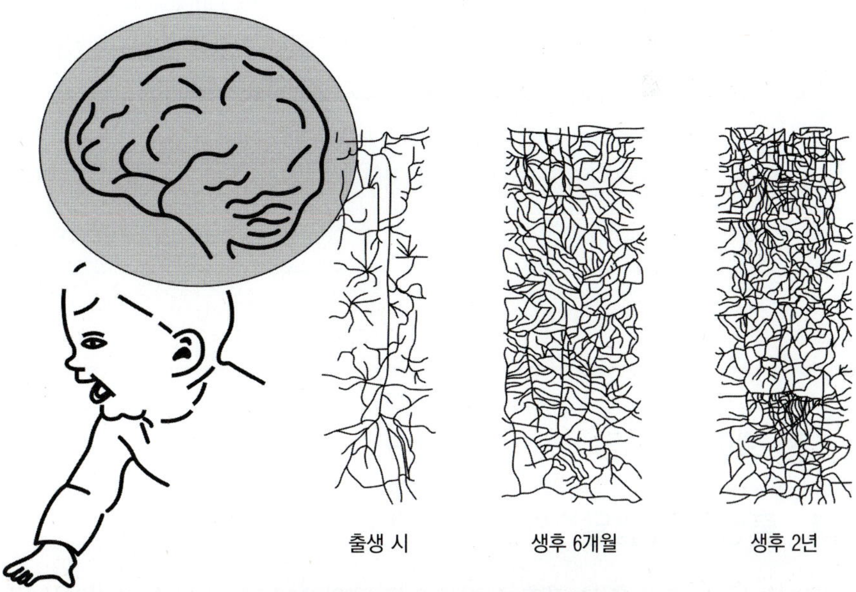

그림 4.1 뇌의 봄(유아의 신경계 발달)

원 출신 아동들을 대상으로 한 후속연구에서 이를 뒷받침하는 근거들이 나왔다. 보호자와의 육체적 · 정신적 접촉이 부족하면 인지 및 행동적 결함을 유발했고, 이는 궁극적으로 뇌의 일부분의 발달이 저해되는 결과를 초래했다(Chugani et al., 2001). 가끔 우리는 지하실이나 다락방에서 혹은 야생에서 평생을 살아온 아이들의 이야기를 듣곤 한다. 이들의 발달 상태는 재앙적인 수준이다. 이들의 발달에는 심각한 결핍이 존재하여, 추후에도 평생 만회할 수 없다(Perry & Szalavitz, 2007). 이쯤 되면 로물루스와 레무스가 늑대에게서 길러졌음에도 불구하고 어떻게 로마를 건국했는지 궁금할 뿐이다(Bremmer, 1987).

사례 연구: 병원 입원과 관련된 발달의 박탈

Christopher는 암에 걸린 두 살짜리 소년이다. 그는 당신이 근무하는 아동 병동의 직원들 사이에서 몇 달간 수차례 입원한 것으로 유명하다. 치료는 전반적으로 순조롭다. 그러나 Christopher가 병원에서 몇 주를 보냈다는 것은 문제가 있다는 것을 의미한다. 두 살짜리 아이가 병원에 장기입원할 경우 발생할 수 있는 발달상의 위험은 무엇인가? 돌봄 제공자들은 이러한 위험을 해결하기 위해 무엇을 해야 하는가? 부모님들은 얼마나 자주 방문해야 하는 것일까? 가능하다면 가정에서 치료를 받기 위해 노력해야 하는가? 당신의 생각을 써 보라.

이 장의 끝에 예시 답안이 제공된다.

2. 전 생애적 발달

2.1. 출생 전기 발달 Prenatal development

발달 이론들은 흔히 출산 직후를 기준으로 해왔으나, 현대에 이르러서는 좀 더 이른 시기를 기준으로 하는 경향이 있다. 자궁에서 처음 9개월 동안 일어나는 일은 매우 중요하다(Slade et al., 2009). 우리가 자궁 내부에서 태아의 발달에 영향을 미치는 모든 일들을 완전히 이해한다는 의미는 아니지만, 어머니의 행동과 경험은 태아의 신체적 · 정신적 건강에 영향을 미친다는 것을 알고 있다. 연구를 통해 결정적으로 흡연, 음주, 특정 질병, 스트레스, 임산부의 전반적인 건강하지 못한 생활방식이 아이에게 부정적인, 때로는 지속적인 영향을 미친다는 것을 보여 주었다(Kaiser & Allen, 2008). 또한, 스트레스의 영향력도 여전히 의문이다. 심리적으로 임신은 예비 엄마에게 중요한 사건이며 기대, 흥분, 그리고 걱정을 동반한다. 아이의 출산은 종종 엄마에게 위기와 스트레스의 순간으로 여겨진다(Kitzinger, 2006). 산모의 혈류에 있는 스트레스 호르몬이 태아의 순환계에서도 흐르는 것을 고려하면 산모의 스트레스는 태아/아기에 영향을 미칠 수밖에 없다(Mulder et al., 2002; Monk et al., 2000; Lorenz, 1937). 이에 대한 연구는 아직 걸음마 단계지만, 공유되는 순환계 시스템과 태아가 어머니의 영양분에 의존하고 있다는 사실은 어머니와 태아의 건강이 매우 밀접하게 연관되어 있다는 것을 말해주고 있다(Federenko & Wadhu, 2004).

2.2. 아동기 Childhood

출생 후 첫 4주를 신생아 시기로 분류하는데, 이 시기는 거의 모든 면에서 빠르게 발달이 이루어진다. 돌봄의 측면에서 이 시기는 모든 기능을 모니터링하며 아기의 요구에 응해야 하는 강도 높은 기간이다. 심리학에서 '영아기(infancy)'는 일반적으로 운동능력, 감각 지각, 사회적 상호작용, 의사소통 및 인지능력에서 아마도 가장 큰 발달이 있는 시기이다. 일반적으로 첫 2년을 의미한다.

2세부터 5세까지의 기간을 '유아기(early childhood)'라고 하며, 아이가 학교에 가면서 끝난다. '학령기(middle childhood)'는(6~11년) 아이가 독자적인 역할을 향해 발전하기 시작하는 초등학교 시기를 다룬다.

초기 발달을 촉진하는 가장 중요한 메커니즘은 **애착** 혹은 애정 및 영아와 보호자 사이의 강한 유대감이다(Weiten, 2010). 로렌츠가 제시한 오리와 거위의 각인처럼 인간도 이러한 각인을 거치는지 여부를 학자들은 궁금해했었다(Lorenz, 1987). 오리의 새끼가 알을 깨고 나올 때, 뇌에서는 매우 빠르게 가장 먼저 본 것 중 둥근 형태의 생명체를 머릿속에 각인시킨다. 새끼 오리는 이 둥근 형태를 언제나 따라다닌다. 보통의 경우, 이 둥근 생명체가 엄마 오리다. 이는 새끼 오리와 새끼 거위가 알아야 할 모든 것을 학습하며 동시에 생존을 보장해 주는 적응 반응이다. 그렇다면 아이들도 이렇게 즉시 엄마를 각인할까? 여러 증거를 통해 인간에게는 더 느리고 덜 절대적인 과정인 것으로 밝혀졌다. 에릭슨은 생후 1년 동안 '신뢰'가 보호자와 아이와의 관계 사이에서 신뢰성을 반영하여 생성된다고 주장했다(Erikson, 1959). 대략 6~8개월 즈음에 영아들은 보호자 중 1명(주로 엄마)을 선호하는 모습을 보인다.

이러한 애착은 강도 높은 대면(face-to-face) 접촉을 통해서 촉진되며(Volker et al., 1999), 놀이와 같이 감각적이며 반응성이 있는 상호작용의 빈도를 기준으로 깊어진다(Leyendecker et al., 1997). 실험실에서 이러한 애착의 수준을 테스트하기 위해 경험적인 실험을 고안했는데, 이는 '낯선 상황'을 이용한다. 메리 에인스워스는 엄마와 영아들을 방에서 놀게 하고, 엄마가 잠깐 동안 나갔을 때 아이의 행동을 관찰했다. 특히, 엄마가 돌아왔을 때 아이의 행동이 주요 관심사였다. '안정 애착'을 가진 영아의 경우, 엄마가 나갔을 경우 당황하지만 돌아오자마자 바로 안정되는 모습을 보였다. 양육자가 돌아와도 찾지 않거나, 떠나도 당황하지 않는 경우 '회피 애착'을 가지는 것으로 간주했다. 세 번째 그룹은 엄마가 떠날 때 스트레스를 받았지만, 엄마가 돌아오더라도 안정을 찾지 못했다. 이러한 애착 유형은

'불안-양가형 애착'으로 규정했다(Ainsworth et al., 1978). 1970년대에 볼비는 특히 양쪽 부모와의 돈독하고 안정적인 애착이 이후 친밀한 관계를 형성할 수 있는 능력을 포함한 건강한 성인 시기의 발달에 대한 예측 지표가 된다고 주장한 최초의 연구자였다(Bowlby, 2005). 애착은 생후 8개월 이후 낯선 사람에 대한 공포와 분리불안에 의해 강해진다(Grenberg et al., 1973). 돌봄 제공자로서 이러한 메커니즘을 인식하고 아이가 병원에 머무는 동안 낯선 사람에 대한 두려움을 극복하고, 부모를 대체할 수 있는 애착을 제공하는 방법을 찾는 것이 중요하다.

사례 연구: 애착

Hala는 당신이 일하고 있는 신생아 중환자실(ICU)에 입원해 있는 신생아이다.

그녀는 출생 후 호흡곤란을 겪으며, 신생아의 일과성 빈호흡 진단을 받는다. 이는 Hala의 호흡이 빠르고, 폐에 액체가 있을 수 있으며, 산소와 호흡기 지원을 필요로 한다는 뜻이다. 그녀는 인큐베이터에서 세심하게 관리 받고 있으며, 양압기(CPAP)로 호흡을 지탱하는 마스크를 코에 쓰고 있다. 애착에 대한 우리의 이전 논의에서, 당신은 돌봄 제공자가 이 상황에서 부모와 아이 사이의 유대를 어떻게 촉진할 수 있는지 생각해 볼 수 있는가? 답안을 적으라.

이 장의 끝에 예시 답안이 제공된다.

2.2.1. 양육과 교육

양육과 교육은 발달에 중요한 영향을 미친다. 좋은 양육에 대한 의견은 시간이 지남에 따라 크게 발전해 왔다. 훨씬 다양하고 다방면의 지식을 통합하는 학교 교육과 더불어, 평균적인 양육 및 교육은 오늘날 많은 어린이들에게 높은 수준의 학업과 사회적 능력을 촉진시키는 경향이 있다. 아마도 가장 중요한 것은 아이들을 훈육하기 위한 수단으로 체벌을 사용하는 것이

점차 대중화되지 않고, 대부분의 서양 국가들에서는 학교를 시작으로 가정 내에서까지 불법화되어 있다. 이러한 생각의 이면은 다양하지만 일반적으로 아이들이 잘 배우고 성장하기 위해서는 안전함을 느낄 필요가 있고, 처벌보다는 보상으로부터 더 잘 배우며, 아이에게 장기간 부정적인 영향을 미치기 때문에 육체적 · 언어적 공격성을 지속하는 것은 바람직하지 않다는 것을 포함한다(Vissing et al., 1991). **양육 유형**(Baumrind, 1971)에 의하면 '독재적', '허용적', '권위적' 양육으로 구분한다. 독재적인 유형은('내가 말하는 대로 하라') 흔히 복종을 유도하는 것으로 여겨지지만, 영국에서는 이런 식으로 자란 아이들이 사회적 역량이 낮아서 문제를 일으켰다는 사례가 있다(Thopmson et al., 2003). 이와는 대조적으로, 허용적 양육은 반항과 혼돈 그리고 낮은 수준의 능력을 보이는 아이로 만든다. 가장 바람직한 유형은 권위적인 양육인데, 이는 부모의 권위가 강행되지는 않지만 규칙이 정해지고 받아들여져서 설명과 협상의 대상으로 활용된다. 이러한 방식은 서구 문화에서 능력 있는 아이를 양육하는 방법으로 입증되었다. 바움린드의 양육 유형은 이후 바람직하지 않은 '방임형' 양육(Maccoby, 1992)과 현재 치열하게 논의되고 있는 '충분히 좋은 양육'(Ramaker & Suissa, 2012)으로 확장되었다.

많은 부모가 겪고 있는 어려움을 고려해 볼 때, 그들이 더 효과적이거나 덜 효과적인 교육을 하기 위해 완벽할 필요는 없을 수도 있다는 견해는 이해할 수 있다. 한편, 주의력결핍 과잉행동장애(ADHD)와 같은 다양한 공통의 장애를 다루어야 한다는 압박감은 부모들이 자신의 한계를 벗어나 육아 기술 훈련 형태의 도움이 필요할 수 있다는 것을 의미한다(Zwi et al., 2011). 오늘날 다른 흔한 걱정거리로는 많은 어린이들이 노출되는 화면상의 폭력과(TV 및 컴퓨터 게임), 건강한 영양 부족, 신체적인 운동 부족, 어린이들의 행동 문제를 악화시킬 수 있는 학교에서의 괴롭힘과 따돌림의 영향이 있다.

사례 연구: 주의력결핍 과잉행동장애(ADHD)

Joseph은 ADHD 진단을 받은 여덟 살 아동으로 현재 정신건강 팀으로부터 지원을 받고 있다. 최근 한 사례 회의에서 연구팀은 Joseph의 행동에 대해 어머니가 상당히 스트레스를 받고 있고, 그의 행동 중 일부를 매우 참을성 없이 대하는 것을 보며 부모와 자식 관계의 이상한 점을 찾아냈다. Joseph은 이 주제에 대해 말하기를 꺼려 하지만, 돌봄 제공자는 Joseph과의 관계를 통해 그의 어머니가 권위적인 양육 방식을 사용하며 동시에 Joseph을 방에 가두는 등의 처벌을 가한다는 사실을 알아냈다. 이 문제의 핵심을 고려하여, 이 상황에서 취할 수 있는 조치를 기술하라.

이 장의 끝에 예시 답안이 제공된다.

2.2.2. 인지와 도덕성의 발달

장 피아제(활동 4-2)는 어린이의 발달을 폭넓게 관찰하고 어린이의 **인지 발달** 테스트에 사용할 수 있는 간단한 실험도구를 개발하여 경험적 연구에 크게 이바지하였다. 이를 바탕으로 그는 어린 시절의 특정 시기에 일어나는 이해의 지표를 보여 주는 모형을 개발했다(Piaget, 1959; Piaget & Inhelder, 1969). 청소년기에 도달할 때쯤 우리는 감각과 운동 기반의 인지에서 연습에 기반을 둔 성인과 유사한 매우 체계적이며 논리적이고 추상적인 사고방식으로 전환해간다.

아동기 **도덕성 발달**의 이해는(무엇이 옳고 그르며, 그 이유는 무엇인가) 로런스 콜버그(1984)의 연구에 상당한 영향을 받았다. 그는 여러 연령대의 아이들에게 그가 고안한 도덕적 딜레마를 제시했다. 그는 아이들의 반응을 기반으로, 아이들의 선과 악을 바라보는 관점이 처음에는 무엇이 좋아 보이고 나빠 보이는 느낌에서, 처벌과 보상, 다음으로는 또래의 대답, 집과 학교에서의 규칙과 법으로 초점이 변하며, 최종적으로 더 상위 개념인 사회적 정의와 윤리로 넘어가는 것을 확인했다. 흥미롭게도, 연구를 통하여 콜버

그 이론이 확인되지만, 어른들조차도 종종 미성숙한 도덕적 사고를 사용하며 극소수의 사람들만이 최고 수준의 윤리 의식에서 논쟁하는 경향이 있다(Weiten, 2010). 어린아이들이 정직하지 않고 죄책감을 느끼지 못하는 이유를 알고 싶은 부모라면 이번 내용이 가장 유익할 것이다. 아이들의 도덕성은 아직 원시적인 수준이다.

프로이트의 심리 성적 발달단계 이론은 유행이 지났다. 이는 주로 아이들이 성적으로 활동할 준비가 되기도 전에 성적 발달을 겪는다는 것에 의구심을 가지기 때문일 것이다. 특히, 소아성애와 아동 포르노에 대한 오늘날의 우려는 이에 기여했다. 수년간 프로이트의 이론은 지배적인 인식이었고, 구강기 성격과 항문기 성격과 같은 흔한 용어는 그의 연구에서 비롯되었다(Freud, 1940).

활동 4-2 ••• 능동적 학습 과제

팩트 찾기 미션: 온라인으로 비디오를 찾아보고, 질문에 대해 토론하고 답변하라.

장 피아제(Jean Piaget)	르네 빌라르전(Rene Baillargeon)
피아제의 아동 인지발달 모형의 4단계에 대해 설명하라. 각 단계에서 아이들은 어떤 놀이를 하는지 설명하라. 피아제 모형의 주요 비판사항은 무엇인가? 아동 돌봄에 미치는 영향은 무엇인가?	빌라르전이 영아와 함께 실험한 대상 영속성에 대한 연구를 설명하라. 그녀의 연구 결과는 어떤 점에서 피아제의 이론에 반대하는가? 그녀의 연구에서 로버트 프란츠(Robert Frantz)가 제시한 원리들을 어떻게 활용하는가? 영아 돌봄에 미치는 영향은 무엇인가?

2.3. 청소년기 Adolescence

청소년기는 남녀에 따라 시기가 다르다(주로 여성이 일찍 시작한다). 개인차가 커서 10대의 대부분을 차지한다. 이 시기의 호르몬, 지적, 사회적 발달은 독립적인 정체성을 기를 수 있도록 한다. 에릭슨(1959)에 따르면,

자아 정체성의 발달은 청소년기에 완수해야 할 핵심 과제이다. 제임스 마샤는 이 주장에 더하여, 정체성의 위기를 겪으며 10대들은 문제를 회피하고 아무 걱정도 하지 않는 듯이 보이며, 최종적으로 성숙함이 부족하다(정체성 혼미). 몇몇은 조기에 다른 사람의 정체성을 모방하거나 그에 맞춰 정체성을 확립한다(정체성 상실). 이러한 위기를 기꺼이 받아들여, 능동적으로 겪는 사람은 다양한 역할과 견해를 시도하여 특정한 정체성으로 확립하는 것을 미룬다(정체성 유예). 이는 성공적으로 정체성을 성취하도록 만든다(정체성 성취)(Marcia, 1980). 정체성의 발달이 중요하기 때문에, 이 시기는 매우 위태로운 시기일 수 있다. 긴밀한 지원과 안정성이 부족하면 청소년들은 곤경에 처할 수 있다. 이혼한 부모, 소수 민족, 동성애자 및 레즈비언 부모를 둔 아이들은 때때로 곤경에 처할 위험이 높다. 이 시기의 대상자들을 돌볼 때에는 그들이 자신들의 정체성이 어떻게 받아들여지는지에 대하여 매우 민감하다는 사실을 고려하며 돌봐야 한다. 또한 돌봄 제공자는 사춘기 호르몬의 영향에 대한 대처 방법도 찾아봐야 한다.

사례 연구: 비만과 자아정체성

15세의 Jennifer는 비만이고 제2형 당뇨병을 최근 진단받았다. 그녀는 혈당 수치가 높아져서 병원에 입원해 있고 꽤 심각하다. 치료의 목적은 Jennifer의 당뇨병을 안정화시키는 것뿐만 아니라, 그녀에게 새로운 약에 대해 교육하고 체중 감소와 운동을 포함한 더 건강한 생활 방식을 적응시키는 것이다. Jennifer는 1인실에 있고 현재 그녀는 필수적인 경우가 아니라면 돌봄 제공자를 만나는 것을 거부하고 있다. 그녀의 어머니(또한 비만이다)는 하루 종일 그녀와 함께 있다. Jennifer는 패스트푸드를 먹음으로써 편안함을 느끼는 것처럼 보인다. 그녀의 어머니는 병원 음식이 수준 미달이며, 그래서 적어도 때때로 이런 음식을 주어야 한다고 말한다. 이 문제를 어떻게 분석하겠는가? 돌봄 제공자로서 Jennifer의 주요 치료 목표를 달성하기 위해 이 상황을 어떻게 관리할지 생각하고 답을 기술하라.

이 장의 끝에 예시 답안이 제공된다.

2.4. 성인기 Adulthood

전통적으로 **성인 초기**(20~35세)는 신체적 능력이 극대화되고, 연구와 전문적 경력이 시작되며, 장기적으로 배우자를 만나고 아이들을 낳는 시기로 간주된다. 부모가 된다는 것은 책임감과 성숙함의 요구도가 현저히 증가해야 함을 의미한다. 만약 배우자가 없거나, 단기적으로 있을 경우 전혀 다른 삶이 전개된다. 이 시기는 대부분의 대학생들이 포함되어 있는 단계이다. 모든 일이 동시에 일어나는 것처럼 보이며, 멀티태스킹과 뒤죽박죽 가운데인 우선순위로 점철된 시기이다. 이 시기에는 머릿속에 더 중요한 것이 있어서 집중하는 데 어려움을 겪는 경우가 있는데, 이것은…… **사랑**과 관련이 있다! 그렇다. 이 시기는 사랑의 적기이다. 사랑은 우리의 삶 전체에 걸쳐 있지만, 이 시기가 사랑의 의미와 가장 밀접한 관계가 있는 시간대이다. 우리가 이 지구에 있는 이유가 종족 번식이라는 걸 잊지 말자.

로버트 스턴버그는 이를 잘 이해한 것으로 보이며, 심리학 내에서 사랑을 공식화하여 이론으로 발전시킨 사람 가운데 한 명이다. 그는 세 가지 요소로 구성된 삼각형 모형을 주장했다. **열정**(성적 욕구를 위한 육체적 갈망), **친밀감**(파트너와의 의사소통 및 공유), **헌신**(함께 하겠다는 약속)(Sternberg, 1986). 그는 아이를 낳을 때까지 지속되고 성공적인 관계는 언급된 세 가지 요소가 알맞게 구현되어야 한다는 것을 주장했다. 열정은 성적 관계가 유지되도록 보장할 것이며, 친밀감은 본질적으로 유대감을 제공하는 요소이다. '찰떡' 같은 관계를 만들어, 소외 및 다툼을 방지한다. 헌신은 아이를 기를 때 공통적으로 노력을 하겠다는 약속을 포함할 것이다. 스턴버그는 이를 '성숙한 사랑'이라 불렀다. 전 세계의 문화는 결혼 서약으로 이를 공식화한다. 그는 세 요소 중 결여되는 요소가 있을 경우 발생하는 사랑의 종류도 그의 이론에 포함했다. 예를 들어, '낭만적 사랑'은 친밀감과 열정은 있지만 헌신은 결여되어 있다. 서구의 문화권에서는 많은 관계가 이렇게 시작된다. 반대로, 다른 문화권에서는 가족 간의 합의로 인해 서로 잘 알지 못하면서 결혼하는 경우가 있다. 이러한 결혼은 오직 헌신만을 가지고 시작하며(공허한 사랑) 시간이 지남에 따라 다른 두 요소가 발전하기를 기대한다. 대부분의 장기적인 관계에서 열정은 시간이 지남에 따라 식어서 친밀감과 헌신만이 남은 '우애적 사랑'으로 귀결된다. 비록 이런 부부들을 측은하게 여길 수 있겠지만, 정작 그들 중 다수는 이러한 변화를 불행하다고 생각하지 않는 것으로 나타났다(Sternberg, 1986). 그러나 이는 열정을 불러일으킬 제3자의 개입의 여지를 남겨 놓는다. 많은 서구사회에서 높은 이혼율을 기록하는 것은 이러한 시나리오가 이론으로만 치부할 수 없음을 보여 준다.

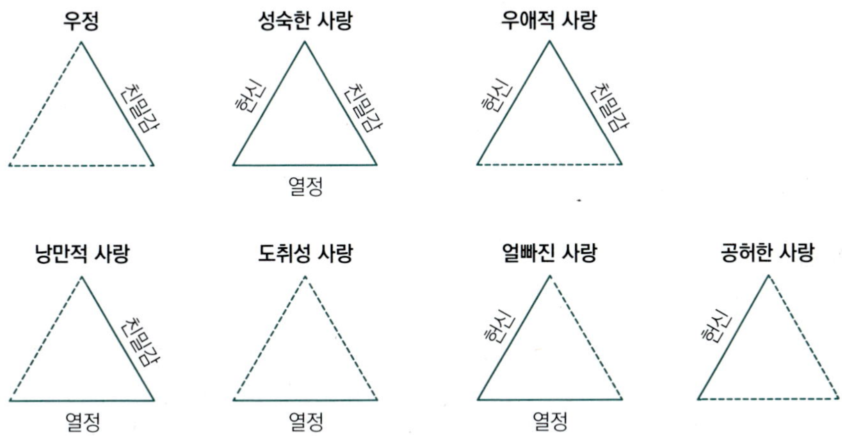

그림 4.2 Sternberg의 사랑의 삼각형 이론의 일곱 가지 종류

이러한 사랑의 다른 종류들을 상상하는 것은 어렵지 않다. 스턴버그의 모델의 장점은 표면적 타당성(직관적으로 이해가 되며) 그리고 세 가지 요소를 하나로 묶어 공유된 부모됨을 통하여 자손과 생존을 최적화시키는 것이다(Trivers, 1971). 다른 장점으로, 이 이론은 부부가 자신들의 관계를 좀

더 깊은 관점으로 논의할 수 있게 만든다. 돌봄 제공자로서, 스턴버그의 이론 모형은 대상자와의 파트너십의 수준을 정하는 데 도움이 되며, 이를 통해 해당 수준에 필요한 지원을 제공할 수 있도록 돕는다.

시나리오: 사랑이 그것과 무슨 상관이죠?

Aisha는 이웃 가족들을 방문하는 공중 보건 간호사이다. 부모 사이에서 의사소통이 없다는 것과 서로 간의 열정이 사라졌다는 것은 그중 한 가족이 특히 문제가 있음을 증명한다. 이는 잦은 다툼으로 반영되며, 네 명의 자녀들의 잦은 이상행동을 유발하는 것으로 보인다. 이 가족은 그 외에도 여러 건강 문제가 있다. 스턴버그의 사랑의 삼각형 이론을 이용하여 이 상황을 어떻게 분석하겠는가? 공중 보건 간호사로서 이들을 돕기 위해 무엇을 할 수 있는지 논의하라.

이 장의 끝에 예시 답안이 제공된다.

성인 중기(35~60세)는 인지적 **성숙함**과 리더십의 역할이 나타나는 시기이다. 경험과 전문성이 중요한 자산이며, 이는 일과 사회 공헌도를 높인다. 성인 초기에 시작한 활동들은 더욱 가속화된다. 반면 신체적 능력은 줄어든다. 많은 노동과 스트레스는 악화되거나 스트레스 관련 질병을 유발할 가능성이 높다. 성인 중기의 건강한 삶의 방식은 이러한 질병들을 예방할 수 있지만, 그럼에도 불구하고 평균적으로 병원에는 이 나이대의 환자들이 많이 있으며 점차 마모되는 자신을 보며 힘들어하거나, 질병에 취약해지며, 수술 등을 필요로 하는 경우가 있다(심혈관 질환, 암, 당뇨).

전통적으로 **성인 후기**(60세 이상)를 바라보는 시각은 인생을 돌아보고, 내려놓는 것을 강조한다. 은퇴와 조부모로서의 역할이 이 시기에 특히 중요하다. 이는 유산과도 관련이 있다. 수많은 건강 위협이 도사리고 있으며, 그렇기에 간호사로서 마주하는 환자의 대부분은 이 연령대이다. 건강 위험들과는 별도로, 사람들이 더 오래 건강하고 더 오래 산다는 것을 인식하는 것이 중요하다. 1960년대 보다 대부분의 부자 국가들의 평균 수명은 8~10세 정도 늘어났다. 이러한 증가의 요인을 판별하는 것은 쉽지 않으며, 여러 요소가 영향을 미친 것으로 보인다. 의료의 발전, 건강에 좋지 않은 고강도 육체노동의 감소, 건강과 신체에 대한 깊은 이해, 환경적 위협 요소에 대한 나은 이해가 있다. 평균 수명의 연장은 노화를 바라보는 전망에 큰 변화를 불러왔다. 최근 전반적인 시각은 개인이 나이 들어가더라도 삶에서 동떨어지지 않는 점을 강조한다(Cumming et al., 1961). 이는 여러 활동의 홍보(Neugarten & Havighurst, 1969)와 삶에서 지속성을 유지하며(Atchley, 1980), 한계를 맞이하면 보상을 찾으려는 방법(Baltes & Baltes, 1990)들을 통해서 가능해졌다. 우리 주변을 둘러보면, 은퇴 이후 아예 새로운 활동을 시작하는 사람이 제법 있다. 이런 종류로는 대체로 사회 자원봉사 활동, 예술 및 건강 관련 활동들이 있다.

성공적인 노화에 대한 연구가 증가하고 있으며, 우리 삶의 뒷장을 가치 있게 만들려는 관심이 증가하고 있다. 인지적 건강함 또한 높은 삶의 수준을 유지하기 위한 핵심 능력 중 하나이다. 폭넓은 활동이 노화로부터 우리를 지켜준다는 것은 이제 명확해졌다. 흔히 쓰이는 격언인 '아끼면 똥 된다(use it or lose it)'를 증명하는 연구도 있다(Hultsch et al., 1999; Swaab, 1991). 다방면의 신체적 · 정신적 활동에서 책임을 유지하는 것이 신체적 · 정신적 건강을 유지하는 것에 중요한 역할을 한다는 사실이 한 흥미로운 실험을 통해서 증명되었다(Rodin & Langer, 1977). 그럼에도 불구하고, 80세 이후로 오는 급격한 저하, 특히 치매와 같은 인지의 저하는 여전히 예방하고 예측하기 힘들다. 그러나 최근 알츠하이머 및 연관 질병들의 연구에서 밝혀진 바로는 지속적인 고등 수준의 교육과 변화에 대한 적극적인 참여 그리고 유산소 운동이 예방적 요인으로 작용한다고 한다(Erickson et al., 2012).

활동 4-3 ●●● 능동적 학습 과제

팩트 찾기 미션: 온라인으로 비디오를 찾아보고, 질문에 대해 토론하고 답변하라.

에릭 에릭슨(Erik Erikson)	엘런 랭거(Ellen Langer)
에릭슨의 전 생애적 발달 모형의 8단계를 설명하라. 각 단계에서의 성공 여부가 개인의 성격에 어떤 영향을 미치는가? 에릭슨 모형에 대한 주된 비판은 무엇인가? 연령별 맞춤형 돌봄에 미치는 영향은 무엇인가?	양로원의 노인들을 대상으로 노화의 반전을 연구한 엘런 랭거의 연구를 서술하라. 그녀의 연구는 노화에 대한 인식을 어떻게 바꿨는가? 노인 돌봄에 미치는 영향은 무엇인가?

3. 학습

인간이 적응력이 뛰어난 이유 중 하나는 그만큼 학습 능력이 뛰어나기 때문이다. **학습이란 성숙에 근거하지 않고 새로운 행동, 감정, 이해를 얻는 것을 의미한다.** 인간이 잘 적응하고, 효율적이며, 고용 가능한 성인으로 발달하기 위해서는 많은 것을 배울 필요가 있다. 일반적으로 인간은 최소한 네 가지 방법으로 배운다고 알려져있다.

1. 연합(Association)–고전적 조건형성(Pavlov, Watson), 준비성(Seligman)
2. 결과(Consequences)–조작적 조건형성(Thorndike, Skinner)
3. 관찰/모방(Observation/imitation)–모델링(Bandura)
4. 이해(Understanding)–인지 학습(Piaget)

3.1. 연합을 통한 학습 (고전적 조건형성 포함)

우리는 같은 시간이나 같은 장소에서 일어났던 일들을 기억하는 데 매우 능숙하다. 아기들은 엄마의 얼굴을 냄새, 목소리 및 양육 전반과 연관시키는 것을 배운다. 우리는 단어를 대응하는 사물과 연합하여 배운다. 예를 들어, 의료기관에서 일한다면, 우리는 일하는 장소에서 일어나는 일, 하는 일, 그리고 일하는 곳이 어떤 기분을 들게 하는지를 연관 짓는 방법을 배운다. 이러한 연합을 형성하기 위해서는 그 무엇도 의식할 필요가 없고, 이해할 필요도 없다. 그냥 일어나는 일이다. 이런 식으로 대상자들은 그들의 병과 그것과 관련된 감정을 병원과 연결시키는 것을 배운다. 이러한 감정들은 이후 병원에 있는 친척을 방문할 즈음에 다시 올라올 것이다. 대상자가 병원에 더 오래 있고, 더 강렬한 경험을 할수록, 이 연합은 더 강해지며 사라지는 데 오래 걸린다. 이반 파블로프는 이러한 원리를 **고전적 조건형성**이라고 주장했다(제2장 참조). 그는 개들의 식사를 관찰하면서, 개들이 음식과 함께 들려오는 종소리나 메트로놈 혹은 빛에 반응하여 침을 흘리기 시작한다는 것을 알아냈다(Pavlov, 1906). 종소리만 듣고도 침을 흘리기 시작하자 이는 음식이 주어지지 않을 때도 계속되었다.

왓슨은 인간에게 같은 원리를 적용하였다. 그의 악명 높은 실험에서, 그는 어린아이(Little Albert)에게 쥐를 보여 줄 때마다 큰 소리를 내어 흰쥐를 무서워하도록 조건화했다. 아이는 원래 쥐를 무서워하지 않았었다(Watson & Rayner, 1920). 이후 심리학자들은 공포증의 일환으로 이 메커니즘을 유의 깊게 탐구했다. 만약 한 사람이 거의 익사할 뻔한 경험이 있다면, 산소부족으로 인한 공황 반응을 유발할 것이다. 물과 이 경험 사이의 연합은 매우 강력하여, 다음에 물을 접한다면 동일한 공황 반응을 경험할 것이다. 눈 깜박임, 식욕, 성적 흥분, 심지어 막연한 불편함 등 조건화될 수 있는 반사작용이 많지만, 공포 반응은 급속하게 조건화될 수 있다. 셀리그먼(1971)은 천성적으로 공포감을 유발하는 요소인 거미, 뱀, 고도, 물, 번개 등을 이용할 경우, 공포 반응의 고전적 조건화가 훨씬 빠른 것을 보여 주었다. 그는 이것을 '준비성(preparedness)'이라 주장했다. 아마 주삿바늘과 같은 날카로운 물체들도 이에 속할 것이다.

예시

병원에서 누군가의 심장박동이 멈추는 것을 경험하기 전까지는 '삐' 소리가 '삐이이이이이' 소리로 변하는 과정은 공포감과 관련이 없다. 일단 병원에서 심장마비와 함께 신호음의 변화를 경험하게 되면, 이 소리와 응급 상황을 연합하는 것을 학습했을 것이다. 만약 지금 이 소리를 듣는다면, 예전 심장마비 경험에서 느꼈던 공포 반응이 나올 것이다. 심지어 이런 종류의 소리를 내는 알람시계조차 이런 공포 반응을 일으킬 수 있다.

그림 4.3 고전적 조건형성(Pavlov)

3.2. 결과로부터의 학습(조작적 조건형성)

인간은 행동의 결과로서 학습한다. 손다이크가 주장한 효과의 법칙(law of effect)에서는 다음과 같이 제시한다. '특정 상황에서 만족스러운 효과를 내는 반응은 그 상황에서 다시 발생할 가능성이 더 높아지며, 불쾌감을 유발하는 반응은 그 상황에서 다시 발생할 가능성이 낮아진다'(Thorndike, 1927). 우리는 이러한 학습 메커니즘을 **조작적 조건형성**으로 부른다. 보상받은 (강화된) 행동은 반복하고, 처벌받은 행동은 하지 않는 법을 배운다. 사람에게는 무수히 많은 것들이 보상, 처벌 혹은 낙담으로 받아들여질 수 있다. 결국 사건이 뇌의 쾌락 혹은 통증 중추에 미치는 영향은 해당 사건을 보상 혹은 처벌로 생각할지를 결정한다. 우리가 이에 매우 민감하다는 사실을 인지하는 것이 중요하다. 예를 들어, 매우 미묘한 표정 변화가 강화

(웃음) 혹은 낙심(눈썹을 치켜 올림)으로 수신될 수 있다. 스키너는 사실상 인간의 모든 행동이 본질적으로 이러한 방식을 통해서 형성된다고 믿었다(Skinner, 1972). 그의 동물을 활용한 연구는 이러한 유형의 학습이 미치는 영향에 새로운 식견을 제공했다. 일례로, 그는 즉각적인 보상이 나중에 주어지는 보상보다 더 효과적이라는 것을 발견했다. 인간에게 즉각적인 쾌락을 주는 불건강한 행동을 중단하기는 어렵다. 그래서 금주나 금연 같은 즉각적인 혐오와 장기적인 이익을 제공하는 건강한 행동을 학습하기란 어렵다. 우연히도, 이러한 즉각적인 보상을 위해 충동을 참아내는 능력이 성공을 예견하는 것처럼 보인다. 유명한 종단적 연구로, 연구원들은 아이들에게 마시멜로를 주면서, 마시멜로 한 개를 먹거나, 이를 참고 두 번째 마시멜로를 받을 수 있는 기회를 주었다. 두 번째 마시멜로를 기다린 아이들이 추후 더 좋은 직업을 갖고 더 많은 소득을 올리는 것으로 밝혀졌다(Mischel & Moore, 1973).

결과를 통한 학습

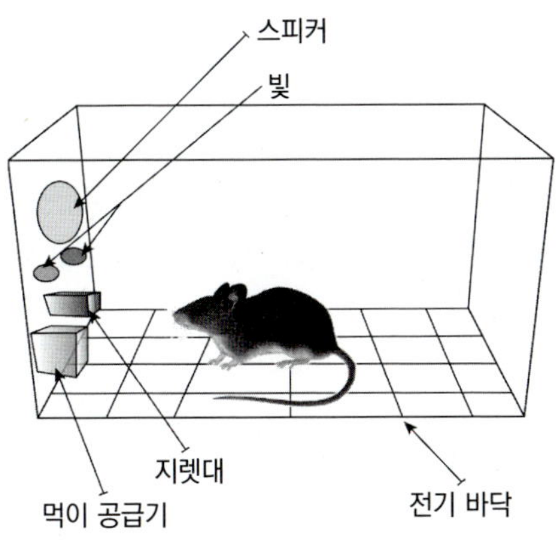

예시

환자에게 수술 절차를 처음 설명할 때 어떻게 해야 할지 확신이 서지 않을 수도 있다. 환자들은 당신과 대화한 후에 더 무서워할 수 있다. 이런 일이 일어날 때마다 스스로에게 '이 방법은 아니야'라고 말할 수도 있다. 아마 벌을 받는다고 느낄 것이다. 대화가 잘 끝나고, 환자가 미소를 짓거나, 당신의 설명 덕분에 훨씬 편해졌다고 말한다면 보상을 받는 기분일 것이다. 그리고는 스스로에게 '이렇게 해야 해'라고 말할 것이다. 점차 올바른 방법의 강화와 잘못된 방법의 낙심이 정보를 제공하는 능숙한 방식을 만드는 데 도움을 줄 것이다.

그림 4.4 조작적 조건형성: 스키너의 상자

3.3. 관찰/모방을 통한 학습(모델링 또는 관찰 학습)

포유류 학습의 대부분이 조작적 및 고전적 조건형성의 결과지만, 이론적으로는 조작적 조건형성을 통해 학습되는 일련의 복잡한 행동이 **모델링 또는 관찰 학습**을 통해 더 빠르고, 더 효과적이고, 더 안전하게 학습되는 경향이 있다. 잘못된 행동으로 즉사할 수 있는 위험성을 안고 시행착오를 겪는 것보다 숙련된 어미 여우를 통해서 사냥하는 법을 배우는 게 새끼 여우에게 훨씬 이롭다. 이는 인간에게도 마찬가지다. 아이들은 부모의 행동을 통해서 전기 기구, 칼, 가위의 사용법을 배운다. 명백하게도 긍정적인 행동뿐만 아니라 부정적인 행동도 모델링의 대상이 될 수 있다. 밴듀라는 어린이들의 모델링에 대하여 중대한 연구를 진행하였다. 아이들로 하여금 어른들이 큰 풍선인형(보보인형)을 공격하는 영상을 시청하게 하고, 동일한 인형이 있는 방에 아이들을 넣어 놓자 공격적인 행동을 보였다. 반면 해당 영상을 시

모방을 통한 학습	예시
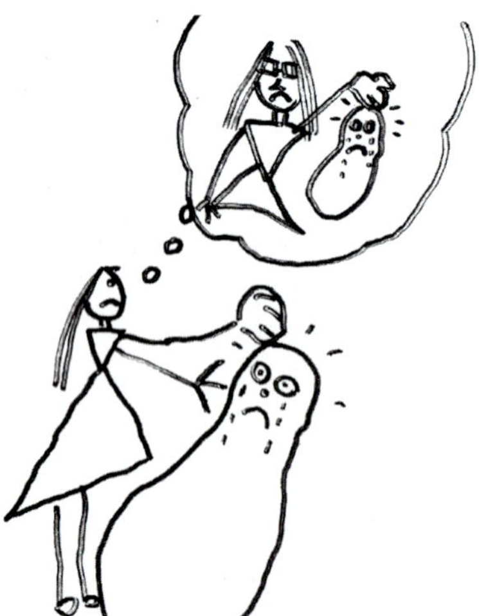	처음 배치 받은 병원에서 어떻게 새로운 환자를 맞이해야 하는지, 그들의 배경을 어떻게 알아내야 하는지 그리고 어떻게 우호적인 관계를 만드는지 몰랐다. 그러나 당신은 선배가 이를 매우 훌륭히 수행하는 것을 보았다. 당신은 스스로 이를 올바르게 수행할 수 있을 때까지 선배의 행동을 관찰하고 모델링하였다.

그림 4.5 보보인형 연구의 모델링

청하지 않는 아이들은 인형을 공격적으로 가지고 놀지 않았다(Bandura et al., 1963).

돌봄 제공자들은 숙련된 선배들을 관찰함으로써 많은 것을 배운다. 특히, 삽관, 주사, 상처에 붕대 감기 등 복잡한 업무를 수행할 때 숙련된 모델의 시연을 참고하여 많은 이익을 얻을 수 있다.

3.4. 이해에 의한 학습(인지적 학습)

앞의 세 가지 유형의 학습은 의식적인 성찰을 필요로 하지 않는 반면, 이 측면은 고도로 복잡하며 이론적, 추상적인 주제를 배우는 것이 핵심이다. 간단히 말해서, 이해가 필요한 모든 것은 **인지적 학습**에 해당한다. 피아제는 개념적 학습은 매우 일찍부터 시작되며, **동화**(assimilation)와 **조절**(accommodation)의 두 핵심 과정의 결과라고 주장했다(Piaget, 1976). 개념적 이해를 발달시킬 때, 아이들은 현실의 많은 부분을 이에 맞추려고 노력한다.

예를 들어, '엄마'라는 단어는 어머니를 위해 사용될 수도 있지만, 다른 여성들도 한동안은 모든 여성들을 포함하는 것 같은 개념에 동화되어 있다. 물론 추후 영아가 이를 수정할 때, '엄마는 한 사람이다'로 개념적 이해를 바꾸거나 '조절'해야 할 것이다. 다른 개념에도 이를 동일하게 적용하며, 심지어 책을 읽을 때도 이 두 과정을 번갈아 사용하여 세계의 복잡함에 대한 개념적 이해를 확장시킨다. 동화는 긍정적이며, 통합된 듯한 기분을 주고 올바르게 생각하고 있다는 것을 확인해 주는 것처럼 느껴진다. 반면, 조절은 우리를 도전하게 하는데, 이는 조절하려는 노력을 우리가 항상 좋아하지는 않기 때문이다. 전반적으로 이해, 정보의 복잡한 처리 및 사고를 포함하는 모든 학습은 인지 학습에 해당한다. 이는 제6장에서 인지를 상세히 탐구하며 다시 다룰 것이다.

이해에 의한 학습	예시
장 피아제와 인지 발달: 동화 및 조절 어린 소녀가 고양이를 만날 때 어떻게 자신의 '개 스키마'를 사용할 수 있을까? • 그녀는 고양이를 '개'로 생각하여 이 경험을 자신의 스키마에 **동화**시킬 수 있다. 혹은 • 그녀는 고양이와 심지어 다른 종류의 개들을 별개의 스키마로 분리함으로써 그녀의 동물 스키마를 **조절**할 수 있다.	처음 병원에 도착했을 때, 당신은 모든 대상자와 동일한 방식으로 의사소통했다. 즉, 그들을 하나의 이해 방식으로 동화시켰다. 얼마 후, 당신은 어떤 대상자들은 당신과 자신 있게 의사소통하지만 몇몇은 말을 꺼리는 것을 알았다. 그리하여 개방적인 대상자와 말수가 적은 대상자들을 위해 의사소통을 다른 방식으로 조절하는 법을 배웠다. 한동안 당신은 모든 대상자와의 의사소통을 이분법적으로 동화시켰다. 나중에는 더 다양한 사람들에게 효과적으로 응답하기 위해서 대상자와의 의사소통 방식을 조절하는 법을 배웠다.

시나리오: 조건화 및 학습에 대한 인식

이 시나리오에서 학습의 원리를 식별하라.

Charles는 간호학과 학생으로, 아이들에게 혈액 샘플을 추출하고 있는 정맥절개 전문의를 관찰했었다. 물론 기대하지는 않았지만 놀랍게도, 거의 대부분의 아이들이 저항하지 않았고 울지도 않았다. 나중에 그녀는 일하는 방식을 설명해 주었다.

- 아동 친화적인 환경을 조성하고, 핸드폰, 포스터, 장난감을 활용하여 아이들의 주의를 분산시킨다.
- 손바닥이나 팔을 준비운동 시켜서 신경을 분산시킨다. 이를 통해 약간의 열을 발생시켜 통증을 덜 느끼게 한다.
- 아이와 부모의 긴장한 정도를 재빠르고 능숙하게 가늠하여, 주의를 얼마나 돌려야 할지 판단한다. 이는 간단하게는 벽에 걸린 사진을 보게 하는 것일 수도 있고, 몇몇은 모조 바늘과 곰돌이 인형을 이용한 놀이를 사전에 필요로 할 수 있다.
- 아이의 과거 병력과 경험 및 혈액 검사에 대해서 이해한다.
- 국소 진통 크림을 손이나 팔의 통증을 완화시키는 용도로 사용한다.

이 장의 끝에 예시 답안이 제공된다.

3.5. 복잡한 과정으로서의 학습

종종 다양한 학습의 종류들은 상호작용하고 동시에 일어날 수 있다. 서로 다른 유형의 학습이 동시에 작동하거나 서로를 기반으로 구축될 수 있는 것이다. 예를 들어, 약 용량을 계산할 때, 공식을 이해 및 사용(인지 학습)하거나, 실무적으로 어떻게 하는지를 보여 주는 숙련된 돌봄 제공자의 시범을 보고 모방할 수도 있다(모델링). 일단 시작하고 나면, 시행착오를 통해서 계량하는 기술을 완벽히 만들 수 있다(조작적 조건형성). 한 유형의 학습이 다른 학습을 방해할 수도 있다. 예를 들어, 화가 난 선배 돌봄 제공자가 "입 다물어, 난 아무 말도 듣기 싫어. 너는 듣는 법을 배워야 해."라고 말했다. 명백히 선배 돌봄 제공자는 그녀가 느낀 후배의 경청 부족을 지적하고 이를 못하게 하였다. 그러나 이와 동시에 그녀 스스로가 경청을 안 하는 것을 후배에게 모델링하였다. 어린 아이가 동생을 때렸다고 심하게 때리는 부모도 동일한 실수를 저지른다. 지시(인지 학습)와 시연(모델링) 사이에서 괴리가 생길 가능성도 존재한다. 또 다른 복잡한 요소는 두 가지 유형의 조건형성

활동 4-4 ●●● 의사 결정

다음 예시들을 분석하고 각 학습방법이 어디에 포함되는지의 여부를 결정하라.

	연합 (고전적 조건형성)	결과 (조작적 조건형성)	관찰과 모방 (모델링)	이해 (인지 학습)
주사 놓기				
혈압 측정				
혈액 공포증				
대상자 안심시키기				
효과적으로 소통하기				
흰 가운 공포증				

이 장의 끝에 예시 답안이 제공된다.

이 종종 중복된다는 것이다. 공포는 고전적 조건형성을 통해 학습되는 경향이 있지만, 불안 징벌적 특성은 조작적 조건형성이 수반된다. 활동 4-4를 통하여 이러한 복잡성을 받아들이기를 바란다.

요약

- 천성과 교육의 상호작용은 복잡하며 이들이 항상 상호작용한다는 것을 필수적으로 깨달아야 한다. 천성은 교육 없이 발현될 수 없고, 교육은 천성의 영향을 받는다. 아이들은 양육과 교육의 수동적인 수혜자로 남지 않고 스스로의 발달에 능동적으로 영향을 미친다.
- 뇌의 봄은 풍요로운 환경에서 자극을 제공하여 복잡한 세상에서의 삶을 위해 신경학적으로 아이를 준비시키는 과정이다. 이 시기가 박탈되면 아이의 미래에 돌이킬 수 없는 손상이 일어난다.
- 발달 단계 이론은 서구 문명의 사람들이 전 생애 동안 어떻게 발달하는지에 대한 유용한 청사진을 제공한다. 그러나 이 단계들을 너무 문자 그대로 해석하려 하면 안 된다.
- 학습의 네 가지 메커니즘이 알려져 있지만, 현실에서는 이러한 메커니즘이 복잡한 방식으로 상호작용한다.
- 발달 및 학습 메커니즘을 이해하고 이를 실제 업무에서 구현할 수 있는 돌봄 제공자는 대상자 및 동료들을 대하는 과정에서 더 효과적이며 세심하다. 이들은 스스로에 대한 이해와 돌봄 제공자로서의 역할도 더 잘 이해한다.

활동: 예시 답안

사례 연구: 병원 입원과 관련된 발달의 박탈

자극, 활동, 개인적이며 활발한 놀이가 결여되어 신경계 발달(뇌의 봄)이 저해될 수 있다. 돌봄 제공자는 이를 보상할 수 있는 방안을 수행해야 한다. 다행스럽게도, 요즘에는 영국을 포함한 많은 나라에서 부모의 24시간 상주가 활발하게 장려되고 있다. Christopher의 경우, 가능한 최대한 집에서 진료 받는 것이 바람직하다.

사례 연구: 애착

NICU에서 엄마와 아이의 유대감을 촉진 및 장려하기 위해서 피부 접촉 및 눈빛 교환 그리고 전반적인 시간을 함께 보내는 방법을 사용하고 있다. 만약 모유 수유가 가능하다면, 이를 활발하게 행한다.

전반적으로 이 시기가 아이의 성장 및 부모와의 애착을 형성하는 데 매우 중요하다. 보통 NICU 내에서 아이의 상태는 위독하기 때문에 신체적 · 심리적 욕구에 대한 대응이 최우선적이긴 하지만, 부모와 아이 사이의 유대에도 깊은 관심을 두어야 한다. 또한 출산 이후 부모가 매우 취약한 상태임을 고려해야 한다.

사례 연구: 주의력결핍 과잉행동장애(ADHD)

아이의 안전을 파악하기 위해 사회복지사가 관여해야 할 것이다. 아이의 엄마는 양육 훈련을 통해서 많은 도움을 받을 수 있을 것이다. 그녀는 많은 종류의 양육을 이해하고 자신의 방식을 되돌아볼 수 있을 것이다. 이러한 훈련은 주로 그룹 단위로 이루어지기 때문에, 비슷한 어려움을 겪는 부모들을 통해서 도움 및 지지를 받을 수 있을 것이다. 이렇게 습득한 지식은 아이의 ADHD 행동 조절에 도움이 될 것이다. 전체적으로, 나쁜 행동을 벌하는 대신, 좋은 행동을 보상하는 방향이 권장되어야 한다. ADHD를 다루는 것은 매우 어렵고 스트레스를 받기 때문에, 엄마 또한 일대일 상담을 통해서 많은 도움을 얻을 수 있을 것이다.

사례 연구: 비만과 자아정체성

Jennifer의 비만에는 가족이 명백히 영향을 끼친다. 그렇기 때문에 건강관리 노력에는 모든 가족 구성원이 관여해야 한다. 저항이 반드시 동반되고, 청소년기의 반항심이 방해를 할 것이다. 단순히 Jennifer와 어머니에게 무엇을 할지 말하는 것은 독재적인 양육 모델을 불러일으킬 뿐이다. 그렇기에 매우 제한적인 성과를 얻을 수밖에 없다. 또한 이는 Jennifer와의 관계 및 진행 중인 그녀의 당뇨 관련 학습을 파괴시킨다. 그러므로 Jennifer와 그녀의 어머니와 좋은 관계를 만드는 것이 이 문제를 해결하기 위해 필수적이다(이는 영양사에게도 해당된다). NMC에 따르면 "모든 간호사는 뛰어난 대인관계 및 의사소통 능력을 사용해야 한다." 그리고 이를 사용하는 것이 중요하다. Jennifer가 병원에 있는 동안에는 간호사가 상황에 영향을 미칠 수 있다는 점을 기억하라.

시나리오: 사랑이 그것과 무슨 상관이죠?

열정과 친밀감의 결여는 당연히 스턴버그의 모형 중 '공허한 사랑'에 해당한다. 이로 인한 가족 내부의 결속의 부재는 모든 문제의 원인이거나 복합적인 요소로 작용할 것이다. 부모의 관계를 제외하고 아이들의 행동 문제와 건강 문제를 구별하여 처리하는 것은 실수가 될 것이다. 이는 다학제팀에서 논의될 사항이다. Aisha는 부모로 하여금 그들의 관계가 가족 내부가 느끼는 안정감과 아이들의 건강 및 행동에 어떤 영향을 미치는지 고민하게 만드는 위치에 있을 수 있다.

시나리오: 조건화 및 학습에 대한 인식

정맥절개 전문의는 그녀가 피를 뽑아야 하는 아이들이 고전적 및 조작적 조건형성을 통해 불안감을 낮추는 방법을 발전시켰다. 그녀는 Charles를 위한 좋은 모델이며, 어떻게 그녀가 일하는지를 설명하면서 주삿바늘을 넣는 것에 관한 그의 인지적 학습을 강화시켰다.

활동 4-4

- 주사 놓기는 우선적으로 숙련된 조교를 통한 모델링과 원칙 및 상세한 지침을 이해하는(인지) 것으로 학습된다. 환자의 격려와 낙담 반응을 통하여 기술을 개선하는 방식으로 행동 조성이 일어난다.
- 혈압 측정은 주사 놓기와 비슷하게 학습된다. 환자를 다치게 할 위험이 적기 때문에, 지시에 의한 행동 조성이 더 빨리 진행된다.
- 혈액 공포증은 고전적 조건형성을 통해 학습되고 아마 조작적 조건형성에 의해 유지될 것이다. 피를 볼 수 있는 상황을 피하면서 혈액에 대한 공포를 낮출 수 있다. 그러나 이는 회피를 강화하며 공포증을 더 강화시킨다.
- 대상자 안심시키기: 좋은 모델링은 도움이 되나 이를 제일 잘할 수 있는 방법을 이해하는 것이 핵심이다. 이러한 능력을 조성하는 것은 조작적 조건형성에 의해 이루어질 것이다.
- 효과적으로 소통하기: 대상자를 안심시키는 것과 같다.
- 흰 가운 공포증은 고전적인 조건형성을 통해 대상자가 습득하며, 아마도 유아기에 일어날 것이다. 의사와의 만남을 회피하여 불안감을 낮추는 것이다. 이는 회피를 강화하며 공포증을 강화시킨다. 이 공포증을 겪는 대상자들은 자신들의 불안감을 지지하기 위해 의사들의 위험성에 관련된 것을 읽을 수도 있다(인지적).

더 읽을거리

- DeHart, G., Sroufe, A. L., & Cooper, R. G. (2005). *Child development: Its nature and course* (5th ed.). Boston, MA: McGraw-Hill.
  아동 발달에 대한 입문서가 많지만 이 책은 특별히 추천한다.
- Sroufe, L. A. (2005). Attachment and development: a prospective, longitudinal study from birth to adulthood. *Attachment & human development, 7*(4): 349-367.
  이 논문은 시간 경과에 따른 애착의 영향을 연구했다. 저널 자체도 읽어 볼 가치가 있다.
- Kail, R., & Cavanaugh, J. (2015). *Human development: a life-span view* (7th ed.). Belmont (CA): Cengage Learning.
  이 글은 전 생애적 발달에 대한 변화하는 시각을 잘 설명했다. 이전 에디션의 경우 온라인으로 볼 수 있다.

유용한 웹 사이트

- http://www.learner.org/resources/series138.html
  Philip Zimbardo 교수의 Discovering Psychology 시리즈이다. 5번 Developing Child를 보면 된다.

- https://en.wikipedia.org/wiki/Nature_versus_nurture
  위키피디아의 천성 대 교육 항목은 풍부한 배경지식을 제공한다.

- http://listverse.com/2008/03/07/10-modern-cases-of-feral-children/
  야생동물에 대한 최근 사례들로 초기 아동 발달의 중요성을 보여 준다.

- https://www.youtube.com/watch?v=Mt4N9GSBoMI
  조작적 조건형성을 설명하는 빅뱅이론 시리즈의 유튜브 영상이다. 관련 비디오가 유튜브에 많이 있으며, Skinner-조작적 조건형성, Pavlov-고전적 조건형성, Bandura-보보인형 혹은 Piaget를 검색어로 찾으면 된다.

CHAPTER 5

의식과 기억

학습목표

- 인식과 의식이 인간의 기능에서 얼마나 필수인지와 인간이 한정된 수의 항목에 동시에 집중할 수 있는 이유를 설명한다.
- 다른 활동이 다른 수준의 의식을 요구하는 방법과 우리가 모든 활동을 의식하지 못하는 이유를 이해한다.
- 돌봄에서 효과적인 수면과 비효과적인 수면을 인식하는 관점과 더불어 수면 역학, 웰빙에 대한 수면의 영향을 이해한다.
- 기억의 작동 과정을 이해하고 돌봄 실무에서 기억력을 향상시킬 수 있는 방법을 설명한다.
- 기억의 한계와 기억이 얼마나 믿을 수 없는지에 대한 예시를 제시한다.

알기 쉬운
심리학

의식과 기억은 우리가 의도적으로 행동할 수 있도록 하고, 일상생활과 사고, 의사 결정에서 경험을 통합하기 때문에, 이번 장에서 함께 기술할 것이다. 돌봄 제공자와 대상자의 의식 수준 변화는 빈번하며, 이해할 필요가 있기 때문에 의식에 관한 부분이 중요하다. 인간의 무의식적인 측면, 수면 역학 그리고 인간, 특히 대상자의 웰빙을 위해서 좋은 수면의 질이 얼마나 중요한지를 논의한다. 또한, 중요한 기억의 기전과 강점, 한계점을 살펴본다. 의식과 기억 모두 분명한 한계가 있기 때문에 중요한 일을 인식이나 기억에 의존할 때는 너무 확신하지 말고 항상 확인해야 한다. 또한, 우리가 의료 환경에서 기억을 효과적으로 사용할 수 있는지에 대해서도 알아본다.

1. 의식

의식(consciousness)은 보통 '어느 순간 인간의 지각과 사고, 감정'(p. 199) 혹은 '현재의 외부 및 내부 자극에 대한 개인의 인식'(p. 197)으로 정의한다(Nolen-Hoeksema et al., 2014). 의식은 우리가 주변 환경과 정보처리를 모니터링하는 데 도움이 된다. 이것은 선택과 문제 해결, 행동의 계획과 통제를 용이하게 한다. 의식은 지각처리와 사고, 주의, 인식의 일부이다. 제2장에서 설명한 것처럼, 철학자와 심리학자들은 오랫동안 의식에 매료되어 왔다. 이를 통해 의식의 수수께끼가 모두 풀렸는가? 대답은 '아니요'

이다. 이 분야에서 최고 권위의 사상가 중 한 사람인, 대니얼 데넷(Daniel Dennet)은 '과학 이외의 체계적인 의식'을 주장했다(Cohen & Dennett, 2011, p. 363). 아무리 대담한 신경과학자라도 의식에 대한 설명에는 신중한 경향이 있다(Laureys & Tononi, 2011). 그들은 뇌의 많은 영역이 의식에 관여하리라 추정하며(Damasio et al., 2009), 많은 사람이 대뇌피질(대뇌겉질, cerebral cortex)에서 주의를 활성화하는 후뇌(hindbrain)와 중뇌(중간뇌, midbrain)에서 망상체(그물체, reticular formation)의 중요성을 강조한다(Damasio et al., 2009). 다른 연구들은 소위 '거울뉴런(mirror-neurons)'을 통하여 우리가 자신의 처리 과정을 확인할 수 있다고 한다(Stamenov & Gallese, 2002). 이 연구들은 의식이 우리가 행동하고, 느끼고, 생각하는 것에 대해 인식하고 성찰하게 하는 주의처리(attentional process) 기능을 함을 암시한다.

개념 요약 **의식. 기억, 걱정, 순간의 삶**

여러분이 걱정할 때 도움을 주는 친구들은 '네가 이 순간을 더 열심히 살아가는 법을 배워야 할 텐데' 하며 멋들어진 말을 한다. 그러나 말하기는 쉽지만 실천하기는 어렵다. 사실 그것은 인간 본성에서 벗어난다. 인간의 의식은 과거를 반복하고 미래를 걱정한다. 수렵채집가로서 우리는 과거 경험에서 배운 것을 기억하고 그 교훈에서 미래의 행동을 학습하여 생존 가능성을 높일 필요가 있었다. 운 좋게도, 우리는 놀라운 기억을 가지고 있다. 의식적으로 회상하고 재경험하고 미래를 상상하기 위해 기억을 사용하는 놀라운 능력을 갖추었다. 이를 통하여 우리는 적응하고 생존하며 삶을 이해할 수 있게 된다. 의식이 높고 기억력이 좋은 인간은 그렇지 못한 인간보다 더 많은 수가 생존했을 것이다. 걱정하는 경향인 인간의 생존율은 '단지 순간을 살아간' 인간의 생존율을 능가하는 것도 사실일 것이다. 가장 들어맞는 유형으로 완전히 순간을 사는 것은 치매의 공포가 존재한다. 기억이 방금 일어난 것을 등록하길 멈춘 순간, 삶은 오히려 무의미해진다.

1.1. 의식의 수준

일반적으로 우리는 돌과 같은 무생물체를 의식을 갖지 않는 것으로 여긴다. 또한 식물에서 어떤 수준의 의식도 가정하지 않는다. 많은 동물, 특히 포유류의 경우, 의식이 있는 것은 분명하지만, 이 의식 능력은 인간과 같은가? 그렇지는 않을 것이다. 데넷은 우리의 행동이나 사고의 의도 정도에 따라 의식을 네 가지 수준(four levels of consciousness; 표 5.1)으로 구분하였다(Dennett, 1993). 1수준인 포유류와 유사하며 가장 낮은 수준에서, 인간은 나중에는 의식하게 될 수도 있지만 그 순간엔 의식하지 않고 일어나는 반사 현상(예: 무릎 반사, 눈 깜빡임, 갑작스러운 공포)을 보인다. 2수준에서 우리는 성취해야 할 목표를 알고 있다(배고프고, 목마르고, 지루하다). 3수준에서는 목표에 도달할 수 있는 수단도 알고 있다(배고파서 무엇을 먹고 싶은지 생각하고 냉장고로 가는 길이다). 이 수준까지는 많은 동물과 우리가 일치할 것이다. 그러나 우리가 자신을 성찰하고 다른 사람이 사건을 어떻게 인식하는지 의식하는 가장 높은 수준은 4수준으로 동물은 일반적으로 도달하지 못할 수도 있다(다른 사람들은 내가 한밤중에 냉장고 안을 뒤진 것을 들었을 때 나를 어떻게 생각할 것인가?). 이것은 자신을 관찰하고 다른 사람의 의도와 마음 상태를 상상하는 것이 필요하다. 돌봄 제공자는 높은 수준의 돌봄을 제공하기 위해 이 수준에서 처치할 수 있는 능력이 필수적으로 필요하다. 돌봄 제공자는 성찰하고, 대상자의 입장에 서서 그들의 감정과 생각, 행동을 이해할 수 있어야 한다. 이를 통해 대상자는 안녕과 존엄을 유지할 수 있다(Walsh & Kowanko, 2002). 마찬가지로 돌봄 제공자도 자신의 동기와 감정, 생각, 행동을 의식할 필요가 있다. 이렇게 본다면 돌봄 제공자가 의식이 높고 성찰하는 실무자가 되는 것은 필수인 것 같다(제6장과 제10장의 마음챙김 명상을 볼 것)(Langer & Moldoveanu, 2000).

그림 5.1 관점 채택(perspective-taking)의 예시

출처: Rosa Maria Bottino, Andrea Canessa, Michela Ott, and Mauro Tavella (2014). *SMART VIEW: A Serious Game Supporting Spatial Orientation of Subjects with Cognitive Impairments*. *International Conference on Universal Access in Human–Computer Interaction UAHCI 2014: Universal Access in Human–Computer Interaction. Universal Access to Information and Knowledge*, pp. 489-500.

1.2. 의식과 '카메라'(MacLennan, 1996; Jaynes, 2000)

글을 읽고 있을 때, 당신의 주의와 인식, 의식은 읽고 있는 단어와 단어가 쓰인 페이지에 있다. 책을 읽는 동안에는 읽고 있는 것에 대한 사고를 인식

표 5.1 의식의 수준

의식 수준	사례
1. 반사(의식하지 않음)	• 당신은 흉한 상처를 보았을 때 흠칫 놀란다. • 큰 소리를 들었을 때 깜짝 놀란다. • 재미있는 일이 생기면 웃는다. • 거의 넘어지려는 대상자를 돕기 위해 뛴다.
2. 욕구, 욕동, 목표(낮은 의식)	• 당신은 배고프고, 목마르거나 숙면을 취하고 싶은 욕구, 기분을 호전시키는 어떤 것을 자각한다. • 당신은 도움이 필요한 대상자를 인식한다.
3. 전략(중간 정도 의식)	• 대상자의 매일 약물 용량을 산출한다. • 돌봄 계획을 개발한다. • 대상자의 고체온을 감소시키기 위한 처치를 결정한다. • 잘 들어주고 공감한다.
4. 성찰, 타인의 관점 채택 (perspective-taking) (높은 수준의 의식)	• 대상자에게 돌봄을 제공하고 이에 대해 성찰한다. • 대상자에게 성공하지 못한 치료인 '나쁜 소식'을 어떻게 전달할지 심사숙고한다.

하게 된다. 바깥세상에서 책에 초점을 맞추고 머릿속에서 그 내용을 이해하도록 옮겨 가는 카메라가 있는 것 같다. 우리는 매우 빠르게 왔다 갔다 하므로 외부와 내부 요소를 동시에 신경 쓰는 것처럼 보인다. 당신이 생각에 잠겼는데 갑자기 바깥에서 긴급한 사건이 일어나서 당신의 모든 관심이 필요할 경우 그 변화를 가장 잘 느낄 수 있다. 반대로, 중요한 생각이 갑자기 머리에 떠오를 수 있고 그것이 외부 세계로부터 당신의 주의를 끌 수도 있다. 재미있게도, 이런 왔다 갔다 하는 전환이 '다중 처리(multi-tasking)' 중에 일어날 때, 우리는 항상 자신이 활동을 방해한다는 것을 느끼지 못한다. 다음 절에서 보겠지만 인식의 초점 전환은 카메라의 비유가 시사하는 것만큼 절대적이지 않을 수도 있다.

시나리오: 의식과 주의 분산

Sue 씨가 치료 계획에 대해 환자와 이야기하고 있다. 그녀가 듣고 있는 동안, 몇 가지 진단 및 치료와 관련된 생각이 형성된다. 이러한 생각들을 왔다 갔다 하며 환자에게 직접적인 주의를 기울였다. 그것은 노력과 집중을 해야 하지만, 그녀는 이 상황에서 두 가지 유형의 인식이 필요하다는 것을 깨달았다. 그 와중에 그녀는 어제인 어머니의 생일을 잊었다는 것을 갑자기 깨달았다. Sue 씨는 건망증으로 속상해서 환자에 대해 집중할 수 없었다. 그녀가 어떻게 하면 집중력을 회복할 수 있을까?

이 장의 끝에 예시 답안이 제공된다.

1.3. 무의식

의식을 이해하는 데 필수적인 것은, 우리가 모든 활동을 지속적으로 인지하지는 못하며 의식이 제한된다는 것이다. 사실, 인지처리의 상당 부분은 의식을 완전히 벗어나거나 낮은 수준에서 일어난다. '무의식(unconscious)' 중 일부는 소화 활동, 내부 근육의 협응, 심장과 혈액순환을 유지하는 데 필요한 과정 등과 같이 순수하게 육체적인 것이다. 우리는 이러한 기능을 의식하지 못함으로써 기능의 혼란을 막을 수 있다. 학습할 때 복잡한 활동들을 인식해야 하지만 일단 익숙해지면 이러한 행동도 자동화된다. 이 시점에서 우리는 더 이상 어떻게 그것을 수행하는지 의식하지 않는다. 일단 학습이 잘된다면 운전 과정을 의식하지 않고, 동료와 이야기를 나누면서 차를 운전할 수 있는 것과 같다.

프로이트(Freud, 1922)는 무의식에 대한 이해가 실제 마음을 이해하는 데, 특히 정신건강에 어려움을 겪고 있을 때는 필수적이라고 생각했다. 그는 우리가 내면의 갈등과 충족되지 않는 강한 충동, 또는 더 이상 그 내용을 인식하지 못하는 외상 경험(traumatic experiences)에 대한 기억을 '억

시나리오: 의식과 경험

Sam은 숙련된 간호사로서 환자와 대화하면서 혈압을 측정한다. 이것은 매우 이해가 되는 상황이다. 물론 대화를 의식하지 않고 할 수는 없지만, 혈압 측정과 관련된 신체 활동의 상당 부분은 자동화되어 모든 단계를 의식하지 않고 수행할 수 있게 되었다. Sam에게 이에 관해 물어보면 그는 수년간 경험의 산물이라고 말한다. '그래도 속지 마라, 내가 당면한 일에만 몰두하는 순간이 있고, 내가 읽는 것이 정확하다고 확신할 때만 대화로 돌아갈 것이다. 또한 환자의 말에 대해 깊게 생각해야 할 때, 내가 하던 일을 멈춰야 한다.' 경험이 많지 않지만 어떻게 하면 Sam을 흉내 낼 수 있을까?

이 장의 끝에 예시 답안이 제공된다.

압'하는 경향이 있다고 하였다. 억압(repression)은 그러한 요소들을 의식으로부터 숨기거나 접근할 수 없게 만드는 무의식적 기전이다. 그들은 꿈이나 자동 연상(automatic associations), 말실수 속에서만 표현을 찾을 수 있을 것이다(Freud & Brill, 1916). 현대의 문헌들은 이와 비슷한 것을 **해리(dissociation)**라고 명명하여 강조한다. 해리 또는 무감각(numbing)은 우리의 경험으로부터 정서적 측면을 분리하는 것으로 가장 흔하게 묘사되는데, 이는 외상 경험 동안 매우 심한 공포를 경험한 후에 발생할 수 있다(Van der Kolk & McFarlane, 2012; Van der Kolk et al., 1996). 주로 **편도체(amygdala)**인 정서센터가 외상사건의 시련으로 압도되고, 둔감해지며, 이후 격한 정서를 나타내지 못하게 된다. 이것은 생명을 위협하는 사건에서 도움이 되기 때문에 본질적으로 보호 적응적인 신경학적 현상이다. 그러나 정상 생활이 다시 시작된 후에도 해리가 지속하면 매우 쇠약해질 수 있다. 정서를 느끼지 못하면 우리는 원활하게 기능할 수 없게 된다. 올바른 선택이 무엇인지를 더 이상 '느낄(feel)' 수 없기 때문에 다른 사람들과 관계를 맺고 결정하는 것이 어렵게 된다. 해리로 고통스러울 때, 삶은 음식을 맛보지 않고 먹는 것과 같이 매우 싱겁고 무의미해질 수 있다. 사람들은 '삶에 대한 욕구'를 잃게 된다.

1.4. 무의식 대상자

교통사고, 심장마비, 뇌졸중, 중독, 화학물질 부족 등으로 지남력 상실, 둔감함, 기면, 혼미, 혼수와 같은 의식 저하 상태의 대상자를 만날 것이다(그림 5.2). 때때로 무의식은 환자를 보호하기 위해 의료진에 의해 유도될 수도 있다. 많은 수술에서 전신마취가 필요하며, 이는 수술에 대한 의식적인 경험을 방지하기 위한 목적으로 뇌의 활동을 감소시킨다. 의식 상태는 수술 전, 수술 중에 면밀하게 모니터링된다. 따라서 대부분 환자는 수술 후에 깨어나서, 수술 중 경험한 일과 마취하지 않았다면 참아야 했을 통증을 기억하지 못한다. 드물게(수술의 0.1~1%) 수술 중 환자가 깨어나는 경우가 있는데, 이는 정신적 외상이 될 수 있다(Akkerman & Knape, 2014). 전반적

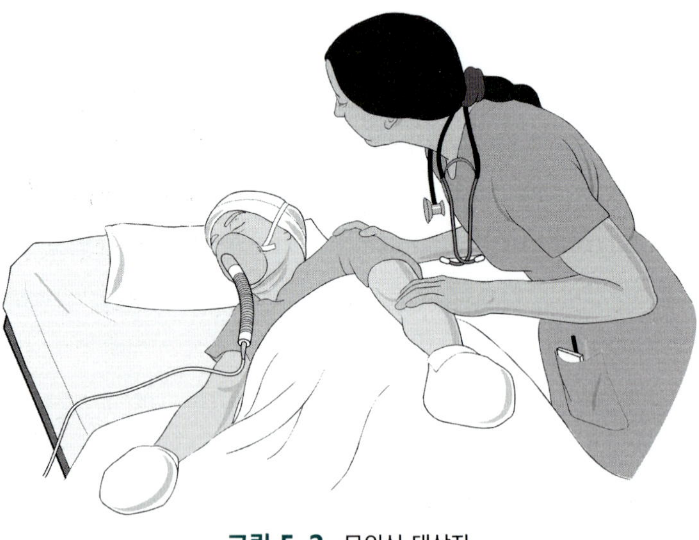

그림 5.2 무의식 대상자

으로 환자들은 수술 후 통증이나 수술 후에 깨어나지 않을 가능성 때문에 전신마취를 두려워하는 경향이 있다(Mavridou et al., 2013). 자의로 의식을 포기하려면 환자 측의 신뢰가 필요하며, 간호사는 이러한 신뢰를 심어주는 데 중요한 역할을 한다.

활동 5-1 ●●● 비판적 사고

다음의 상황에서 사람들은 어떤 식으로 의식하는가(혹은 의식하지 않는가)?(표 5.1 참조)

동시에 여러 업무를 처리하는 돌봄 제공자	
전신마취된 대상자	
급하게 일상 업무를 수행하는 돌봄 제공자	
돌봄 제공자와 소통이 안 되거나 반응이 없는 심각한 지적 장애(profound intellectual disability)를 가진 사람	
혼수상태인 남성	
감금 증후군(locked-in syndrome)이 있는 여성	
명상하거나 기도하는 사람들	
댄스파티에서 향정신성 약물을 복용한 소녀	
출생 직전과 직후의 신생아	
중증 치매에 걸린 노인	

이 장의 끝에 예시 답안이 제공된다.

1.5. 의식의 변화

의식을 잃는 것을 두려워할 수도 있지만, 의식을 바꾸는 것은 인류 역사에서 중요한 관심거리였다. 발효법에 대한 지식, 즉 알코올음료를 제조할 수 있는 능력은 수천 년 전으로 거슬러 올라간다. 축제에 관한 자료에는 선사 시대 참가자들이 탈 억제를 위해 술을 마셨다는 기록이 있다. 흡연(담배, 대마초, 아편)이나 향정신성 물질(버섯)을 먹는 것 또한 오랜 역사를 가지고 있고, 이는 의례나 무속 활동과 결합되어 있는 경우가 많다. 대부분의 주요 종교 서적에는 종교나 영적 체험에서 단식이나 잠을 자지 않는 명상, 감각 박탈(동굴이나 사막으로 들어가기)을 이용하여 환희나 환각 상태로 유도하여 의식을 변화시킨 것에 대한 기록이 있다. 그러한 경험은 큰 의미가 있었다. 오늘날까지 장기간의 기도와 명상 시간은 영적 부분에서 의식을 확장시키는 중요한 부분으로 여겨지고 있다.

1.5.1. 건강관리상의 의식 변화와 변화하는 의식

우리는 알코올과 담배, 헤로인, 코카인 그리고 기타 기분 전환 약물의 오용과 과도한 정신 변화 물질의 사용이 개인에게 미치는 영향을 접하게 된다. 마취제와 진통제, 수면제, 그리고 대상자의 의식을 변화시키는 다양한 물질의 직접 효능과 부작용을 보게 된다. 뇌에 영향을 미치는 약인 정신활성제와 더불어, 신경 연결을 강화하는 **각성제**(stimulants)와 연결성을 감소시키는 **억제제**(depressants)는 구별된다. 특히, 각성제는 세상과 자신을 인식하는 방식에 극적인 변화를 가져 올 수도 있다. 이 물질 중 상당수는 매우 위험하고 심지어 사망할 수도 있다. 이로 인해 가능한 비약물적 중재를 사용하는 것이 점차 보편화되고 있다. 특히 수면을 유도하거나 통증과 불안감을 감소시키기 위해(제9장 참조) 이완과 기분전환기법, 요가, 명상 등의 방법이 이용된다. 이 방법들은 교감신경 활성화(sympathetic activation)를 억제하거나 의식 변화를 상당히 감소시킬 수 있다. 그리고 완화의료에서도 역할을 할 수 있다. 최면술은 통증이나 불안에 대한 집중을 줄이고 긴장을 완화하는 도구로 사용될 수 있다. 의료 분야에서 최면은 행동을 바꾸고 싶지만 의지력이 부족하다고 생각하는 사람에게 최면술사의 암시를 따르게 하는 것이다.

대상자들의 의식을 향상시키고 새로운 에너지를 불어넣어야 할 필요가 있다. 장기 입원과 만성질환, 특히 노인 요양은 활동적이고 혼자 할 수 있는 사람을 수동적이고 의존적이며 무기력한 환자로 바꿀 수 있다. 이런 식으로 변화된 사람들에 대한 재활은 돌봄 제공자에게 중요한 업무이다. 책임과 선택, 의사소통, 유산소 운동 및 도전적인 활동으로의 복귀는 더 높은 수준의 기능과 의식 수준을 가져 올 가능성이 가장 높다(Rodin & Langer, 1977).

사례 연구: 무기력의 극복

Mary는 72세로 심근경색(MI)으로 순환기집중치료실(CCU)에 입원했다. 몇 주 뒤 담당 간호사는 약물 관리와 가정으로의 퇴원에 대해 논의하고 있다. 그녀의 예후는 매우 좋다. 실제로, 활동의 점진적인 회복은 그녀의 독립성과 삶의 질 향상을 가능하게 할 것이다. 그러나 불행하게도 Mary는 지남력이 다소 떨어졌고 몇 주 동안 활동을 하지 않아 많은 영향을 받았다. 게다가 그녀는 앞으로 병원 내에서 현재의 장애와 일시적인 휠체어 사용을 받아들인 것 같다. 간호사는 이 문제를 해결하기 위해 무엇을 할 수 있을까?

이 장의 끝에 예시 답안이 제공된다.

2. 수면

돌봄 제공자들은 잠자는 사람 주변에서 많은 시간을 보낼 것이다. 그래서 수면이 어떻게 작용하는지 이해하는 것은 중요하다. 잠자는 것은 의식이 없는 것과 같지는 않다. 우리는 이것을 오래전부터 알고 있었다. 왜냐하면 수면 중 꿈을 꾸고, 수면 중이나 깨어났을 때 꿈을 인식하는 경향이 있기 때문이다. 최근 뇌파(EEG) 연구 결과, 수면 시 신경 활동은 깨어 있을 때와는 다르며, 일상적인 야간 수면 중에 상당히 변화한다는 사실이 밝혀졌다(그림 5.3). 수면에 대한 많은 연구가 수면 연구소에서 이루어졌다(Edinger et al., 2004). 참가자들은 연구실 내에서의 수면에 동의했으며 뇌의 신경 활동을 측정하는 뇌파 기구를 부착하였다. 우리가 연구를 통해 배운 것은 일상적인 밤 동안 수면의 여러 유형(그림 5.3)이 왔다 갔다 한다는 것이다. 더 얕은 수면에서 깊은 수면까지, 그것은 뚜렷하게 다른 뇌파의 패턴으로 확인할 수 있다. 얕은 수면은 또한 **빠른 안구운동(Rapid Eye Movements, REM)**이 일어나고 참가자가 깨어났을 때 꿈의 대부분이 보고되는 수면 유형으로 확인되었다. 가장 깊은 수면은 발생 빈도가 낮으며, 주로 호흡과 심장 박동, 신진대사와 관련된 활동을 암시하는 신경 뇌파가 나타난다. 렘(REM)수면과 깊은 수면 사이에는 몇 가지 과도기적 단계가 있는데, 뇌파 결과로 확인할 수 있다(1~3단계). 가장 깊은 수면(4단계)은 대부분 밤의 전반부에 발생하는 경향이 있다. 렘수면은 처음 4시간 동안은 짧은 시간 동안 존재하지만, 밤 후반부에는 더 많이 발생한다. 렘수면 중에는 거의 움직임이 없어지지만, 다른 단계에서는 침대에서 움직일 수도 있다. 깊은 수면은 신체적인 회복에 도움이 되는 반면, 렘수면은 정신적 피로와 스트레스로부터의 회복을 다룬다고 생각된다. 이것은 우리가 4시간 수면 후에 육체적 휴식을 느끼지만, 정신적으로는 휴식하지 못했다고 느끼는 이유를 설명해준다. 깊은 수면과 더불어 렘수면이 분명히 필요하며, 충분히 잠을 자지 못하는 경우에는 깨어 있는 동안 꿈처럼 느껴지거나 환각을 경험하기도 한다. 깊은 수면을 자는 대상자들을 깨우면 렘수면에 있을 때보다 더 혼란스러워할 수 있다.

수면 패턴은 평생 진화한다. 아기들은 낮에 여러 번 잠을 잔다. 아동은 밤새 자는 것 외에 오후 낮잠을 필요로 하지만 청소년들은 9시간 정도 자는 경향이 있다. 영국의 성인들은 평균적으로 7시간 이상 잔다(Bin et al.,

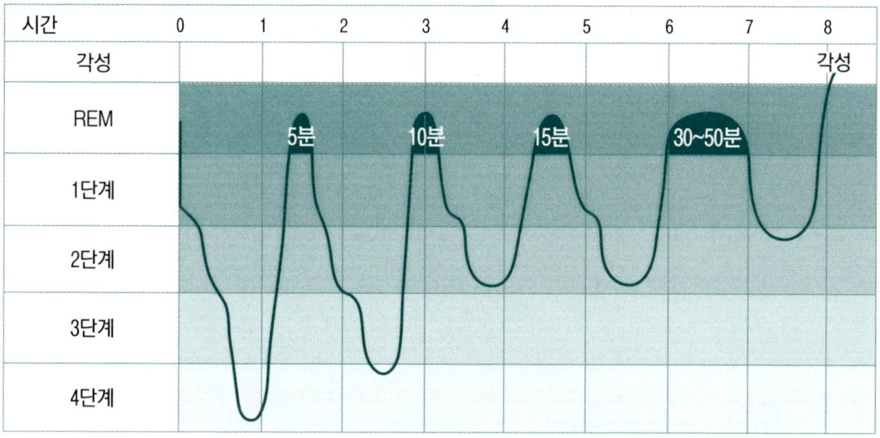

그림 5.3 성인의 평균 수면 패턴

2012). 성인 후반기에 수면은 뇌의 멜라토닌(melatonin) 수치가 낮아져 잠들기가 어렵거나 잦은 수면 중단(disruptions of sleep)으로 이어질 수 있다. 활기차고 육체적 · 정신적으로 건강하기 위해서는 좋은 수면이 필수

연구 요약

- 병원에서 수면장애(sleep disturbances)는 특히 수술(Orr & Stahl, 1977)이나 외상성 뇌손상(traumatic brain injury; Ponsford et al., 2013) 후에 흔히 발생한다(Bernhofer et al., 2014). 노인병원에서의 수면장애(야간 불면증, 주간 졸음, 수면도입 지연) 연구에서는 2년 후 후속 조사 때 사망률이 유의하게 더 높은 것으로 예측되었다(Manabe et al., 2000).
- 야간 교대 및 장시간 근무는 간호사의 수면에 영향을 미칠 수 있으며, 이는 피로를 유발하고, 직장 내 사고와 실수가 일어나는 데 있어 중요한 위험 요인이다(Smith-Miller et al., 2014). 그러나 12시간 교대근무의 영향에 대한 최근 조사 보고서에서는 교대의 길이가 결과에 영향을 미친다는 증거를 제시하지는 못했다(Harris et al., 2015). 간호사의 수면 패턴에서 최대한 규칙성을 유지하는 것은 수면의 질을 유지하고 불면증과 주간 피로를 예방한다(Chou et al., 2015).

적이라고 해도 과언이 아니다. 수면 패턴은 악몽(nightmares)과 몽유병(sleepwalking), 잠꼬대(sleep talking), 야경증(night terrors), 수면무호흡(sleep apnea), 코골이(snoring)로 인해 방해를 받을 수 있다. 일부 약물과 알코올은 특히 렘수면을 억제한다. 수면제는 환자가 잠을 잘 수 없을 때 일시적인 해결책이 될 수는 있지만, 장기적으로 보면 수면 패턴을 훨씬 더 방해할 수 있기 때문에 주의해서 복용해야 한다.

2.1. 꿈

심리학자들 사이에서는 꿈을 꾸는 이유에 대해 논쟁이 끊이지 않았다. 어떤 이들은 문제 해결을 꿈꾼다고 말했고(Cartwright, 1974) 다른 이들은 소원을 이루는 방법으로 꿈을 강조한다(Freud, 2010. 1899년 초판). 꿈에서 상징성과 숨겨진 의미에 대해 많이 설명되었지만, 오늘날 많은 연구자는 꿈이 단지 무의미하게 엮인 심상(imagery)일 수도 있고, 무의미한 두뇌 활성화에 의해 촉발된 것일 수도 있다고 주장한다(McCarley & Hobson, 1979).

시나리오: 잘 잤나요?

Consuela가 아침에 대상자들에게 "잘 잤나요?"라고 물을 때, 그녀는 잠재적으로 대화를 나누는 것 이상의 일을 하고 있다. 웰빙 지표로서 전반적인 수면 만족도에 대한 정보를 얻는다. 또한, 충분한 숙면과 렘수면이 이루어졌는지에 대한 생각을 가질 수 있다. 대상자들이 악몽을 보고하는 경우 더 많이 알고자 조사한다. 악몽은 문제를 재발시키고 외상이나 두려움을 유발하는 심상이 발생하기 때문에 스트레스 반응을 나타내는 지표일 수 있다. Consuela는 또한 대상자의 수면이 약물과 낮잠에 의해 영향을 받을 수 있는지를 확인한다. 일반적으로 대상자의 수면을 최적화하기 위해 무엇을 할 수 있는가?

이 장의 끝에 예시 답안이 제공된다.

이것은 꿈이 목적이 없다는 것을 의미하지는 않는다. 예를 들어, 외상 피해자들이 전에 경험한 외상 사건을 재경험하는 악몽을 자주 꾸는 이유는 무엇인가(Littlewood et al., 2015)?

3. 기억

의식에서 기억으로 가는 것은 서로 얽혀서 작용하기 때문에 거대한 단계는 아니다. 기억이 없으면 과거를 의식할 수 없고, 의식은 새로운 경험을 기억하는 데 도움을 준다. 기억은 중요하므로 우리는 좋은 기억력을 가지고 있으면 축복받았다고 여긴다. 의식과 마찬가지로, 우리가 기억에 대해 알지 못하는 것은 많으며 우리가 아는 것은 꽤 최근에 학습한 것이다.

3.1. 기억과 뇌

어떤 경험과 연관된 사건과 신경회로가 나중에 그것을 회상할 때 어떻게든 관련된다는 것은 당연하다. 무언가를 경험할 때, 뉴런은 정보처리를 위해 뇌의 다른 부분으로 메시지를 보낸다. 활동전위(action potentials)와 하나의 뉴런에서 다른 뉴런으로의 시냅스 전달(synaptic transmission)이 이 과정에 관여한다. 신경활성화패턴은 어떻게든 그 사건을 표현한다. 시냅스의 화학적 · 구조적 변화와 새로운 수상돌기(dendrites)의 성장으로 전달 패턴의 **공고화(consolidation)**가 일어나며, 회상하는 동안 이러한 패턴의 반복이 가능해진다. 이 과정은 뇌 전체에서 발생하지만, 해마 영역(하피질, sub-cortical)이 사건에 대한 통합적 회상만큼이나 공고화 과정을 만들어 내는 데 특별한 역할을 한다. 또한, 공고화는 시냅스의 신경 반응에서 장기 강화(Long-Term Potentiation, LTP) 또는 장기적 증가를 지칭한다(Ward,

2010). 이 중 일부는 뉴런에서 빠르고 직접적으로 발생할 수 있지만, 해마(hippocampus)가 관여하는 다른 종류의 공고화는 더 느리게 발생한다. 기억은 공고화될수록 자발적으로 회상할 수 있는 가능성이 더 커질 것이다. 공고화 없이는 인식(recognition)만 가능할 수 있다.

3.2. 통합기억모형

우리가 기억에 대한 신경과학의 경험적 지식을 가지기 전에, 기억이 어떻게 작용하는지에 대한 주된 관점을 설명하고 조직하려는 이론적인 노력이 있었다. 중다기억모형(multi-store or modal model; Atkinson & Shiffrin, 1968)은 여전히 기억에 대해 거의 정확하게 설명하는 것으로 여겨진다. 그림 5.4는 모형을 통합한 배들리(Baddelley, 2000)의 연구를 근거로 작업기억을 새롭게 개념화하였으며, 기억이 작동하는 방식을 현대적으로 묘사하

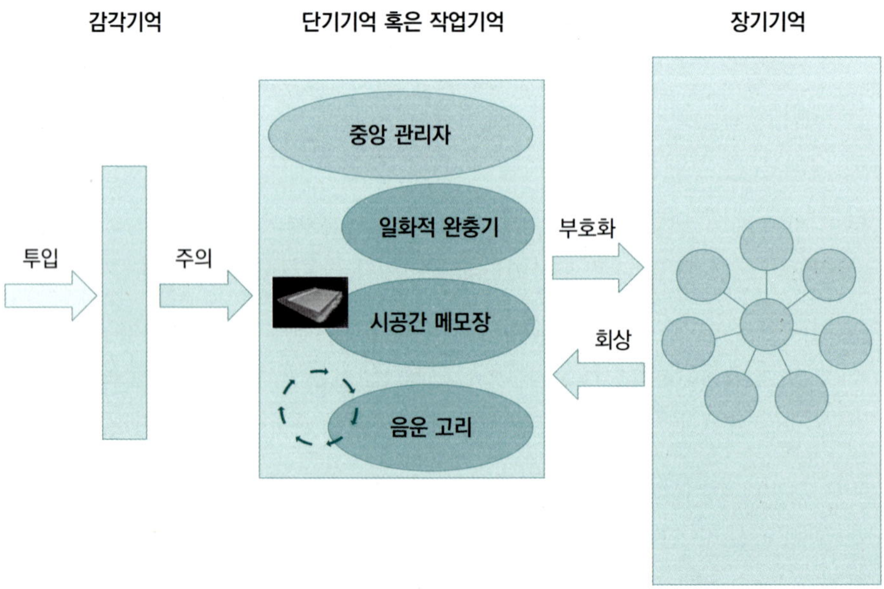

그림 5.4 통합기억모형

고 있다. 이 모형은 기억 처리의 개요를 설명한다. 서로 다른 상자는 조정된 활동을 제안하지만, 이러한 활동은 의식과 마찬가지로 뇌의 어느 한 부위에서만 일어나지 않는다는 것을 기억해야 한다(Miyake et al., 2000).

먼저, 모든 입력 정보는 **감각 기억**(sensory memory)에서 처리된다. 이것은 뇌에서 통일된 추가 처리를 가능하도록 1초 남짓한 시간 동안 감각 정보를 유지하는 그물망(network)이다. 이는 자율적으로 작동하기 때문에 사실상 통제할 수 없다.

3.2.1. 단기기억 혹은 작업기억

주의를 기울이면 정보는 **단기기억**(short-term memory, STM) 혹은 **작업기억**(working memory)으로 옮겨지게 될 것이다. 단기기억은 정보를 반복하지 않고도 몇 초에서 약 1분 동안 보유하고 회상할 수 있는 제한된 용량의 통합 시설을 가진다. 밀러(Miller, 1956)가 단기기억의 용량을 처음 연구하였는데, 그는 인간의 단기기억은 평균적으로 한 번에 약 7±2개의 다른 항목을 가질 수 있다고 제안했다. 새로운 정보가 들어오면, 앞서 입력된 항목을 대체할 수 있다. 소리나 시각적 이미지의 정보가 이에 해당한다. 예를 들어, 누군가 당신에게 전화번호를 부를 때 당신은 단기기억의 크기를 인식하게 된다. 보통 7자리에서 9자리 숫자를 넘어가면 마지막 숫자에 대한 기억은 유지되지 않거나 첫 번째 숫자가 다른 숫자로 대체된다는 것을 깨닫게 된다. 우리는 그 숫자를 반복해서 되뇌이며 더 많은 숫자를 보유할 수 있게 된다.

앨런 배들리(Alan Baddeley)는 단기기억이 기존의 기억을 회상하는 데도 사용된다는 점을 강조하기 위해 '작업기억'이라는 용어를 사용했다. 작업기억은 소리에 대한 이른바 '음운 고리(phonological loop)'와 시각 및 공간 정보에 대한 '시공간 메모장(visuospatial sketchpad)'으로 구성되어 있다(Baddelley & Hitch, 1974). 게다가 그는 관심을 결합하고 채널을 조정하여 이미 알고 있는 정보와 새로운 정보를 비교하는 능동적 체계를 제안하였다. 그는 이를 '중앙 관리자(central executive)'라고 명명하였다. 중앙 관리자의 원리는 의식 또는 사고과정(thinking process)이라고 여기는 것과 아주 밀접하게 관련되는 것 같다. 최근, 배들리는 소리와 시각 정보에 대한 기억상실증(amnesia)을 가진 사람들이 여전히 이야기의 줄거리나 일련의 사건들을 회상할 수 있다는 연구 결과를 근거로 이 모형에 '일화적 완충기(episodic buffer)'를 추가했다(Baddelley, 2000). 작업기억의 크기가 제한됨으로써 우리의 사고와 의식도 한계를 가지게 된다. 그러나 작업기억에 통합된 4개의 모듈을 능동적으로 사용하면 작업기억을 보다 효율적으로 사용할 수 있다.

활동 5-2 ●●● 비판적 사고

단기기억 또는 작업기억을 어떻게 최적화할 수 있는가?

주간노인센터에서 식이 교육을 하고 있다. 메모장 없이 세부 사항을 기억하고 싶을 것이다. 온라인으로 배들리의 작업기억 과정 세부 항목 네 가지를 보고, 이를 보다 효과적으로 사용하는 방법에 관해 설명해 보라.

- 중앙 관리자(central executive)
- 음운 고리(phonological loop)
- 시공간 메모장(visuospatial sketchpad)
- 일화적 완충기(episodic buffer)

이 장의 끝에 예시 답안이 제공된다.

3.2.2. 장기기억

앞에서 제시한 공고화 과정은 **장기기억**(long-term memory, LTM)에서 부호화의 기초가 된다. 물론, 장기기억의 정보를 재활성화하기 위해서, 즉,

회상하려면 회상을 쉽게 하는 방법으로 **부호화**(encoding)가 필수적으로 이루어져야 한다. 일반적으로, 새로운 정보를 기존의 지식과 연결하고, 유사한 정보와 연관 짓고, 정보를 저장하는데 둘 이상의 매체를 사용하여 정보에 접근할 경우 그 정보를 회상하거나 인식할 가능성이 더 높아질 것이다. 마인드맵(mind-map) 생성은 저장과 회상 모두에 도움이 되는 정보의 구조화를 용이하게 한다. 장기기억의 식별은 일반적으로 분리된 정보 유형 간에 이루어지며, 이러한 정보는 별도의 처리 과정의 일부로서 저장될 수도 저장되지 않을 수도 있다.

외현기억(explicit memory)이나 서술 기억(declarative memory)은 의식적으로 알고 있는 것을 포함한다. 외현기억 속에는 세 가지 하위 체계가 있다. 먼저, '일화 기억(episodic memory)'은 사건과 순서, 이야기를 나타낸다(Tulving, 2002). 이것과 중복되는 '자서전적 기억(autobiographical memory)'은 인생을 살아가면서 일어났던 일을 포함한다. 오늘 일찍 일어났던 사건들을 기억할 수도 있지만, 몇 달이나 몇 년 전에 일어났던 일도 기억할 수 있을 것이다. 이러한 기억 중 상당수는 마음대로 회상할 수 없지만, 연상(association)이나 점화(prompting)를 통해 회상될 수 있다('첫 번째 심폐소생술을 시행했을 때를 기억하는가? 그때는 아직 학생일 때였다'). 자서전적 기억은 우리 삶에 대한 연속성을 제공한다. 일화 기억의 공고화가 아주 어렸을 때는 완벽하게 일어나지는 않는다. 따라서 신생아나 유아였을 때 무슨 일이 일어났는지에 대해 또렷하게 회상하지 못한다. 세 번째 하위 체계는 '의미 기억(semantic memory)'으로, 우리가 알고 이해하는 모든 것을 포함한다.

암묵기억(implicit memory)은 우리가 의식적으로 알지 못하는 것을 담고 있다. 암묵기억 내에서 자전거 타는 법과 그 밖의 절차에 대한 근육 기억과 협응 기억을 포함하는 '절차 기억(procedural memory)'은 구별된다. 또한 정서적으로 강렬한 기억을 저장하기 위해 활성화되는 '정서 기억

(emotional memory)'이 있으며, 이 기억은 자주 일화 기억과 함께 사용된다. 이러한 구별은 완전히 분리된 과정이나 신경모듈들이 관련되어 있다는 의미로 받아들여서는 안된다. 많은 경우 현실에서는 이러한 장기기억의 다양한 유형이 얽혀 있을 수 있다는 것이다. 경험하거나 배운 것을 완벽하게 재현하도록 기대해서는 안되지만, 더 많은 연상을 이용한다면 회상은 더 효과적일 것이다(유용한 웹 사이트의 참 기억 또는 거짓 기억 비디오 참조).

활동 5-3 ●●● 생각해 보기

처음 배치 받은 장소의 기억들

처음 배치 받은 장소와 관련된 장기기억의 각 유형 예시를 확인할 수 있는가?

장기기억의 유형		사례 적기
외현기억 혹은 서술 기억	일화 기억	
	자서전적 기억	
	의미 기억	
암묵기억	절차 기억	
	정서 기억	

이 장의 끝에 예시 답안이 제공된다.

3.3. 망각

첫째, 망각은 신경 손상(neural wear and tear)의 결과로 발생한다. 이 과정은 생애 후반기에 문제가 될 수 있다. 종종 이 문제는 정보가 사라진 것이 아니라 정보를 찾는 경로에 대한 접근성이 떨어진다는 것이다. 둘째, 뇌의 신경 연결은 '신경 가지치기(neural pruning)'의 과정을 거치게 된다(제

4장 참조). 이것은 우리가 덜 무관한 정보를 처리하기 때문에 더 빠르게 결정하고 더 빨리 행동하도록 하는 정상적인 과정이다. 일반적으로 여러 가지 방식(시각과 청각, 언어, 고유 감각 등)으로 부호화된 정보는 더 쉽게 접근할 수 있을 것이다. 또한 자주 인출되어 반복적으로 저장된 정보도 더 쉽게 접근할 수 있다. 게다가 특정 기억들은 생각하는 것만으로도 불쾌하거나 정신적 외상을 초래할 수 있기 때문에 억압될 수 있다.

공부를 할 때 부호화 과정 동안 간섭(interference)이 생길 수 있다는 것을 경험할 것이다. 새로운 학습은 바로 전에 다루었던 자료의 보존을 방해할 수 있다(역행 망각, retroactive forgetting). 아니면 그 반대가 일어날 수도 있으며 당신이 기억하려고 애쓰는 것이 새로운 내용을 유지하는 데 방해가 될 수도 있다(순행 망각, proactive forgetting). 이러한 과정들은 목표하는 학습성과에 도달하지 못하게 하며 이 밤을 책에 파묻혀 다소 실망스럽고 스트레스를 받으며 보내게 할 수 있다. 또한, 강의를 얼마나 잘 기억하는지에 영향을 미친다. 강의가 너무 빠르게 진행될 때 일반적으로 단기기억이 범람할 수 있고 부호화는 따라가기 어렵게 되므로, 장기기억에서 내용을 효과적으로 부호화하기 위해 생각하고 연합하기 위한 공간이 남지 않게 된다. 어떤 의미에서 우리가 생각하는 많은 것이 잊혀지고, 아마도 충분히 잘 부호화되지 않는다고 말하는 것이 옳을 것이다. 기억을 효과적으로 사용하는 것이 학습 순간에 가장 중요하다고 할 것이다. 적절한 주의를 기울이지 않으면, 특정 부분은 장기기억에서 부호화되지 않을 수 있다. 예를 들어, 새로운 환자를 만났을 때 악수하고 서로 이름을 밝히지만, 잠시 후 그 이름을 잊어버렸다는 것을 깨닫는다. 파티에서도 같은 일이 일어난다. 그것은 관심 부족의 증거라고 생각하기 때문에 좋아하지 않는다. 이런 일이 일어나는 이유와 이럴 때 우리가 할 수 있는 것들에 대한 이해를 증진시킬 수 있는 훈련 방법이 있다(활동 5-4).

활동 5-4 ••• 근거기반 실무 및 연구

이름 기억하기(15~25명으로 구성된 그룹에 가장 적합)

지시:

1. 학생마다 새로운 이름을 사용한다(아직 아무에게도 말하지 말고 종이에 적어 주머니에 넣는다).
2. 모든 학생이 일어나서 교실을 돌아다니며, 다른 모든 사람에게 새로운 이름을 말하며 악수한다.
3. 시험: 모든 학생에게 순서대로 일어나도록 하여 번호를 매기고, 학생들에게 다른 사람의 새로운 이름을 적도록 한다.
4. 학생들이 새로운 이름을 공개하도록 하고 정답이 가장 많은 학생을 확인한다.

논의:

- 정답이 가장 많은 학생이 이름을 기억하기 위해 한 것은 무엇인가?
- 전문가들이 말한 것을 생각해 본다(유용한 웹 사이트 참조).

이 장의 끝에 예시 답안이 제공된다.

3.4. 기억력과 기억력의 손상

제4장에서 살펴본 것처럼 기억이나 기억의 '정확도(fidelity)'는 나이가 들수록 감소한다(Benjamin, 2010). 그것은 일반적이고 점진적인 쇠퇴이다. 대부분 사람은 주의를 더 많이 기울이고 부호화에 더 큰 노력을 기울여 기억의 감소에 대해 보상하는 방법을 찾는다. 전반적으로, 그것은 불가피해 보이지만, 돌봄 제공자는 맥락적 정보(contextual information)와 단서(cues), 알리미(reminders)를 통해 노인 대상자를 도울 수 있다(May et al., 2005). 이런 종류의 지지는 치매 환자에게 도움이 될 수 있다. 보통, 의식이 영향을 받을 때 기억도 영향을 받는다. 대상자가 사고를 당했을 때, 특히 의식을 잃은 경우, 사건에 대한 기억이 제한되는 것은 드문 일이 아니다(Mayou et al., 2000; Murray et al., 2002). 그들은 자주 사고나 일어난 일의 일부를 기억하지 못한다. 마찬가지로 폭력 범죄의 피해자들은 종종 가해자의 특징을 기억하지 못하며, 특히 무기를 사용했다면 더 할 것이

다(Steblay, 1992). 전투 중인 병사들에 대한 연구는 기억 감소(memory loss)가 외상 반응의 일환이라는 명확한 증거를 제공했다(Van der Kolk & McFarlane, 2012). 우리의 타고난 기질은 빈칸을 채우려고 노력하는 것이다. 이 과정은 앞에 제시한 것처럼 어려움으로 가득 차 있다. 알코올로 인한 기억 감소 연구는 사건이 정확하게 재구성되지 않을 가능성이 높다는 것을 보여 주었다(Nash & Takarangi, 2011).

다른 관점에서 보면, 물론 수술처럼 기억하고 싶지 않은 것들이 있다. 드물지만, 전신마취가 암묵적 수준에서 기억 형성을 완전히 억제하지 못한 몇몇 사례들이 보고되었다(Schwender et al., 1994). 이것은 외상은 아니더라도 대상자에게는 혼란스러울 수 있다.

3.5. 거짓 기억

인간의 운명이 기억에 의존할 때, 기억을 믿을 수 있는지는 특히 중요하다. 불행하게도, 기억이 잘못된 요소나 본질적인 실수를 포함하기 쉽다는 많은 증거가 있다(Schacter, 1999; Loftus, 2005; Schacter & Addis, 2007). 때때로 기억은 완전히 잘못된 것으로 드러났다. 그럴 때 그 사람은 무슨 일이 일어났는지 정확하게 기억한다고 확신했고, 그 결과 사람들은 억울하게 감옥에 갔다(Loftus, 1996). 아동학대에 대해 지나치게 확신하는 진술과 아동심리사가 사용한 암시적인 면담기법(Loftus & Ketcham, 1996; London et al., 2005) 혹은 심리치료사들의 암시적인 반영 전략(Clancy et al., 2000)으로 인해 가족이 해체되었다. 병원에서 실수가 있을 때 무슨 일이 일어났는지, 누가 무엇을 했는지에 대해 동료들 간 논쟁이 발생한다. 기억은 유연하고 때로는 자기 보호를 위해 편향되며, 스트레스나 분노, 두려움, 사랑 혹은 다른 정서의 영향을 받는다. 그리고 우리가 기억을 일단 누군가에게 이야기하면, 이야기한 방식이 초기 사건에 대한 우리의 기억에 영향을 미칠 것이다.

개념 요약 기억력 향상법

다음의 방법으로 기억력을 향상시킬 수 있다.

1. 의식적으로 주의를 기울이고 주의 분산을 피하는 것이 단기기억에 도움이 된다.
2. 장기기억의 부호화 과정은 이따금 생각하는 것과 더불어 아무것도 하지 않는 잠깐의 휴식이 도움이 될 수 있다.
3. 학습할 정보를 관련 지식에 연결하고, 장기기억에서 여러 가지 부호화 방법을 사용하는 경우 자료를 재산출할 가능성이 더 커진다. 시각과 청각, 언어(쓰기 및 구어) 측면은 각각 뇌에서 자료 표상(representation)을 더하는 추가적인 채널을 사용한다.
4. 기억술을 사용하거나 메모 혹은 반복을 하거나 학습과 관련된 어떤 움직임(고유 감각처리)을 실행하는 등 적극적으로 행동한다. 이는 기억을 보유하는 데 훨씬 더 효과적일 것이다.
5. 학습 단계(부호화)에서 창의성과 노력은 시험(회상) 단계에서 보상받게 될 것이다.
6. 마인드맵을 사용하여 기억하고자 하는 자료에 의미 있는 연합조직을 만든다. 회상하는 동안 당신은 이것이 메뉴를 끌어내리는 기능을 한다는 것을 알게 될 것이다.
7. 학습 중 회상을 위해 알리미(reminders)를 준비한다(이것을 볼 때 → 기억하라).
8. 기억한 내용을 검토하거나 회상하고 사용할 때마다 자료를 다시 활성화하고 추가 버전으로 부호화한다. 이것은 마치 자신의 뇌에 말하는 것과 같다. '이건 아직 잊지 마, 사용하는 거야!'

3.6. 기억의 최적화

사건에 대한 기억의 강도는 의식적인 주의력과 부호화에 투입된 적극적인 노력, 창의성, 그 후 사건 검토의 정도, 회상과 이전 회상 사이의 경과된 시간, 그리고 다른 정보와의 간섭 회피(interference avoidance)에 기초한다고 보는 것이 필수적이다. 기억을 향상하기 위한 기술에 대해 더 많이 알고 싶다면 토니 부잔(Buzan, 2006)의 연구를 찾아보거나 신경 언어 프로그래밍(Neuro-linguistic Programming, NLP)을 조사하면 도움이 될 것이다

(Adler, 2002). 돌봄 제공자가 이용할 수 있는 구체적인 자료와 기억술(기억 보조 장치)도 많다(유용한 웹 사이트 참조). 이 장을 마치면서, 여러분이 상상하는 것을 돕고, 기억의 효과적인 사용에 대해 배운 것을 시험해 볼 수 있도록 활동 하나를 더 준비했다.

활동 5-5 ••• 비판적 사고

다음 예시에서 어떻게 기억을 최적화할 것인지 설명해 본다.

과제	주의와 초점	다중 방식에서 유효한 부호화	평가
예제: 컴퓨터로 새로운 인계법을 배운다.	화면 앞에 똑바로 앉는다. 모든 산만한 것을 치운다. 학습한 것처럼 자료를 연습한다.	내비게이션(고유 감각)을 직접 수행한다. 언어 및 시각적 지시를 강조한다. 모든 동작을 반복하고 주요 지시 사항을 기록한다.	기회가 되면, 새로운 시스템 사용법을 여러 번 연습한다.
1. 병동에 온 첫날 동료들의 이름을 기억하고 싶다.			
2. 새로운 제세동기가 도착했고 그 사용 지침을 받는다.			
3. 시험이나 시험을 준비하기 위해 제5장을 공부하고 있다.			

이 장의 끝에 예시 답안이 제공된다.

요약

- 의식은 집중과 노력이 필요하며, 계획과 의사 결정, 문제 해결 및 성찰에 필수이다.
- 의도적 활동의 정도에 따라 의식의 네 가지 수준을 확인했다.
- 대상자의 일상적인 대처 능력을 더 잘 이해하기 위해 수면 패턴(렘수면과 깊은 수면)을 의식하는 것이 중요하다.
- 의식과 기억 모두 지능적인 정보처리를 위한 주요 병목(bottleneck) 현상을 구성하는 명확한 제약조건을 가지고 있다. 우리는 한 번에 한정된 수의 것들에만 집중할 수 있다.
- 기억은 신뢰할 수 없고 부주의와 거짓 기억, 피로, 망각의 영향을 받기 쉽다.
- 기억을 더 효과적으로 사용하도록 하는 방법은 많이 있으며 이를 시험해 볼 가치가 있다(더 읽을거리 및 유용한 웹 사이트 참조).

활동: 예시 답안

시나리오: 의식과 주의 분산

Sue 씨는 다음 휴식 시간에 어머니에게 전화하기로 스스로 약속할 수 있다. 만약 이것이 도움이 되지 않는다면, 그녀는 빨리 전화해서 사과하고 위기를 모면할 수 있을 것이다. 이렇게 하면 그녀는 다시 집중할 수 있을 것이다.

시나리오: 의식과 경험

업무가 자동화되지 않으면 대화를 하는 동안 업무를 실행할 수 없다. 대화할 때 혈압측정을 중단하고, 대화를 중단할 때 업무를 재개해야 할 것이다. 이것을 대상자들에게 설명해도 괜찮다. 그들은 이해할 것이다.

활동 5-1

- 동시에 여러 업무를 처리: 자동화된 활동이 주의와 경쟁하는 3수준일 가능성이 가장 높음
- 전신마취: 의식 없음
- 일상 업무: 3 또는 4수준
- 심각한 지적 장애: 알 수 없음
- 혼수상태: 의식은 없지만, 항상 확실하지는 않음
- 감금 증후군: 모든 수준에서 가능한 의식

- 명상 또는 기도: 네 가지 의식 수준 중 하나가 아닌 대안적 의식 상태
- 향정신성 약물:네 가지 의식 수준 중 하나가 아닌 대안적 의식 상태
- 출생 전과 후: 1수준 또는 2수준일 수도 있지만 실제로 알려지지 않음
- 중증 치매: 네 가지 수준 모두일 수 있지만 많은 결함을 가지고 있을 수 있음

사례 연구: 무기력의 극복

간호사는 Mary가 자신을 위해 다시 활동하도록 해야 한다. 그녀는 높은 의식 수준을 요구하는 활동을 Mary에게 시도할 수 있다. 이 접근법이 성공하기 위해서는 단계별 접근법이 필수적일 수 있다.

시나리오: 잘 잤나요?

밤에 불면증이나 복원되지 않는 수면을 피하기 위해서는 수면 패턴의 규칙성을 회복하고 유지하는 것(수면위생)이 필수적이다. 돌봄 제공자가 일상적인 대화를 할 경우 소음을 최소한으로 하는 등 환경에서 소음을 줄이는 것이 중요하다. 가능한 경우 낮 동안의 신체적 · 정신적 활동은 야간수면을 개선할 수 있다. 수면 박탈(sleep deprivation)을 유발하는 약물을 모두 검토해 보아야 한다.

활동 5-2: 단기기억 또는 작업 기억의 최적화

- 중앙 관리자-받은 정보가 당신의 지식 그리고 경험과 어떻게 관련되는지 성찰한다.
- 음운 고리-중요한 이름과 용어를 반복해서 사용함으로써 적극적으로 사용될 수 있다.
- 시공간 메모장-현재 존재하는 사람들의 모습, 입고 있는 옷, 머무른 장소 등을 메모한다.
- 일화적 완충기-사건의 순서를 추적하고 이야기를 기억하려고 한다.

활동 5-3: 처음 배치 받은 장소의 기억들

예시는 개인적이고, 다양한 유형의 장기기억을 구별하는 데 도움이 될 것이다.

활동 5-4: 이름 기억하기

일반적으로 이름을 외우는 데 창의적인 노력을 기울이는 학생들이 더 효과적이었을 것이다.

활동 5-5

- 과제 1: 이름에 주의를 기울이도록 노력한다. 그것들을 반복하고, 적어 놓은 것을 보고, 이름을 말하고, 당신이 기회가 될 때마다 그 이름을 반복한다. 그것들을 적고 여러 번 복습한다.
- 과제 2: 가까이 앉아서 적극적으로 주의를 기울이고, 질문하고, 능동적으로 무언가를 시도해 본다. 뭔가 확실하지 않은 것을 다시 시도하고자 한다면 메모하고, 그 후에 복습하고, 이전 장비와의 혼동이 해결되었는지 확인한다.
- 과제 3: 주의를 기울이고, 약 25분간 공부하고, 2~3분의 휴식을 취한다. 모든 과제를 수행하여 자료가 활성화되도록 하고, 그림 5.2, 그림 5.3, 표 5.1을 복사하고, 적극적으로 검토한다.

더 읽을거리

- Dennett, Daniel (1993). *Consciousness explained.* London, UK: Penguin.
  이 책은 현재까지 의식에 관한 저서 중 가장 읽기 쉽고 통찰력 있는 책 중 하나이다.

- Buzan, Tony (2010). *Use your head: how to unleash the power of your mind.* London: BBC Pearson.
  우리는 잃어버린 것으로 생각하는 기억과 물건을 찾는 데 너무 많은 시간을 보낸다. Buzan의 책 대부분은 이런 우리 모두에게 희망을 준다.

- Loftus, E. F. (2005). Planting misinformation in the human mind: a 30-year investigation of the malleability of memory. *Learning & Memory, 12*(4): 361-366.
  이 책은 우리의 기억이 얼마나 신뢰할 수 없는지에 관한 유용한 입문서이다. Elizabeth Loftus의 강의를 온라인에서 찾아보자.

유용한 웹 사이트

- http://www.kidsmathgamesonline.com/memory/simon.html
  가라사대 게임(simon Says game)은 당신의 단기기억이나 작업기억이 어떻게 작용하는지 알아볼 수 있는 좋은 기회를 제공한다.

- http://www.memorise.org/memory-training/secrets-remembering-names- 00925.html
  이 웹 사이트는 기억력을 향상시킬 수 있는 방법에 대한 전문가의 조언을 제공한다.

- https://www.pinterest.com/pin/23362491794560033/
  '진실 혹은 거짓: 과학 미국의 프론티어' 비디오는 유명한 기억 연구자 Dan Shacter 및 배우 Alan Alda의 거짓 기억에 대한 연구를 보여 주며, 기억의 작동 원리에 대한 훌륭한 설명을 제공한다.

- http://www.youtube.com/watch?v=4lisNg91_M0
  이 웹 사이트는 돌봄 제공자를 위한 앱과 기억 보조를 제공한다.

CHAPTER 6

사고와 동기, 감정 및 행동

학습목표

- 사고(인지), 동기 및 감정(정서)의 핵심적인 과정을 설명한다.
- 시사점에 대해 논의하고, 매우 정교하면서도 단순하고 고정관념적인 방식으로 생각하는 방법을 예시로 든다.
- 문제 해결법을 이해하고 의료 문제 해결 시 우리의 장점과 한계를 이해한다.
- 동기와 정서의 기전을 이해하고 적용한다.
- 돌봄 제공 시 사고와 동기 및 감정의 상호작용을 설명한다.

알기 쉬운
심리학

돌봄 제공자들은 충분히 동기 부여되어 빠르게 대처하고 대상자와 자신의 정서를 효과적으로 다룰 필요가 있다. 이번 장에서는 관련 과정과 기전을 살펴보겠다. 우리는 복합적인 사고방식과 단순화한 사고방식을 구별하는 데 특히 초점을 두고 인지를 다룬다. 동기에 관해서는, 무엇이 우리를 움직이게 하고, 어떻게 욕구(needs)가 우선시되는가에 초점을 맞추고 있다. 정서는 다양한 이론적 관점으로 설명된다. 결국, 사고와 정서, 동기 및 행동 사이의 상호작용을 설명하며, 여기에는 불일치(inconsistency)를 경험했을 때 일어나는 것을 포함한다.

1. 사고(인지)

'사고(thinking)'라는 용어를 사용할 때는 보통 의식적인 처리 과정을 의미한다. 그러나 앞 장에서 알 수 있듯이, 대부분의 뇌에서의 과정은 의식하지 못하고 있다. 심리학자들은 우리가 그것을 알아채는지에 관계없이 모든 사고와 앎(knowing)에서 가장 중요한 용어로 '인지(cognition)'라는 용어를 사용한다. 여기에는 이해와 추론, 평가, 문제 해결, 성찰, 기억뿐만 아니라 복합적이고 단순화한 자동적인 정보처리가 포함된다. 생각의 일부를 단어와 문장으로 표현하지만, 연합과 숫자, 움직임, 이미지, 소리 그리고 다른 감각으로도 생각한다. 게다가 개념과 원리, 신념으로 생각한다. 놀랍지 않은가? 우리가 '이성적 천재(Rational Wonders)'라고 여기는 것은 당연하다. 불행하게도, 우리가 종종 이런 식으로 행동하지 않고 대신 사고에서 지름길과 고정관념(stereotypes), 애매함, 엉성하고 단순화한 접근법을 사용한다는 상당한 근거가 있다. 피스크(Fiske)와 테일러(Taylor)는 이러한 사고 유형을 '인지적 구두쇠(Cognitive Miser)'(Fiske, 2004; Fiske & Taylor, 1991)라고 하였다. 전반적인 인지능력의 영역을 인식하기 위해서는 이러한 두 가지 사고방식에 대해 인식할 필요가 있다. 다음의 시나리오는 이를 비교하고 있다.

시나리오: 이성적 천재와 인지적 구두쇠

이성적 천재

중환자실에서 근무하고 있다고 상상해 보라. 지속적인 모니터링이 필요하고 복잡한 간호를 요구하는 여러 침습적 처치가 행해진 환자를 책임지고 있다. 상황의 예후와 악화에 대응하고, 장비를 모니터링하며 적절한 개입을 할 필요가 있다. 이것을 효과적으로 하기 위해서는 정확하고 명료하게 생각하고, 우선순위를 정하고, 합리적이고 균형 잡힌 결정을 내리며, 다양한 정보와 지식을 전문적으로 결합해야 한다. 동시에 여러 과제를 수행하면서 온전히 깨어 있어야 하며, 가능한 한 잘 수행하려는 의욕을 가져야 한다. 만약 이 설명에서 자신을 인식한다면 이성적 천재로서 작동하는 것이 어떤 것인지 알 것이다. 당신이 이러한 작동 '방식(mode)'을 수행하는 경우 정신 능력을 최대한 쉽게 이용할 수 있다. 이렇게 하루가 지나면 피곤하겠지만, 최선을 다한다고 생각하면 보람도 있다.

인지적 구두쇠

동일한 환경에서 다른 근무일에 일하는 자신을 생각해 보라. 직원 충원에 문제가 생겨 전날보다 환자 몇 명을 더 간호해야 한다는 것을 알게 되었다. 더 복잡한 상황은 몇몇 환자들은 당신이 할 수 있는 것보다 주의를 더 많이 요구한다는 것이다. 스트레스받고 어쩔 줄 몰라 한 상황이다. 누구를 먼저 간호해야 할지 즉각적으로 결정하고 있지만, 다음 순간에는 이러한 결정을 번복해야 한다. 모든 일을 빨리해야 한다. 이러한 상황에서 당신은 간호 사정 시 지름길을 택하고, 환자 상황의 심각성에 대해 직관적인 결정을 내리며 스스로 생각할 시간은 거의 갖지 못할 것이다. 이런 방식으로 일할 때는 훨씬 실수하기 쉽다. 근무가 끝날 때 자신의 인지적 구두쇠를 몇 번이나 사용했을 것이라고 깨닫는다. 어떻게 느끼는가?

이 장의 끝에 예시 답안이 제공된다.

1.1. 이성적 천재와 인지적 구두쇠의 비교

우리는 이 두 가지 작동 방식을 모두 가지고 있다. 둘 중 하나 혹은 다른 하나를 작동할지는 환경의 압박에 달렸지만, 자신의 에너지와 동기에도 달려 있다. 이성적 천재는 사고에 있어서 더 많은 정신적 노력과 더 높은 복합성 및 기교를 필요로 한다. 압박을 받을 수도 있지만, 정신을 바짝 차리고, 휴식을 취해서 그 일을 할 수 있을 때, 우리는 이 작동 방식을 활성화할 것이다. 보통, 지나치게 흥분하거나, 과부하 되거나, 피곤하거나, 걱정하거나, 동기가 낮거나, 너무 많은 시간 압박에 시달릴 때, 우리 안의 인지적 구두쇠는 우세해질 수 있다. 정확성이 요구되는 환경에서는 사고가 인지적 구두쇠 방식으로 전환될 때를 인식하는 것이 필요하다. 표 6.1과 활동 6-1에서 이성적 천재와 인지적 구두쇠의 두 가지 사고를 구별할 수 있다.

몇몇 연구자는 이와 유사한 집중적인 인지 이분법(focused cognitive dichotomies)을 제안했다. 페티와 카시오포(Petty & Cacioppo, 1986)의

표 6.1 이성적 천재 vs 인지적 구두쇠

이성적 천재	인지적 구두쇠
지적 능력을 사용하는 복합적 사고	단순화된 사고
문제를 통한 사고	시행착오를 통한 문제 해결
높은 정신적 노력	낮은 정신적 노력
정확한 사정과 의사 결정	의사 결정 시 부정확한 직관
독창적이고 창의적인 해결책	표준적인 해결책
융통성 있고 균형 잡힌 사고	고정관념적인 사고
편견과 선입견에 대한 저항	편견과 선입견에 따른 행동
성찰을 포함한 적정 속도의 활동	성찰 없이 서두르는 활동

중앙처리와 주변 처리 간의 구분이 아마도 가장 큰 영향을 미쳤을 것이다. 그들은 인식한 정보의 몇 가지 측면에 대한 세부 분석을 바탕으로 심층적으로 생각하는 것을 '중앙처리(central processing)'라고 정의했다. 이와는 대조적으로, 정보의 매력과 정서적 영향을 바탕으로 '주변 처리(peripheral processing)'를 관찰하였다. 교육계에서는 '깊이처리(deep processing)'와 '표면처리(surface processing)'의 차이가 거의 동일한 수준으로 나타났다(Dinsmore & Alexander, 2012). 마찬가지로 노벨상 수상자인 대니얼 카너먼(Daniel Kahneman)은 한편으로는 느리고 깊게 분석하고, 다른 한편으로는 직관적으로 빠르게 느끼는 '빠른 생각(직관, fast thinking)'과 '느린 생각(숙고)'(slow thinking)의 개념화를 제안했다(Kaneman, 2011). 카너먼은 두 가지 접근법을 모두 사용하는 시간과 장소가 있다고 주장하지만, 건강관리 분야에서는 빠른 사고체계의 사용을 찬성하지 않을 것이다.

활동 6-1 ••• 비판적 사고

이성적 천재 혹은 인지적 구두쇠 접근법 중 적합한 것을 표시한다.	이성적 천재	인지적 구두쇠
1. 동료 간호사가 들려준 이야기에 근거하여, 다리 궤양이 있는 환자의 처치법을 변경한다.		
2. 새로운 약물의 용량계산을 신뢰하지 않고 직접 다시 계산하기로 한다.		
3. 환자에게 새로운 기관 내 튜브를 장착해야 하지만 직경을 모른다. 어느 정도 적당한 크기의 튜브를 삽입하기로 한다.		
4. 환자가 근육통에 대한 동종요법을 사용하는 근거가 무엇인지 묻는다. 당신은 잘 모르지만 그것에 반대한다고 조언한다.		
5. 당신의 돌봄을 받는 젊은 여성이 심장마비의 징후를 보인다. 당신은 이것이 가능성이 낮다고 생각하지만, 그럼에도 불구하고 상주하는 심장 전문의가 즉시 봐야 한다고 확신한다.		

6. 환자에 대한 인수인계 정보가 누락된 것 같다. 그 환자가 좋아 보여서 그에 대한 후속 조치를 하지 않기로 한다.		
7. 위험하고 전염성이 있는 바이러스의 발병을 두려워한다. 병동과 동료들 그리고 자신을 격리하기로 한다. 다음 단계는 최근 방문한 모든 사람에게 연락하여 즉시 진찰받도록 하는 것이다.		
8. 보통 화씨온도를 받으면 섭씨온도 정보로 인식한다. 당신은 정확한 변환 알고리즘을 찾기로 결정한다.		
9. 섭식장애의 치료에 대한 흥미롭고 새로운 자료를 듣는다. 거식증이 있는 청소년들을 접하기 때문에 연구 데이터베이스에 접근해서 그 자료를 찾아보기로 결정한다. 찾을 수 없을 때는 병원 사서에게 찾아봐 달라고 한다.		
10. 다른 나라에서 온 환자는 병원식이가 식성에 맞지 않는다고 이야기한다. 당신은 그가 접하지 않던 음식이기 때문이라고 추측한다.		

이 장의 끝에 예시 답안이 제공된다.

1.2. 사고 노력

사고 노력을 많이 하거나 적게 하는 것이 앞서 논의한 것을 구별하는 데 핵심이다. 앞 장에서 보았듯이 작업기억이 확장될 때(Backs & Seljos, 1994) 사고 노력을 경험한다. 이것은 적응적인 경고 신호이다. 우리는 이를 명확하게 알고 있는 경향이 있고(Mulder, 1986), 특히 원인을 알 수 없는 경우에는 에너지 지출을 줄일 준비가 되어 있다. 십자말풀이, 숫자 맞추기 퍼즐 게임 또는 다른 퍼즐을 풀면서 정신적 장벽에 부딪힐 것이다. 이때 노력을 증가시킬지 아니면 포기할지 결정해야 한다. 십자말풀이는 포기해도 문제가 되지 않는다. 하지만 위급하고 매우 복잡한 돌봄 상의 문제에서는 포기할 수 있는 입장이 아니다. 에너지를 절약하여, 신속하지만 사려 깊지 못하게 결정하고 싶은 유혹을 느낄 수도 있지만(인지적 구두쇠) 스스로 참고 이성적 · 천재적 접근을 유지하도록 '노력' 신호를 사용하는 것이 필요하다.

1.3. 심사숙고와 문제 해결

침착함을 유지하는 것은 합리성을 유지하는 데 크게 도움이 된다. 보건의료 분야에서 좋은 예를 볼 수 있다. 의사와 간호사, 조산사 그리고 다른 의료 전문가들은 압박 속에서도 놀라울 정도로 능숙하게 침착함을 유지한다. 침착한 마음을 유지하는 것은(제3장의 '좀 뛰어다니지 마!' 시나리오에서 보았듯이) 합리적 사고와 더불어, 지나친 흥분에 대응하여 궁극적으로는 간호 수행에 도움이 된다(Yerkes & Dodson, 1908). 강렬한 정서와 지나친 흥분은 다음과 같은 전형적인 사고 장애물을 유발하는 경향이 있다.

- **기능적 고착**(functional fixedness): 어떤 것이 행해지거나 사용되는 규칙적인 방식에 지나치게 집착하게 되고 다른 가능성을 무시한다.
- **마음 갖춤새**(mental set) 혹은 **경직**(rigidity): 성공하지 못할 때는 추론 방식에 적응하지 못한다.
- **불필요한 제약**(unnecessary constraints): 존재하지 않는 한계를 상상한다.
- **무관한 정보에 대한 지나친 강조**(overemphasis on irrelevant information): 문제의 핵심을 보지 못하여 무엇이 필요하고 무엇이 그렇지 않은지를 식별하지 못한다.

(Weiten, 2010)

그렇다고 해서 모든 문제 해결에서 정서가 배제되어야 한다는 것은 아니다. 동기 그리고 이와 함께 오는 에너지는 생각하는 것보다 더 중요하다. 사실, 우리를 흥분시켰기 때문에 더 나은 해결을 할 수도 있다. 불공정한 행위나 부정행위가 우수한 문제 해결 능력을 활성화시킬 수도 있다(Cosmides & Tooby, 1992; Cosmides, 1989).

1.4. 창의적 사고

효과적인 문제 해결은 창의적 사고의 혜택을 받는 경향이 있다. 신조어에는 '고정관념을 벗어난 생각'이라는 의미가 있다. 창의적인 문제 해결은 독창적이고 새로운 해결책을 보거나 해결을 가능하게 하는 새로운 방법으로 문제를 다시 표현하는 능력이다. 창의적 추론은 정교한 사고의 전형으로 여겨진다(Coon & Mitterer, 2012). 보건의료 분야에서 창의적 문제 해결은 대상자에 대한 돌봄과 관리의 개선과 관련되어 있다(Motamedi, 2012; DiCenso et al., 2010; Plsek & Wilson, 2001). 창의성은 해결되지 않는 어려운 문제들을 다루는 데 필수적이다. 흥미롭게도, 제델리우스와 스쿨러(Zedelius & Schooler, 2015)는 집중된(마음 충만한) 마음이나 무심한 마음이 창의성에 가장 도움이 되는지에 대해 질문했다. 그들의 실험은 마음챙

시나리오: 창의적인 문제 해결

이 두 가지 시나리오에서 문제가 어떻게 해결되는지 핵심 아이디어를 식별할 수 있는가?

잦은 약물 오류는 Siobhan이 근무하는 작은 병원에서는 주요한 관심사였다. 다학제 팀이 브레인스토밍하는 동안, 그녀는 같은 글자로 시작하는 약물을 서로 옆에 두지 않으면 실수를 예방할 수 있다고 제안했다. 병원 약국에서는 약물은 항상 알파벳순으로 보관되어 왔지만, 약물의 종류에 따라 재편성할 수 있다고 결정했다. 이에 따라 오류가 크게 줄었다.	Harry는 채굴기와 트럭 장난감을 놓고 싸우고 있던 두 소년을 따로 떼어놓아야 했던 소아청소년과 병동 간호사이다. 또 다른 간호사는 한 소년에게 채굴기를, 다른 소년에게는 트럭을 주었지만, 그들은 따로따로 가지고 놀 수 없다고 생각했다. Harry는 채굴기와 트럭이 서로 다른 두 행성에서 왔고 서로를 돕는 법을 배워야 했던 이야기를 들려주었다. 이 이야기는 아이들에게 함께 노는 것을 가르쳐 주었고 그들은 더 재미있게 놀았다.

이 장의 끝에 예시 답안이 제공된다.

김에 집중하는 것은 분석력 있는 창의성에 유리하지만, 마음의 무심함은 통찰력 있는 창의성에 유리하다는 것을 보여 주었다. 이것은 이치에 맞는 것이다. 몇몇 위대한 과학자들과 예술가들은 주요 사상이나 이론들이 단지 '아하' 하는 순간 떠올랐고 심지어 꿈에서도 그랬다고 인정했다.

1.5. 긍정적 사고의 힘

낙관적인 것은 강력하고 긍정적인 영향을 미치는 경향이 있다(Carver et al., 2010; Scheier & Carver, 1993). 긍정심리학의 연구가 시사하듯이 인지 과정은 여기에 중요한 역할을 한다(Seligman, 2011). 성공적인 결과를 상상하는 것과 동반되는 긍정적인 기대는 심지어 자기 충족 예언(self-fulfilling prophecy)으로 작용할 수도 있다. 이것은 돌봄 제공자와 수혜자 모두에게 중요하다. '나는 할 수 있다'고 생각하는 경우 긍정적 사고와 긍정적 감정, 성공 중심적 행동 경향들이 호의적인 방식으로 상호작용을 하는 기전을 작동시킨다(그림 6.1).

이와는 대조적으로, '나는 실패할 거야'라고 생각하는 것은 부정적 감정과 실패 지향적 행동 초점을 만들어 낼 것이며, 스트레스를 더 많이 주고

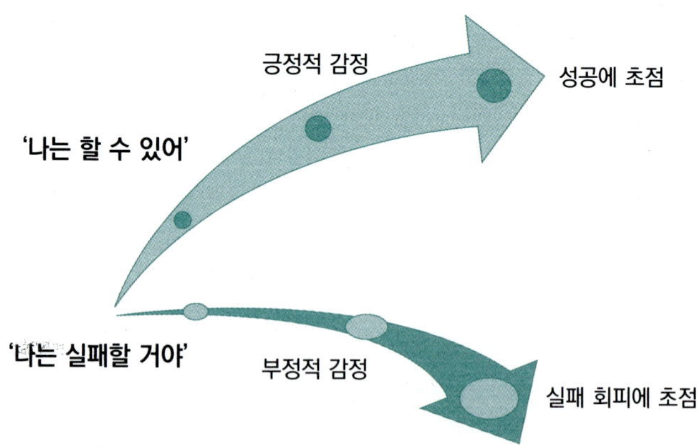

그림 6.1 긍정적 사고의 힘

수행 수준에 상당히 해로울 가능성이 있다. 특히 우려되는 것은 이것을 의식하지 않고 부정적인 방식으로 생각할 수 있다는 것이다. 이를 바꾸기 위해서는 노력과 연습이 필요하다. 의식적으로 좀 더 낙관적인 관점을 채택하고 자주 긍정적인 생각을 떠올릴 필요가 있을 것이다. 기분이 나아짐은 지배적인 작동 방식으로 만드는 동기를 강화시킬 것이다.

1.6. 비판적 사고 혹은 성찰

돌봄 제공자들은 긍정성이 강력한 자산인 반면 업무 기준을 높게 유지하기 위해서는 비판적으로 사고하고 성찰할 필요가 있다(Bandman & Bandman, 1988; Jasper, 2013). 이것이 없다면, 낙관성과 긍정성은 부담이 될 것이다. 간호교육의 일환으로 성찰을 교육할 가능성이 크다. 정확한 방법은 아직도 논쟁의 여지가 있다. 간호학에서 비판적 성찰은 간호의 가치와 표준 및 규정과 비교하여 간호사 자신의 임상 실무에서 결점을 찾아낼 수 있는 준비성을 포함해야 한다. 또한 우리가 기대한 수준을 충족시키지 못하는 경우 이에 대한 조처를 할 필요가 있다. 사고 과정('간호의 수준이 기대에 미치지 못한다')은 정서(불편함)로 이어지고 순차적으로 행동 변화(실무 향상)에 동기 부여한다는 것을 인식하는 게 중요하다(de Vries & Timmins, 2016). 이번 장 후반부에 불일치가 우리에게 어떻게 동기 부여하는지를 논의할 것이다. 이제 동기 부여에 대해 좀 더 자세히 알아보겠다.

2. 동기

돌봄 제공이 얼마나 힘든지를 생각하면 높은 동기 부여가 중요하다. 동기가 강할 때 책임감과 압박감, 긴 시간에 잘 대처할 수 있을 것이다. 동기의 유형도 중요하다. 심리학자들은 외부 보상에 의해 동기 부여된 것인 **외재 동기**(extrinsic motivation)와 활동 자체에서 얻는 만족에 의해 동기 부여된 것인 **내재 동기**(intrinsic motivation)를 구별하는 경향이 있다. 후자가 사람들이 장기적으로 행동을 유지하는 것과 잠재적으로 스트레스를 받을 수 있는 노력에 더 효과적이라고 한다(Janssen et al., 1999). 전통적으로 종교적인 지시로 병원을 운영할 때, 돌봄이 소명으로 여겨질 때, 이럴 때 궁극적이고 본질적인 동기가 작용한다. 오늘날에도 간호 전문직은 소명(Heyes, 2005)이라는 목소리가 나오고 있다. 자신의 동기를 생각해 보는 것은 흥미로울 것이다.

시나리오: 간호사의 동기

동료 학생들과 간호사로서 무엇이 당신에게 동기를 부여하는지 이야기를 나눈다. Bukola는 자신이 다른 사람들을 돕고 지지함으로써 동기 부여를 받는다고 생각하고 있으며, 다른 사람들의 삶에 변화를 줄 기회를 얻게 되리라 생각한다. 그녀는 건강과 의학에 관심이 많기 때문에 간호직에 잘 맞는 것이 아닌가 생각하고 있으며, 병원이나 다른 의료기관에서 일한다는 생각이 그녀에게 매력적이라고 말한다. 이와는 대조적으로, Rita는 취업의 가능성이 가장 높은 것을 공부하여 다른 사람들에게 존경받는 삶을 사는 방법을 찾고 있을 뿐이라고 말한다. 내적 동기 및 외적 동기와 관련하여 그들의 동기(그리고 당신 자신의 동기)를 논의해 보자.

이 장의 끝에 예시 답안이 제공된다.

게다가 무엇이 대상자와 그 가족에게 동기를 부여하는지와, 더 나아가 일반적으로 무엇이 사람들을 행동하게 하는지가 궁금할 것이다. 이것에 대해 심리학 이론을 보려 한다.

2.1. 추동감소이론

가장 본질적인 형태로 동기는 에너지 또는 '행동의 시작과 방향, 강도 및 지속성을 설명하는 영향력'이다(Bernstein et al., 2012, p. 407). 사람들의 활동에 동기를 부여하는 것은 복잡할 수 있지만, 또한 매우 기본적 욕구를 따를 수 있다. 이것은 '추동감소이론(drive reduction theory)'에 따른 작동 방식이다(그림 6.2).

균형을 이루기 위해 충족되어야 하는 많은 욕구 체계가 있다. 우리는 욕구가 충족되지 않을 때 예민해진다(Hull, 1943). 이것은 종종 불쾌하게 느껴진다. 헐(Hull)은 그것을 '추동(drive)'이라고 불렀으며, 추동을 감소시키는 것을 목표로 한 행동에 동기를 부여한다. 우리가 영양분이나 수분이 부족하면 배고픔이나 갈증을 경험하게 되는데, 이것은 우리가 만족할 때까지 먹거나 마시도록 동기를 부여한다. 그 시점에서 추동을 감소시키는 피드백 기전이 발동한다. 욕구가 줄어들면 먹거나 마시는 것을 보통 멈출 것이다. 따라서 체내의 영양소나 수분에 대한 항상성이 재확립된다. 항상성 원리는 배고픔과 갈증에 국한되어 적용될 수 있겠지만, 사랑과 성취처럼 좀 더 복

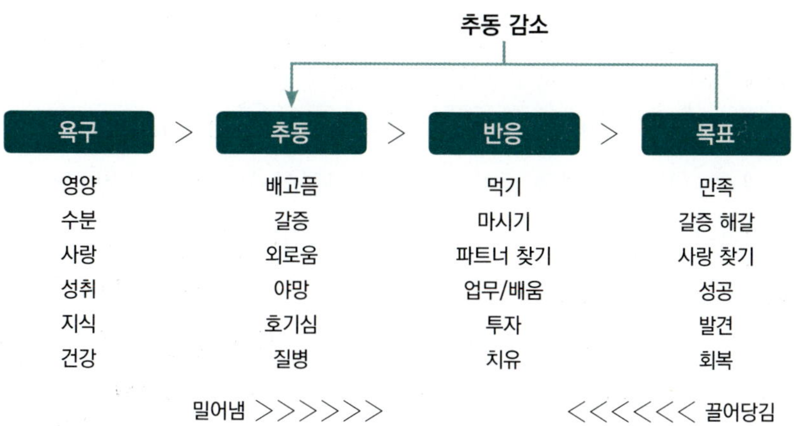

그림 6.2 추동감소이론

잡한 욕구에서 추동 감소의 관련성을 쉽게 볼 수 있다. 욕구를 건강, 질병을 추동, 치유 추구를 반응, 회복을 목표로 볼 수 있다.

추동감소 기전은 모형의 핵심 개념이지만 제한 요소로도 작용한다. 예를 들어, 어떤 일에 성공하는 것이 야망을 감소시키는지 자신에게 질문해 보자. 그럴 수도 있지만, 성공은 야망을 강화할 수도 있다. 이 모형에 대한 또 다른 의문점은 추동에 의해 '밀려'지지만, 아마도 종종 목표의 절박함으로 활동이 '끌어당겨'진다는 것이다. 음식이 나오고서야 먹을 생각을 했을 수도 있다. 성공을 거둘 기회가 있기 전에는 야심을 느끼지 않을 수도 있다. 갑자기 인생의 사랑이라 생각하는 사람과 마주치기 전까지는 외로움을 느끼지 않을 수도 있다. 즉, 동기 부여는 추동 감소의 원리를 제시하는 것보다 더 복잡하다.

2.2. 욕구계층이론

특히 흥미로운 문제는 우리가 동시에 많은 추동을 경험하는 경향이 있다는 것이다. 그것들의 우선순위는 어떻게 정하는가? **매슬로의 욕구계층이론**(Maslow's Hierarchy of Needs; Maslow, 1943)에서는 더 고차원적인 욕구 이전에 생리적 욕구에 주의를 기울이는 경향이 있다고 하였다(그림 6.3). 모형에서 생리적 욕구 다음으로 안전이 중요하며 사랑과 소속, 존경과 자아존중감이 있으며 일반적으로 자기실현은 삶에 의미를 부여하는 동기로 생각된다. 그 모형을 문자 그대로 받아들인다면, 아마도 생리적 욕구, 안전의 욕구가 충족되지 않는 한 우리는 소속감과 고차원적 욕구를 경험할 수 없다고 결론지을 것이다. 사고 연습으로서, 이 모형에 대한 예외 상황들을 나열해 보라. 피라미드에 대한 부분 묘사에서 '성행위'는 생리적 욕구에 포함되는데, 성행위를 하지 않는다면 더 고차원적인 욕구에 집중할 수 없다는 것을 의미하는가?

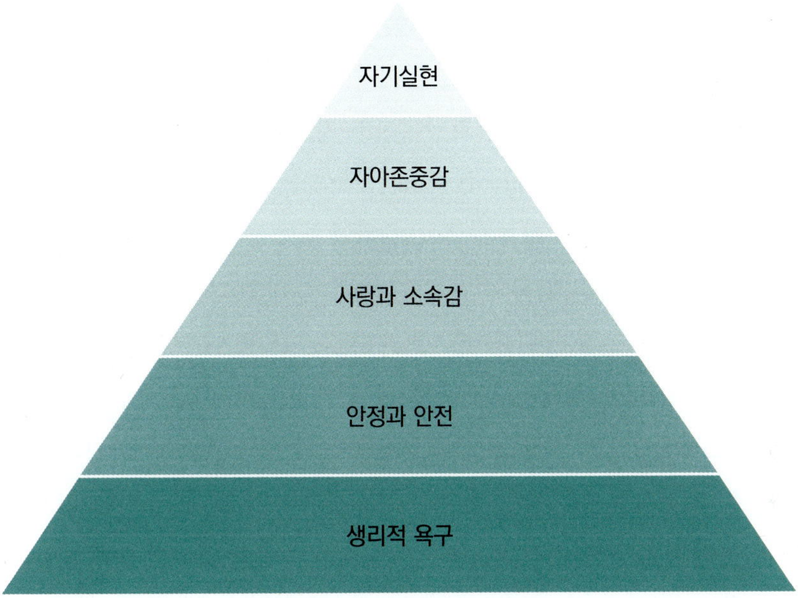

그림 6.3 매슬로의 욕구 계층

이 모형의 또 다른 한계점은 '아이를 갖는 것'을 포함하지 않는다는 것이다. 그것을 포함하고 싶다면 어디에 들어갈 수 있을까? 더욱이 매슬로 자신도 '지식'에 대한 욕구가 누락된 점에 주목하여 나중에 이를 추가하였다(Maslow et al., 1970). 온라인으로 설명을 찾아보면 알 수 있듯이, 몇몇 다른 저자들도 이 모형을 수정하였다. 그다지 중요하지 않은 마지막 문제는 그러한 복잡한 모형의 경험적 검증이 거의 불가능하다는 것이다. 재미있게도, 이러한 문제에도 불구하고 간호 교육자들은 매슬로의 모형을 간호사와 관련이 있다고 여기고 있다.

아마도 우리가 여전히 매슬로의 모형을 다루고 있는 주된 이유는 **자기실현**(self-actualisation)의 원리로, 사람들이 자신의 재능을 사용하여 그들이 되고자 하는 사람 혹은 원하는 것이 되기 위해 노력한다는 생각을 강조했기 때문일 것이다. 모형 전체와 마찬가지로, 이 용어는 재해석되고 확대되었는데, 아마도 야심 찬 사회에서 높은 기대와 많은 선택을 가진 부유한 사람들에게는 이치에 맞기 때문일 것이다. 현대의 저자들은 대개 자기실현이 도달할 수 있는 목표보다는 과정이라고 강조한다. 자기실현을 하는 간호사(Hsu, 2015)와 환자(Keyayan et al., 2015)는 삶의 질이 더 높다고 보고되기도 한다. 그 모형은 간호사들이 자신의 동기를 생각하는 데 사용할 수 있다. 예를 들어, 평소 각각의 욕구 수준에 얼마나 많은 시간과 노력을 쏟는지를 분석하는 것은 매우 흥미로울 수 있다. 또한 이 모형은 환자와 환자 가족의 욕구가 충족되는 정도를 설정하는 데 도움을 줄 수 있다(Kosco & Warren, 2000). 또한 건강 회복에 적극적으로 참여하려는 환자의 동기는 모형을 통해 분석할 수 있다. 환자가 퇴원을 꺼리는 분위기일 때 집으로 돌아가는 것이 그들의 생리적 욕구와 안전, 자아존중감을 위태롭게 하는 것인지 알아볼 수 있다.

시나리오: 특수 제작된 새로운 정신병동

특수 제작된 새로운 정신병동은 개방된 간호사실이 중앙에 있는데, '허브 집중 방식' 모형(hub and spoke' model)을 사용하여 건물 내부 벽이 없이 개방된 스타일을 가지고 있다. 건축과 디자인은 예술적이었고 밝고 친근한 환경을 만드는 것을 목표로 했다. 간호사들이 환자와 더 많이 대화를 나누도록 권장하였고, 격리실 사용과 (밤이 아닐 때) 환자의 병실 문을 잠그는 것을 막았다. (안전상의 이유로) 간호사실 내의 휴식과 식사 시설 부족은 단점으로 여겨지긴 했지만, 병동 환경은 합리적으로 잘 돌아가고 있었다. 간호사들이 병동의 간호사실 대신에 현장에서 떨어진 탕비실에서 많은 시간을 보내고 있다는 사실의 발견은 간호 질 평가에 있어서 매우 중요한 점이었다. 조사 결과, 내부 벽이 없는 새로운 병동은 직원들을 위험에 빠지게 하고, 안전하지 못하며, 사생활 보호의 요구를 증가시켰다. 경영진은 매슬로의 욕구계층이론을 기반으로 운영할 것을 고려하였다. 그들의 토론을 상상할 수 있겠는가?

이 장의 끝에 예시 답안이 제공된다.

2.3. 복합 동기

동기를 이해할 때 추동감소이론과 욕구계층이론은 의미 있는 해석을 제공한다. 그러나 현실은 복합적이고 무수한 욕구를 충족시키기 위해 에너지를 현명하게 사용하도록 생각하고 전략을 세워야 한다. 이것이 더 복합적일수록 우리는 인생에서 효과적으로 나아가기 위해 더 많은 인지적 자원을 사용한다. 더 복잡하게 말하자면, 활동은 여러 가지 동기를 가질 수 있고, 다른 추동은 반대되는 행동으로 동기 부여할 수 있다. 종종 동기 갈등(motivational conflict)이 불가피하여 우리의 삶이 힘들 수 있다. 동시에 삶을 통해 '생각'뿐만 아니라 '감정'을 느끼고, 인지만큼 정서 또한 활동을 결정한다는 점을 강조하는 것이 중요하다. 추동과 유사하게 정서가 동기 부여 기능을 가질 수 있다. 기쁨을 느낄 때 그것은 우리를 웃게 하고 타인들에게 미소를 띨 수 있는 동기를 부여할 수 있고, 두려움을 느낄 때는 숨어 있도록 동기를 부여할 수도 있다. 여기에 대해 좀 더 자세히 살펴보겠다.

3. 정서

일반적으로 감정(feeling)을 이야기할 때, 정서(emotion)와 기분(mood)을 구별한다. 정서는 일반적으로 사건에 의해 더 직접적으로 촉발되고 자주 그리고 빠르게 변동하는 반면, 기분은 시간이 흘러도 지속하는 경향이 있다. 정서는 주관적이고 질적인 경험(긍정 혹은 부정)과 동반된 생리적 각성(높음 혹은 낮음), 표정(정서의 전달) 및 동반된 사고의 패턴, 활동 경향 또는 행동 반응으로 구성된다(Bernstein et al., 2012). 따라서 당신의 정서가 기쁨이라면, 그 경험은 아마도 흥분으로 경험된, 높은 교감신경계 각성(sympathetic arousal)을 동반할 것이다. 이것은 미소로 표현될 수 있고 테이블

주위에서 춤추거나 다른 행동적 표현으로 이어질 수도 있다. 정서가 슬픔이라면, 아마도 낮은 교감신경계 각성을 경험하고 있을 것이고, 슬픈 얼굴이나 울면서 그것을 표현할 수 있고, 회사를 그만둘 수도 있다.

3.1. 기본 또는 1차 정서

많은 심리학자들은 기쁨과 놀라움, 두려움, 분노같이 **흥분된(excited)** 유형의 정서와 슬픔, 수용같이 **억제된(inhibited)** 유형의 정서를 구분한다(Frijda, 1986). 개인이 정서를 느끼고 표현하는 방법은 다양하며, 감정을 통제하거나 억압하는 범위도 다양하다. 이것은 사람들이 매우 개별화된 정서를 가진다는 것을 반영한다. 그런데도 오늘날 많은 이론가들은 본질적으로 감정의 '팔레트(palette)'가 전 세계에서 비슷하게 경험되는 5개 내지 10개의 **1차 정서(primary emotions)**로 제한된다고 생각한다(Pluchik, 1980; Izard, 1992; Tooby & Cosmides, 1990; Ekman, 1992)(그림 6.4).

플러치크(Plutchik, 1980)는 여덟 가지 1차 정서(슬픔, 혐오, 분노, 기대, 기쁨, 신뢰, 두려움, 놀라움)를 강조하였고, 에크만(Ekman, 1992)은 여섯 가지 1차 정서(슬픔, 두려움, 혐오, 놀라움, 분노, 기쁨)를 제안하였다.

기본 정서는 생존하고 번식하려는 노력에 대한 적응으로 진화하였다고 볼 수 있다(Tooby & Cosmides, 2008). 위험을 피하고 생존하는 데 도움이 되기에, 우리는 두려움을 강렬하게 경험하는 성향이 있다는 것에 놀라지 말아야 한다. 마찬가지로 우리는 성행위와 같이 기쁨과 황홀감의 즐거운 경험을 추구하려는 동기가 강하다. 이는 생식을 촉진하고 유전자의 생존을 촉진한다. 정서는 생리적 · 정신적 기능을 조직하고 활동을 우선시한다. 심지어 정서에는 표정이 뇌로 전달되고, 표현된 정서를 확인하고 강화하는 기전이 작용한다(McIntosh, 1996). 이것은 기분이 좋아서 웃는다고 생각하는 경향

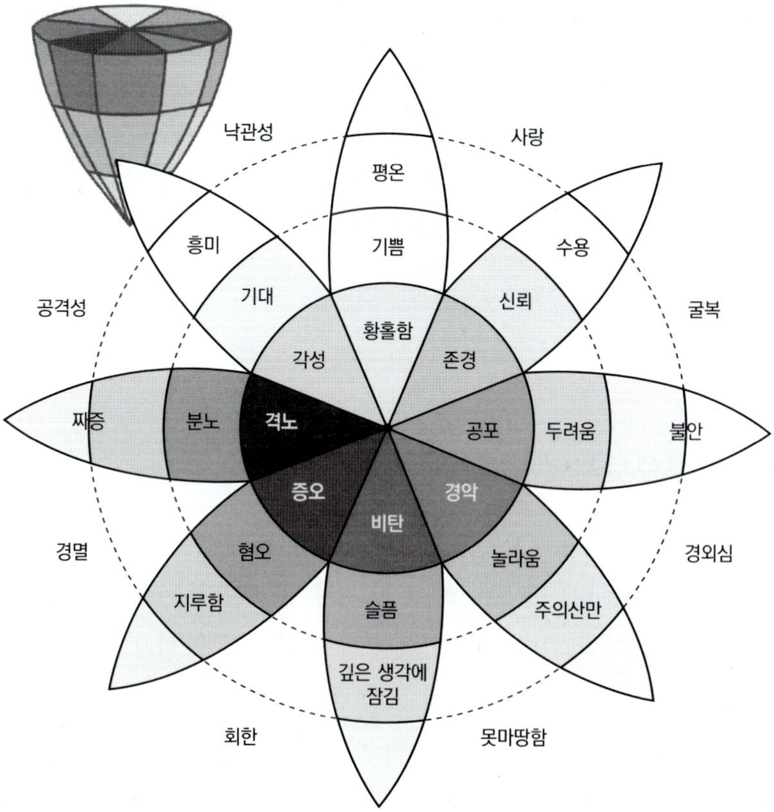

중앙의 여덟 가지 감정은 기본 차원으로 가장 강도가 높다(예: 황홀함). 동일한 정서 차원에서 모형의 바깥쪽으로 갈수록 강도는 점점 옅어진다(예: 황홀함, 기쁨, 평온).

그림 6.4 정서 수레바퀴의 1차 정서(Plutchik, 1980)

출처: Gerardo Maupome & Olga Isyutina (2013). Dental Students' and Faculty Members' Concepts and Emotions Associated with a Caries Risk Assessment Program. Journal of dental education, 77(11): 1477-1487.

https://www.researchgate.net/publication/258313558_Dental_Students'_and_Faculty_Members'_Concepts_and_Emotions_Associated_with_a_Caries_Risk_Assessment_Program

이 있지만, 그 반대도 사실이라는 것을 암시한다. 미소 짓는 것을 기억해야 하는 좋은 이유이다!

활동 6-2 ●●● 생각해 보기

그림 6.4에서 플러치크의 여덟 가지 기본 감정(슬픔, 혐오, 분노, 기대, 기쁨, 신뢰, 두려움, 놀라움)을 논의해 보라. 강도가 다른 수준의 정서 경험을 확인한다. 감정을 조절하기 위해 무엇을 했는지, 그리고 언제 그것이 어려웠는지를 기록한다. 이것은 정서 지능(emotional Intelligence, EQ), 즉 정서의 효과적인 인식과 처리, 표현 그리고 대인관계를 개발하는 데 도움이 될 것이다(Goleman, 1995).

이 장의 끝에 예시 답안이 제공된다.

3.2. 소통으로서의 정서

정서는 경험과 표현에 관한 것만이 아니라 의사소통의 한 형태이다. 대상자가 수술 전에 두려움을 표현하는 경우, 돌봄 제공자는 대상자가 '무서워요'라고 말할 때까지 기다릴 필요 없이 표정과 신체 표현으로 이것을 인식하는 것이 중요하다. 이렇게 하면 돌봄 제공자는 초기 단계에서 두려움을 줄이기 위해 무언가를 할 수 있다. 어떻게 보면 돌봄 제공자가 대상자의 정서를 감지하는 데 민감할수록 이를 중재하거나 심지어 문제를 예방하는 데에도 도움이 될 것이다. 돌봄 제공자가 대상자의 짜증을 감지할 수 있다면(그림 6.4), 분노나 격노로 강도가 올라가기 전에 어떤 조처를 할 수 있을 것이다.

우리는 행동과 표정을 통해 다른 사람에게 정서를 전달한다. 집단이나 가족, 공동체 내 구성원들이 서로에게 효과적으로 대응하기 위해서 서로의 정서를 인지하는 것은 필요하다. 에크먼(Ekman)과 프리슨(Friesen)은 다양한 정서를 표현한 얼굴 사진을 가지고 다른 문화권에서 일련의 연구를 수행했다(그림 6.5)(Ekman & Friesen, 1971; Ekman et al., 1987). 그들은 문화 전반에 걸쳐 이러한 정서 판단에 상당한 합의가 있다는 것을 발견했다. 플러치크와 마찬가지로, 그들은 우리가 타인들의 기본적인 정서들을

그림 6.5 다른 정서표현

단지 경험할 뿐만 아니라 표현하고 믿을 만한 것으로 인식할 수 있도록 생물학적으로 준비되어 있을 가능성이 높다고 결론지었다. 이러한 성향은 양질의 돌봄을 제공하는 데 필수적이다.

3.3. 감정노동

돌봄 제공자들이 대상자의 정서를 읽고 이해하기 위해 쏟는 노력은 종종 감정노동(emotional labour)으로 여겨진다(Gray, 2012). 이 기술을 개발하는 것이 중요하지만 상당히 피곤할 수도 있다. 어떻게 보면 타인의 정서를 이해하는 한 부분으로서, 우리는 그 감정을 어느 정도는 느끼는 경향이 있다. 얼마나 느끼는가는 상대방과 얼마나 가까운가에 달려 있다. 이것은 공감과 연민의 핵심으로 여겨진다. 예를 들어, 부모들은 낯선 사람이 느끼는 것보다 자식의 고통과 기쁨을 더 많이 느끼는 경향이 있다. 그들은 종종 이것이 부담이라고 설명한다. 마찬가지로 돌봄 제공자의 경우 감정노동의 부담과 대상자에 대한 공감대가 중요한 사안이다(Kelly & Smith, 2016; Gray, 2012). 충분히 공감하지 않음으로써 대상자의 요구에 효과적으로 대응하지 못하거나 유대감과 신뢰감을 제공하지 못할 가능성이 있다. 그러나 (부모들이 자녀들과 하는 방식으로) 우리가 제한 없이 공감할 경우, 너무 많은 압력을 받을 수 있으며, 이는 소진(Selye, 1956)이나 부담(Liter & Maslach, 2009; Maslach et al., 2001)으로 이어질 수 있다.

3.4. 감정과 사고

과거에는 정서에 대한 많은 연구와 이론이 생리적 각성과 사고, 실제 정서와의 관계를 밝히는 데 초점을 맞추었다. 윌리엄 제임스(James, 1884)는 우리가 먼저 신체적 각성을 경험하고 나서 환경의 단서에 따라 그것을 해석할 것이라고 믿었다. 캐논-바드 이론(Cannon-Bard theory; 정서적 경험과 신체적 각성 혹은 지각이 동시에 발생한다는 정서 이론)은 이러한 처리 과정이 동시에 발생할 수 있음을 시사했다(Dror, 2014). 다른 연구자들은 상황에 대한 해석이나 평가 후에 각성과 정서가 모두 일어날 것이라고 제안했다(Lazarus & Folkman, 1984; Shachter & Singer, 1962). 후자의 접근 방식이 상식적이지만, 우리가 항상 생각하고 평가할 시간이 있느냐는 의문은 남는다. 아마도 우리는 빠르고 자동화된 정서와 인지에 의해 매개되는 덜 빠른 정서를 구별할 필요가 있다. 돌봄 제공자들이 이것을 구별하는 것은 중요하다. 그들이 의식적으로 통제할 수 없는 정서에서 벗어나려고 노력하는 것은 어려울 수 있다. 예를 들어, 혈액에 대해 고전적으로 조건화된 두려움을 가지지 말아야 할 이성적인 이유를 설명하는 경우, 사람들은 '이해는 되지만 여전히 무섭다'고 말할 것이다. 이러한 접근은 도움이 되지 않을 수도 있고 그 사람을 멍청하다고 느끼게 할 수도 있다.

사례 연구: 정서의 조건형성(emotional conditioning)

Ali(58세) 씨는 최근 1년간 암으로 여러 번 병원에 다니고 있다. 그는 수술과 그 밖의 여러 가지 고통스럽고 불편한 치료를 받고 있다. 그의 상태는 여러 번 위험했다. 중환자실과 병동으로 여러 번 입원했고 여러 명의 의사와 많은 간호사로부터 치료를 받았다. 그와 대화를 나눌 때 그는 "이상하겠지만, 나는 여기 있을 때마다 점점 슬퍼지고, 점점 더 예민해진다. 병원 생활이 견디기 힘들어지고 있다."고 말한다. 어떤 사건이 Ali 씨에게 이런 기분을 느끼게 했다고 생각하는가?

3.5. 복합 정서

혐오와 두려움, 놀라움과 같은 1차 정서 외에도 더 복합적인 정서 상태도 있다. 첫째, 우리는 동시에 하나 이상의 1차 정서를 경험할 수 있다. 예를 들어, 누군가의 죽음에 대한 반응으로 비탄과 분노를 느낄 수 있다. 또는 훌륭한 서커스 공연을 보면서 경악과 기쁨, 존경을 느낄 수 있다. 정서가 서로 섞일 때, 우리가 느끼는 것을 정확히 파악하거나 전달하기가 쉽지 않은 경우가 많다. 둘째, 수치심, 죄책감, 당혹감 같은 복합적인 감정 상태(Tangney & Fisher, 1995)는 주로 우리가 내적 갈등을 경험할 때 발생한다(이번 장의 마지막 부분 참조). 일부 연구자들은 **2차 정서**(공감, 수치심, 자부심, 비탄, 죄책감, 질투심, 당혹감)를 1차 정서와 동일하게 보편적이라고 생각한다(Konok et al., 2015; Lewis, 2002). 욕망, 외로움, 야망, 배고픔, 갈증이나 고통과 같은 추동 상태를 정서로 분류해야 하는지 동기로 분류해야 하는지를 둘러싼 논란도 있다. 마지막으로, 정서로 분류해야 할지 명확하지 않은 의기양양함과 행복(well-being), 우울처럼 시간이 지나도 지속되는 기분(moods)이 있다.

4. 기분

정서와 비교했을 때 기분은 더 확산되고 더 오래 머무르는 경향이 있다. 대부분 명랑한 기분(자신감 있는, 낙관적인, 근심 없는 등)과 가라앉은 기분(비관적, 무력한, 경계하는, 불안한, 남의 시선을 의식하는 등)으로 구분된다. 기분은 내분비 및 신경의 활성화를 반영하여, 에너지 수준을 붇돋우거나 감소시키고 쾌락이나 통증 감각에 대한 접근을 강화하거나 감소시킨다. 사람들이 이미 동요하고 교감신경이 각성된 경우, 분노와 같은 정서는 더욱 격렬하게 느껴진다. 기분은 또한 우리의 지각과 사건에 대한 기억을 색칠한다. '기분 일치 효과(mood congruency effect)'(Bower, 1981)는 우리의 기분에 맞는 사건들을 기억하기가 더 쉽다는 것을 보여 준다(Fiedler et al., 2001). 가라앉은 기분은 자기 기대(self-expectations)를 감소시키고(Kanter et al., 2015) 사회적 상황에서 선행에 대한 기대를 감소시킨다(Bower, 1991). 흥미롭게도, 유도된 슬픔 연구는 긍정적인 기억을 적극적으로 회상함으로써 가라앉는 기분을 상쇄할 수 있다는 것을 보여 주었다(Josephson, 1996). 입원 환자들은 집에서와 같이 자신의 기분을 긍정적으로 조절할 수단이 없을 수도 있기에 간호사들의 지원이 필요할 수 있다. 긍정적인 기분과 낙관성을 적극적으로 유도하는 것은 병원 직원 입장에서 마땅히 해야 할 노력이다. **기분 전염 효과**(mood contagion effect)에 대한 연구(Neumann & Strack, 2000)는 대부분의 간호사들이 이미 알고 있는 것, 즉 그들이 명랑하거나 침울한지에 따라 그들의 환자들에게 똑같이 영향을 미친다는 것을 확인시켜 준다. 우울은 현재 전 세계적으로 조기 사망률과 연도별 장애에서 가장 많은 장애이며(Whiteford et al., 2013), 간호사들이 환자의 가라앉은 기분을 위해 무엇을 할 수 있는지를 알게 되는 것은 의미가 있다. 제8장에서 다시 이 부분을 다룰 것이다.

5. 사고와 동기, 감정 및 행동의 일치와 불일치

우리는 동기와 사고, 정서가 일관될 때 유연하게 행동하는 경향이 있다. 일관성(consistency)은 우리가 효율적으로 그리고 물 흐르듯이 작동할 수 있게 해 준다.

그러나 종종 **내적 갈등**(inner conflicts)이 이러한 원활한 작동 방식을 방해한다. 우리는 상반되는 동기, 복합적인 정서, 생각의 차이 또는 가치나 기대에 일치하지 않는 활동을 경험할 수 있다. 돌봄의 복잡성과 계획에 따라 일이 진행되지 않을 가능성을 고려할 때 원활한 운영이 원하는 만큼 흔하지 않을 수 있기 때문에 마음의 평화가 깨지는 순간을 자주 경험하게 된다.

세 가지 다른 돌봄 활동의 예시를 통해 좀 더 자세히 살펴보고자 한다(표 6.2).

환자와의 진단 논의는 의사소통이 효과적일 경우 원활히 진행될 가능성이 높고 질문에 답변하며, 간호사가 이를 바로잡으려 동기 부여가 되어 진단과 환자를 이해하고 공감하고 연민을 표현할 수 있다. 환자가 그 진단을 수용하기 어려워하면 공감을 표현하는 것이 필수이다. 환자의 가능한 반응을 예측하고 어떻게 대응해야 할지 생각해 보는 것이 도움이 될 것이다. 반면, 환자나 간호사가 진단이 잘못되었다고 판단하면 문제가 발생할 가능성이 있다. 환자는 매우 화가 날 수 있고, 추가적인 주의가 필요할 것이다. 간호사가 진단에 이의를 제기할 경우 이는 불편함을 초래할 것이고 오래 지속

표 6.2 사고와 동기, 감정 및 행동의 관계

사건	활동	동기	인지	정서	발생 가능한 부작용/불일치
환자와의 진단 논의	의사소통; 인간 중심 간호; 질문에 대한 답변	의사소통 기술 연습; 간호 적용	진단 이해; 환자 이해	관심; 연민; 공감	환자 혹은 자신이 진단을 수용하지 못함
비탄에 잠긴 가족에게 귀 기울이기	경청; 공감과 연민 표현	효과적인 정서적 돌봄 제공	정서적 요구 이해; 인간관계 형성에 대한 성찰	공감; 연민; 비탄에 잠김	상실에 대한 기억과 너무 강하게 연합
CPR 수행	빠르고 효율적인 처치; 환자처치 모니터링	생명을 구함; 최상의 능력 수행	정확한 절차 수행 이해; 성공/실패에 대한 사고; 심사숙고	두려움; 성공에 따른 즐거움	CPR 실패; CPR은 성공했지만 환자 상태가 좋지 않음

될 것이다. 우리가 믿지 않는 메시지를 전달하면 내적 갈등이 일어난다.

비탄에 빠진 가족의 말을 들을 때는 차분한 반응과 경청, 공감하는 모습을 보여야 한다. 정서적 돌봄을 제공하고, 정서적 욕구를 이해하고, 공감을 느끼고, 슬픔에 공명하는 능력을 제공하고자 하는 동기는 암담한 순간에도 긍정적인 경험을 가능하게 할 것이다. 돌봄 제공자가 지나치게 부담스럽다고 느끼면 힘들어진다. 다른 사람의 비탄은 우리 자신의 슬픔을 촉발하는 경향이 있다. 이렇게 되면 돌봄 제공자는 의사소통을 계속하는 것에 갈등을 느낄 수도 있다.

심폐소생술처럼 스트레스하에서 행해지는 활동은 학습하고 연습해서 자동적으로 수행되도록 할 필요가 있다. 누군가의 생명을 구하려는 동기는 커다란 책임이며, 아마도 각성 수준을 조절하기에는 너무 클 것이다. 따라서 숙련된 간호사는 가능한 한 그 일을 수행하려는 보다 겸손한 동기에 의해 움직이게 될 것이다. 인지는 활동에 집중해야 하지만, 그 사람의 생명을 구하지 못할 가능성에 대한 걱정이 끼어들 수도 있다. 그러한 생각들이 방해할 경우 그 개입을 없애기 위해 심사숙고할 필요가 있다. 그 과정 중에 두려움은 도움이 되지 않기 때문에 정서는 대부분 억압될 것이다. 이후 정서는 결과에 따라 달라진다. 성공하지 못한 심폐소생술은 실패를 둘러싼 내적 갈등의 전형적 징후로서 자책감을 초래할 가능성이 있다. 이 상태는 '더 하지 말았어야 했나?'라는 생각으로 내적 혼란의 전형을 보여 준다.

개념 요약 **인지부조화와 내적 갈등**

인지부조화 이론(cognitive dissonance theory; Festinger, 1957)은 우리가 어떻게 사고 내의 불일치와 행동과 사고 사이의 불일치를 경험하고 반응하는지를 다룬다. 우리가 불일치를 인식하게 되면 불편함이나 부조화를 경험하게 된다. 이것은 일관성과 마음의 평화가 회복될 때까지 우리의 태도, 지각 또는 행동을 적응시킴으로써 부조화를 줄이고 일관성을 회복하려는 노력에 동기를 부여한다. 가벼운 부조화는 짜증스러울 수도 있지만 강한 부조화는 당황, 수치심, 후회 또는 분노의 모습으로 나타날 수 있다. '감정이 복잡하다', '더 나은 판단에 반하는 행동을 하고 있다' 또는 '곤경에 처해 있다'라고 말할 수도 있다. 돌봄 제공자가 부조화를 이해하는 것은 필수적이다. 부작용이 나타난 후 표 6.2의 세 가지 예시에서 각각 내적 갈등의 핵심을 확인할 수 있는가? 그리고 각 상황에서 부조화를 줄이기 위한 제안을 할 수 있는가?

이 장의 끝에 예시 답안이 제공된다.

결론적으로, 동기와 정서, 사고는 상호작용하며, 그 과정이 서로 얽혀 있기 때문에 그들을 분리하기란 어려운 경우가 많다. 이러한 친밀한 상호작용은 내적 일관성과 원활한 행동을 촉진한다. 그런데도 불구하고 우리는 자주 모순과 불일치, 차이를 경험한다. 이것은 내적 갈등과 혼란의 근원이 될 수 있다.

요약

- 우리는 매우 정교하고 이성적인 방법(이성적 천재)으로 생각할 수 있는 능력을 갖추고 있지만, 부정확하고 고정관념적인 방법(인지적 구두쇠)으로도 생각할 수 있다. 후자는 돌봄의 위험 요소이다.
- 교감신경계의 각성이 통제될 때 대부분의 문제를 더 잘 해결한다. 과각성은 특별히 어려운 문제를 다루어야 할 때는 문제가 된다.
- 긍정적인 사고는 보건의료 분야에서 중요한 자산이다.
- 강한 내재 동기 없이 어떻게 돌봄 제공자가 될 수 있는지 알 수는 없다.
- 추동감소이론과 욕구계층이론은 동기 부여 과정을 이해하는 유용한 방법을 제공한다.
- 자신의 감정과 대상자의 감정을 이해하는 것이 질적인 돌봄의 핵심 요소이다. '감정노동'에서 올바른 균형을 찾지 못한다면 지치게 될 위험이 있을 수 있다.
- 인지와 정서, 행동은 일관될 수도 혹은 일관되지 않을 수도 있다. 불일치는 불쾌감을 느끼고 그것을 복원하려는 노력에 동기를 부여한다.

활동: 예시 답안

시나리오: 이성적 천재와 인지적 구두쇠

부분적으로 인지적 구두쇠 방식으로 기능한 다음 날 불만족스럽고 성취감이 없다고 느낄 수 있다. 이것이 일상화될 경우 괴로워질 수 있다. 그것이 걱정될 것이다.

활동 6-1

1) 인지적 구두쇠, 2) 이성적 천재, 3) 인지적 구두쇠, 4) 인지적 구두쇠, 5) 이성적 천재, 6) 인지적 구두쇠, 7) 이성적 천재, 8) 이성적 천재, 9) 이성적 천재, 10) 인지적 구두쇠

시나리오: 창의적인 문제 해결

Harry는 각 분야들이 모두 득이 될 수 있는 상황으로 해결책을 바라볼 수 있도록 도울 수 있다면 많은 갈등들은 해결될 수 있다는 원칙을 활용하고 있다. Siobhan의 해결책은 유사한 약의 이름을 잘못 읽는 '무심한' 실수를 피한다. 종류별로 보관하면 동일한 선반에 인접한 의약품에서 뚜렷한 대비가 발생한다.

시나리오: 간호사의 동기

Bukola는 내재 동기를 보여 주지만 Rita는 외재 동기를 보여 준다.

시나리오: 특수 제작된 새로운 정신 병동

경영진은 직원들이 생리적 욕구와 안정, 안전에 지나치게 신경을 쓸 경우, 업무에 대한 고차원적 욕구에 집중하기 어려울 수 있다고 판단했을 것이다. 이로써 간호 수준도 부정적인 영향을 받을 가능성이 높다.

활동 6-2: 기본 감정에 대한 성찰

자신의 감정에 대처하고 통제하는 방법에 있어서 자신의 강점과 한계가 무엇인지를 인식하는 것이 중요하다. 정서 지능(EQ) 개발은 돌봄 제공자들에게 없어서는 안 되는 항목이다.

개념 요약: 인지부조화와 내적 갈등

각각의 예시에서 부조화는 여러 가지 방법으로 나타나고 감소할 수 있다. 예를 들어, 진단 예시: 자신이 믿지 않는 것을 의사소통하는 것은 자신을 정직하게 보는 것과 불일치된다. 진단에 대한 생각을 바꾸거나 공개적으로 진단에 이의를 제기할 경우 부조화는 감소될 수 있다. 비탄 예시: 더 듣고 싶지 않은 것은 공감하는 돌봄 제공자 되기와 불일치된다. 부조화를 줄이는 것은 어렵기 때문에 머물러 감정을 나누는 것이 도움이 될 수 있다. 심폐소생술의 예시: 실패는 자신을 성공적인 전문가로 보는 것과 불일치된다. 당신이 할 수 있는 모든 것을 하고 올바른 절차를 따르는 것을 강조함으로써 부조화를 줄일 수 있다.

더 읽을거리

- Kahneman, D. (2011). *Thinking, fast and slow.* London, UK: Penguin.
  모든 면에서 있는 그대로 사고하는 것에 관한 매우 인기 있고, 환기적이며, 접근하기 쉬운 책이다.
- Weiten, W. (2008). *Psyk.Trek 3.1: a multimedia introduction to psychology* (3rd ed.). New York, NY: Wadsworth.
  CD-ROM(혹은 온라인 접속)은 인지와 문제 해결, 동기 부여 및 정서에 관한 훌륭한 모듈을 갖추고 심리학을 유쾌하게 소개한다.
- Allan, H., Traynor, M., Kelly, D., & Smith, P. (Eds.) (2016). *Understanding sociology in nursing.* London, UK: Sage.
  사회학적 글들은 돌봄의 정서에 대한 유용한 관점을 제공한다. 제5장이 특히 관련된다.

유용한 웹 사이트

- http://creativethinking.net/exercises
  '창의적 사고(Creative Thinking)'는 생각하는 기술을 연습할 기회를 제공하는 많은 웹 사이트 중 하나이다.
- https://www.mindtools.com/
  Mind Tools Club 웹 사이트는 기업 경영뿐만 아니라 보건의료 분야에서도 유용한 문제 해결과 전략, 기타 기술을 위한 흥미로운 도구를 제공한다.
- https://www.youtube.com/watch?v=PJrh99A5oal
  정서 지능에 관한 풍부한 콘텐츠를 갖춘 1분 분량의 보건의료 웹 세미나(2014년).
- https://www.youtube.com/watch?v=n6MRsGwyMuQ
  Daniel Goleman의 정서 지능-만화책 요약.
  7분 안에 Goleman의 영향력 있는 책에 나오는 모든 핵심 아이디어를 소개받을 수 있다.

CHAPTER 7

사회적 동물로서의 인간

학습목표

- 건강관리 업무의 사회적 상호작용의 원칙을 이해하고 적용한다.
- 사회적 영향에 대한 인간의 반응을 설명할 수 있으며 이를 건강관리 업무에 적용한다.
- 인간의 행동, 사고, 감정에 강력한 영향을 미치는 상황을 인식하고 문제가 유발되는 시점을 파악한다.
- 건강관리 분야에서의 조직과 안전 문화를 이해한다.

알기 쉬운
심리학

건강관리는 대부분 사회적 맥락에 의해 이루어지며, 돌봄 실무는 사회적 영향과 상호작용이 다른 무엇보다 중요하다. 그러므로 본 단원에서는 사회적 상호작용을 살펴볼 것이다.

상호주의, 집단 역학, 편견과 편향의 핵심 메커니즘을 시작으로 사회적 상호작용을 살펴보고, 동조, 복종, 역할 행동, 도움 행동을 강조하는 사회적 영향을 알아볼 것이다. 단원의 마지막 섹션은 조직과 안전 문화에 대해 살펴볼 것이다. 각각의 주제는 건강관리 업무를 관련지어 설명한다.

1. 서론

인간은 사회적 동물이다(Aronson, 2004). 이것은 인간이 다른 동물들과 유사하다는 것과 인간의 사회적 성향을 동물의 사회적 성향과 비슷한 것으로 이해해야 한다는 것을 의미한다.

예를 들면, 우리는 두세 명의 다른 사람들이 길을 건너면 빨간불에서도 길을 건넌다. 이것은 양이나 소들이 장애물을 건널 때와 비슷하다. 또, 우리는 대부분의 포유류가 서열상 상위에 있는 동물이 다가올 때 보이는 행동과 유사하게 직장에서 실세에게 아첨하거나 반항적인 모습을 보이기도 한다. 또한, 영장류의 다른 포유류들과 같은 방법으로 외부적으로는 그렇게 보이지 않지만 내부의 다른 사람들과 연합하고 지지하며 충성하기도 한다.

인간의 행동은 약속된 것은 아니지만 이런 식으로 자주 반응한다. 이것은 다른 동물들과 마찬가지로 자연생태가 우리에게 이러한 방법을 선택하도록 프로그래밍하였기 때문인 것으로 보인다. 또한, 익숙한 사회적 상황일 때, 그렇지 않은 상황보다 더 인간을 통제하는 경향이 있다.

이것이 사회적 영향에 대한 인간 이해의 초석이다. 이 장에서는 이것을 뒷받침하는 실증적 연구를 소개하여 보건의료 분야 같은 강력한 사회적 상황에 놓였을 때 스스로 혹은 타인에 대한 당신의 기대에 상당한 통찰력을 제공해 줄 것이다.

2. 사회적 상호작용 체계

2.1. 상호주의

왜 인간은 공동체 속에서 일하고 살고 있을까? 왜 인간은 휴식과 오락을 위해 다른 사람들과 사교적인 시간을 보낼까? 왜 인간은 서로에게 지지를 원하기도 하고 타인을 지지하기도 할까? 이 모든 질문에 대한 대답은 간단하다. 왜냐하면 일반적으로 공동체에 속하는 것이 인간에게 도움이 되기 때문이다. 공동체에 대한 경험의 법칙은 **'상호 간 혜택이 없으면 공동체도 없다'** 라고 말할 수 있다. 이 법칙은 보건의료 분야에도 적용되며, 당신이 이것을 인식하는 것이 중요하다. 내가 당신의 등을 긁어 주니까, 당신도 나의 등을 긁어 준다. 내가 당신의 부탁을 들어 주니까, 당신도 내 부탁을 들어 준다. 내가 당신에게 인사하니까, 나도 당신에게 인사 받기를 기대한다. 당신이 다른 사람에게 베푼 어떤 친절은 사회적 혹은 업무적 투자이며, 거기엔 보상이 있을 것이라는 기대가 있다(Cialdini et al., 1975).

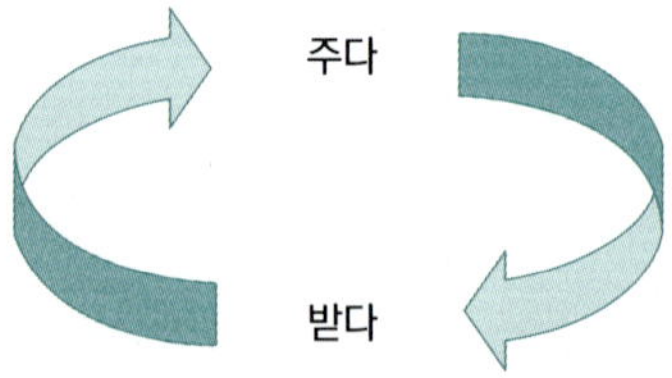

그림 7.1 상호주의(reciprocity)

때때로 인간은 인사할 때와 같이 즉각적인 호혜성을 기대한다. 어떤 때는 친절에 대한 보상이 나중의 어느 한 시점에서 이루어지기도 한다. 친절의 복잡한 네트워크와 보상은 사회적 그리고 업무적 관계에서 끊임없는 활동과 행동의 혼란을 만들어 낸다. 일반적으로, 인간은 누가 누구에게 도움을 받았는지 알고 있다. 이것은 중요한 일이다. 왜냐하면 만약 인간이 어떠한 도움에 보답을 안 하는 사람들을 문제로 인식하지 않는다면 사회구조는 약화될 것이기 때문이다(Cosmides & Tooby, 1992).

인간이 타인을 신뢰하고 호의를 지속적으로 교환한다면, 호의에 대한 즉각적인 보상을 덜 걱정하게 되며, 이는 상호 **이타주의**(Trivers, 2006)가 기준이 될 수 있다. 즉, 다른 사람들에게 무언가를 주고 보상을 받는 것이 엄격한 감시하에 이루어지지 않는다는 뜻이다. 이런 조건에서 사람들은 더 효율적으로 협력하고 서로를 믿게 된다. 사람 사이의 신뢰는 아주 중요한 문제이다. 이 신뢰는 만들기 어렵고, 쉽게 깨지며, 깨졌을 때 다시 만드는 것도 어렵기 때문이다(Kosfeld, 2007).

돌봄 제공자로서 당신의 직무는 시간과 에너지를 쏟는 '주는 것'과 다른 이들을 돕는 것으로 기대한다. 당신 또한 보상을 받는 것을 기대한다. 당신의 급여는 보상의 한 형태지만, 조화로운 업무 관계가 없고 동료들 간 상호 호혜가 부족하다면, 문제가 될 것이다. 이러한 경우, 어떤 행동이 기대한 대로 보상이 이루어지지 않았는지 자세히 알아볼 필요가 있다(표 7.1). 우리는 약속이 깨지거나 불신의 이유를 알아보는 것이 얼마나 중요한 일인지 종종 과소평가한다.

대상자와의 관계에서 돌봄 제공자는 일반적으로 '주는' 사람이다. 대상자는 당신의 도움을 바라지만(그들이 원하는 것은 당신의 도움이고 그것에 대해 어떠한 방법과 형태로든 대가를 지불한다.), 대상자들은 의무를 넘어서 당신의 친절이나 조력에 보답하고자 할 것이다. 비록 보답할 수 있는 능력이 제한되지만, 그럼에도 불구하고 미소를 짓거나 친절한 인사 혹은 고마

표 7.1 행동의 상호성

행동	기대되는 반응
누군가에게 친절을 베푼다	친절을 알아주거나 보상한다
어떤 것을 빌려준다	물건을 돌려준다
인사한다	되받아 인사한다
일한다	합당한 급여
범죄	정의, 복구
약속	약속을 잘 지킨다
건강보험료를 낸다	질 좋은 의료 서비스를 받는다
대상자를 돕고 돌본다	회복

움이나 감사의 표현을 보여 줄 것이다. 이것뿐만 아니라 몸이 나아지는 것이 당신의 노력에 보답하는 가장 강력한 방법이라고 말하기도 한다.

2.2. 집단 형성, 협력, 경쟁

안정된 집단에서는 상호주의와 이타주의가 자유롭게 일어난다. 이러한 집단은 전통적으로 혈족관계에 기반을 두고 있다. 대가족의 사람들은 서로를 도와준다. 그렇게 하면 유전적으로 비슷한 사람들이 혜택을 받기 때문이다(Gaulin & McBurney, 2001). 이것은 우리에게 가깝다고 느껴지는 모든 이들과의 **협력**(collaboration)과 공유를 촉진한다.

그에 반해서, 우리는 **경쟁**(competition)을 위해 태어났다는 것을 인식해야 한다. 협력과 비슷하게, 경쟁 역시 진화된 적응이며(Flinn et al., 2005; Buss, 1999) 우리가 어떻게 살고, 짝을 맺으며, 일을 하는지에 대한 핵심적인 특징이다. 경쟁은 자원이 한정적이거나 경쟁하고 있는 것들의 차이점이 명확해질 때 더욱 확실해진다. 민족적이고 종교적인 배경, 사회적 지위, 언어, 전문적 배경 지식과 정치적 신념을 고려하여 몇 개의 예시를 말해 보자. 이러한 핵심적이고 다양한 특성들은 우리의 의사와는 관계없이 전 인생에 걸쳐 집단에 지속적으로 포함되도록 만든다. 또, 다른 집단의 사람들은 더 임시적이고 자발적일 수 있다. 스터디 그룹이 좋은 예이다. 우리는 인생을 살며 많은 집단에 속한다. 이러한 집단들은 서로 겹치고 집단 내의 집단이 존재하기도 한다. 보건의료 분야의 다른 전문적 집단에서뿐만 아니라 돌봄 제공자와 돌봄 수혜자 사이의 차이는 집단 내외적 체계의 대상이 된다.

활동 7-1 ●●● 생각해 보기

당신이 아는 간호 조직의 다른 종사자들과 집단에 대해 생각해 보라.

그것들을 나열해 보고 적어 보라. 집단 간의 상호작용과 힘의 차이를 고려해 보라.

당신의 경험을 이용해 협력, 상호주의 그리고 경쟁의 범위를 알아보라.

이 장의 끝에 예시 답안이 제공된다

우리는 집단 내 협력과 다른 집단 간 경쟁을 강조하는 경향이 있다. 그렇지만, 집단 내에서도 종종 경쟁하곤 한다(Buss, 1999). 이러한 경쟁은 종종 혼란스러운 방식으로 나타난다. 가족 내에서 아이들은 형제, 자매를 라이벌로 인식하며 경쟁을 하지만, 그와 동시에 협력하기도 한다(Goldenthal, 2000; Hudson & Trillmich, 2008). 이러한 행위는 아이들에게 세상에서 두 가지 방법으로 상호작용하여 살아가도록 준비를 시켜 준다. 많은 계급 조직 집단들은 서열의 상승을 위한 경쟁을 촉진하지만, 동시에 협력도 일어난다. 연합의 형성은 경쟁적인 환경 속에서의 협력의 흔한 상황이다. 업무적 '친구관계'가 이것의 좋은 예이다. 모든 직장 조직은 이러한 **연합**이 필요하다. 지나치게 경쟁적인 환경에선 이러한 연합이 붕괴한다. 종종 업무적 친구관계의 전체적인 효율이 손상되어 결국 조직의 생산성에 영향을 미치기도 한다. 협력은 팀워크, 공유, 교류, 조화 그리고 조직이 기능하는 데 핵심적인 여러 다른 특성을 포함한다(Bedwell et al., 2012). 협력은 우리가 경쟁에 대해 항상 준비되어 있다고 해서 당연하게 형성되는 것은 아니다(표 7.2).

표 7.2 집단 내와 집단 간의 성향

집단 내 성향	집단 간 성향
협력	경쟁
자원 공유	자원 확보 경쟁
도움과 이타주의	방관자 효과와 도움의 보류
조화	갈등
개개인을 인정	고정관념, 편견
인도주의적	비인도주의적

미국의 여름 캠프에서 10대 소년들을 대상으로 한 유명한 실험은 치열한 경쟁을 만들어 내는 것이 얼마나 쉬운지 보여 준다. 수일 만에, 캠프 지도자는 임시적으로 만든 같은 규모의 두 집단을 만들어 내는 것에 성공하였다. 표 7.2에 나타난 모든 성향들이 나타났다. 인위적으로 만들어진 지위적 차이와 경쟁적인 게임이 고정관념과 편견을 만들어 냈다. 흥미롭게도 이러한 분열이 심화되면서 각자의 위치에서 더 이상 친근한 상호작용이 일어나지 않았고, 비방을 하거나 해로운 행동들이 일어났다. 반면, 매우 중요한 협력의 필요성을 만들어 내는 것을 통해서만 이 두 집단 간의 경쟁을 극복해 낼 수 있었다(Sherif et al., 1961). 교육 영역에서도 집단적 분열을 극복하는 것의 핵심인 모든 이들이 협력해야 하는 공통적 목표의 중요성이 확인

된 연구 결과가 있었다(Aronson & Bridgeman, 1992). 어쩌면 당신 역시 경기 중에는 아주 경쟁적이었지만, 공을 풀숲에 잃어버리고 난 뒤에는 모두 함께 공을 찾았던 경험을 통해 알 수도 있었을 것이다.

보건의료 분야 서비스 내에서도 종종 여러 전문적 집단이 경쟁적인 방법으로 행동하기도 한다. 다른 지위, 다른 유니폼 그리고 다른 상징적 표현들이 이것을 심화시킨다. 사회심리학 문헌들은 모든 이들이 도움을 받고자 협력하는 것은 오히려 분열로 이어질 수 있다고 설명한다(Aronson, 2004; Aronson & Bridgeman, 1992). 우리는 동일한 목적 추구를 통해서 직업 종사자들을 통합시킬 수 있다. 대학의 **학제 간** 교육 공유 발전 요구는 이러한 문제를 극복하기 위한 하나의 단계이다. 다학제 집단 간의 밀접한 협력은 또 다른 단계이고, 이것은 현대 보건의료 실무의 공통된 특징이다. 그렇지만 더 많은 조치들이 취해져야 한다. 왜냐하면 우리가 보았듯이, 서로 간 협력에 기여하는 것과 더 많은 평등주의적 상호작용을 이끌어 내는 것을 강조하는 어떠한 노력도 행해지지 않는다면 밀접한 관계라고 해서 반드시 문제가 해결되는 것은 아니기 때문이다.

집단 간의 성향은 건강관리 서비스 전문가들과 서비스를 받는 사람들, 대상자 혹은 서비스 이용자들 사이에도 역시 존재한다. 이 문제는 로버(Lorber, 1975)에 의해 오래전부터 인식되고 있었다. 대상자들은 종종 직원들에 의해 외부 집단처럼 다루어지며, 특히 힘겹거나 문제가 있는 대상자라고 인식될 때 더욱 그러하다. 이것은 돌봄 관계에서 부정적인 영향을 미치고, 위태로운 돌봄 수준과 심지어 학대로 이어질 수 있다. 특히, 정신질환자들과 지적 장애가 있는 사람들, 그리고 치매로 고통 받고 있는 노인 같은 취약한 집단에서 더 자주 일어난다는 것은 슬픈 일이다(Care, 2012; Phelvin, 2014). 잘못된 행동을 일으키는 중요한 요소는 대상자를 **비인간화**하는 것에 있다. 때때로 우리는 품위를 잃은 대상자들을 돌보는 상황에서 우리의 방식으로 그들을 비인간화한다. 이 문제는 제10장에서 다룰 것이다.

시나리오: 지역사회의 정신건강 서비스

도시에서의 지역사회 정신건강 서비스는 인종과 민족적 경계로 인해 꽤 많이 분리되어 있었다. 각각의 지역사회 건강관리 단체는 자신의 사람들이라고 여겨지는 하나의 민족적 배경을 지니고 있는 사람들로만 구성되어 있었다. 거기에는 이웃 간의 인종적 그리고 정신건강 단체 사이의 인종적 갈등이 있었다. 자금 적자로 인해 여러 단체들이 해체되고 능력 있는 인적 자원은 재배치되었다. 이것은 단체들의 인종차별 폐지를 의미했고, 또한 처음으로 대상자들은 다른 민족적 배경을 지니고 있는 간호사를 만나러 가기 시작했다. 관리 단체들은 변화를 주어 여러 인종의 정신건강을 돌보는 단체를 설립하기로 결정한 후 도입하였다. 이러한 협력의 필요성을 통해 업무는 조직화되었고 조금 덜 계급적인 조직 구조가 만들어졌다. 이러한 경영 계획의 변화에는 어떤 점들이 성공적인 변화요인으로 작용하였을까?

이 장의 끝에 예시 답안이 제공된다.

2.3. 편견

우리는 본질적으로 **편견**(prejudice)이 있다는 것을 스스로 인정해야만 한다는 것에 대해 충격을 받을 수도 있다. 로스앤젤레스에 있는 톨러런스 박물관이 모든 방문객들에게 이 점을 상기시킨다. 관람표를 구매한 후 박물관에 입장하기 위해 2개의 출입문 중 하나를 선택해야 한다. 하나는 편견이 있는 사람들을 위한 문이며, 다른 문은 편견이 없는 사람을 위한 문이다. 만약 당신이 편견이 없는 사람들을 위한 문을 들어가려고 시도하면, 문은 잠겨 있고 이러한 문구가 뜬다. '생각하세요…… 이제, 다른 문을 이용하세요.'

우리는 동료들과 민족적으로 혹은 인종적으로 다르고, 다른 언어를 쓰고, 또는 다른 방면으로 다른 사람들과 만난다. 그러므로 우리의 편견을 다

개념 요약 편견의 진화

사회심리학 연구들은 우리가 얼마나 쉽게 고정관념과 편견을 사용하는지를 보여 준다. 그리고 진화심리학은 이것에 대한 근거를 제공한다. 첫째, 우리의 뇌는 늙고, 취약하고, 병약한 사람들에게 편견 혹은 낙인을 찍도록 진화되어 왔으며, 이는 그들을 배척하고 피하는 행동을 하도록 만든다. 편견은 공동체를 먹일 음식이 제한된 고대에서는 적응적이었다. 이것은 수렵사회에서 전염병을 줄이는 데에 도움이 되기도 하였다. 둘째, 진화심리학자들은 집단 내외의 사람이 누구인지, 누가 친구이고, 누가 적인지의 구분과 같이 사회 체계의 이해에 있어서 단순한 방법으로의 적응이 있어 왔음을 주장한다. 우리의 선조인 수렵채집인들은 다른 부족의 사람과 마주쳤을 때 '우리와 다르고 위험하다'라는 개념을 자동적으로 그리고 즉각적으로 적용함으로써 도움을 얻었다. 다른 부족을 습격하는 것은 일반적인 행위이고 그래서 이러한 적대감을 갖고 시작하는 것은 빠르게 선수를 치거나 이러한 상황에서 빨리 벗어나는 것으로 우리의 선조들이 살아남는 데 도움을 주기도 하였다.

시 정리하고 다양성을 포용하는 것을 배워야만 한다. 그렇지만 불안하고, 위협받고, 화나고, 스트레스를 받고, 긴장하고, 압도되고, 서두르거나 피곤할 때 우리는 이런 근본적인 성향을 작동하게 한다(Fiske, 2004; Fiske, 2000)(제6장 참고). 이것이 문제가 될 수 있다는 것은 보건의료 전문가가 돌봄 집단을 대상으로 한 고정관념과 편견에 관한 연구에서 잘 설명되어 있다(Ross & Goldner, 2009; Eliason, 1993). 결국, 사회의 일반적인 편견들은 돌봄 제공자에게 영향을 주며, 이는 특히 지역사회에서 일을 할 때 나타난다. 에이즈, 신체적 장애, 정신적 문제, 지적 장애를 가진 사람들과 일을 하며 종종 그들이 경험한 낙인을 강렬히 깨닫게 된다(제9장 참고). 이것은 때때로 지역사회에서 치료와 지지를 제공할 때 중요한 장애요소가 된다. 그러므로 집단 내/집단 간 체계와 고정관념에 대한 유전적인 성향을 맥락과 함께 이해하는 것이 중요하다.

시나리오: 지역사회의 통합을 향하여

Jennifer는 12명의 보통 수준의 지적 장애를 가진 사람이 주거하는 곳에서 일하는 지적장애 환자를 돌보는 전문간호사이다. 지역주택 계획은 주요 도시의 통근 벨트에 자녀가 있는 주된 가족들과 이웃한 3개의 근접 단위로 구성되어 있다. Jennifer의 보살핌을 받고 있는 사람들은 이웃에게 잘 받아들여지지 않고, 그들이 시장을 보러 가거나 지역 주민 센터에 방문을 할 때, 사실상 그 장소에 있는 가족들과 아무런 상호작용이 이루어지지 않는다. Jennifer는 이것에 대하여 무언가 조치를 취하려 한다. 이 장에서 배운 원칙들을 이용해, Jennifer에게 어떻게 조언하겠는가?

이 장의 끝에 예시 답안이 제공된다.

2.4. 편향의 정글

우리가 이미 인지적 구두쇠 접근법으로 알아본 것처럼(제6장 참고), 사람들은 자주 편향된 생각을 한다. 몇 가지 나열하자면, 후광 효과, 합의성 착각 효과, 착각적 상관, 확증 편향, 사후 과잉 확신 편향, 기본적 귀인 오류, 배우-관중 편향, 자기중심적 생각, 자기고양적 편향, 집단 사고의 함정, 대비 효과, 점화, 프레이밍, 초두성 효과, 관심 감소, 희석 효과, 대표성 발견법, 가용성 추단법, 태도 어림법이 있다. 이것을 다 알아보는 것은 너무 길기 때문에 우리는 실무와 관련된 몇 가지 편향에 대해 알아볼 것이다.

알고 있어야 할 핵심적 편향은 **배우-관중 편향**(actor-spectator bias)이다(Jones & Nisbett, 1971). 이 편향은 우리가 분노로 이어질 수 있는 환경을 면밀히 검토하는 것 대신, 대상자의 짜증을 그저 성가신 문제로 취급하도록 한다. 만약 우리가 우리 자신에게 화가 났다면, 우리는 외부적 요인을 빠르게 찾으려고 할 것이지만, 많은 경우 그것에 실패한다. 다양한 문헌들이 '힘겨운 대상자'에 의해 발생된 문제를 강조하고 있다(Peterson,

1967; O'Sullivan, 2015; Sykes & Javidnia, 2013). 이것은 이 편향에 근거를 두고 있다.

다른 중요한 문제는 **확증 편향**(confirmation bias)이다. 이는 우리가 현재 믿고 있는 것을 변경하는 것보다 확증을 찾는 경향이 있다는 것이다(Aronson, 2004; Wason & Johnson-Laird, 1972). 이것은 우리에게 해가 되거나 심지어 위험할 수 있다. 왜냐하면 많은 다양한 상황에서 우리의 판단을 흐리게 할 수 있기 때문이다. 예를 들면, 진단을 내린 후에 우리는 그것에 반증하는 근거를 지각하기보다는 그것을 보충하는 추가적 근거를 찾는 경향이 있다. 다른 예는 치료가 시작되었을 때, 우리는 치료의 이점을 강조하는 경향이 있고 일어날 수 있는 부작용의 징후를 무시하는 위험에 처한다. 이 편향은 처음 징후가 나타났음에도 실수들이 일반적으로 인지되지 않는 주요한 이유들 중 하나이다. 흥미롭게도, 실수가 한 번 인지되었을 때, 우리가 처음에 무시하였던 모든 징후들이 보이기 시작한다. 왜냐하면 그 징후들은 진단과 치료에 대한 바뀐 관점을 반영하고 있기 때문이다. 우리는 이것을 **사후 과잉 확신 편향**(hindsight bias)이라고 부른다.

확증의 원칙은 사람과 상황을 판단하는 방법에도 영향을 미친다. 우선 우리의 마음에 **점화**(priming)되거나 '틀(frame)'을 만들어 내고, 이는 추가 정보의 평가에 영향을 미친다. 그래서 동료 혹은 대상자의 첫인상은 당신의 추후 판단에 부정적인 영향을 미칠 수 있다.

활동 7-2 ••• 근거 기반의 실무와 연구

마음의 틀(framing) 혹은 점화 효과

당신은 어떤 동료를 가장 좋아하는가? 편향의 메커니즘을 설명해 보라.

- 돌봄 제공자 X: 지적이고, 성실하고, 충동적이고, 비판적이고, 고집스럽고, 질투가 많다.
- 돌봄 제공자 Y: 질투가 많고, 고집스럽고, 비판적이고, 충동적이고, 성실하고, 지적이다.

이 장의 끝에 예시 답안이 제공된다

당신은 성격의 특성이 모두 같고, 오직 순서가 다르다는 것을 눈치 챘을 것이다. 그것과 상관없이, 당신이 대부분의 사람과 비슷하다면, 당신은 돌봄 제공자 X만큼 돌봄 제공자 Y를 좋아한다고 대답하지 않을 것이다. 처음 읽은 긍정적 특성이 우리가 그다음 따라오는 부정적인 특성을 어떻게 평가하는지 영향을 준다. 그 반대도 마찬가지이다(Asch, 1946).

또한 어떠한 이유에 의해, 우리는 **매력적**이라고 여기는 사람을 좋아하는 경향이 있다(Dion et al., 1972; Berscheid & Walster, 1974). 우리는 매력적인 사람들에게 더 친절하고, 말을 믿어 줄 준비가 되었으며, 범죄나 잘못된 일에 연루되었다고 믿지 않는다(Aronson, 2004). 매력적인 사람들은 법정에서도 특혜를 받는다(Fraga, 2015). 직원으로서도 혜택을 받고(Hosoda et al., 2003), 쉽게 해고되지 않는다(Commisso & Finkelstein, 2012). 매력적인 대상자가 더 좋은 치료를 받는지 아닌지는 편하지 않은 질문이다. 이 문제에 대해 자세한 연구가 이루어지지는 않았지만, 낮은 매력의 편향을 포함하여 누적된 편향이 돌봄 수혜자에 대한 돌봄 제공자의 관점에 부정적인 영향을 끼친다는 것이 밝혀졌다(Wills, 1978).

최종적으로, 우리는 업무를 통하여 우리 자신을 정형화하곤 한다. 우리가 부정적인 고정관념을 가진다면, 업무에 부정적인 영향을 끼칠 수 있다. **고정관념 위협(stereotype threat)**에 대한 연구들은 여러 민족적이고 전문적인 집단의 업무 수행이 해당 업무를 수행하기 전 이러한 집단에 관한 고정관념이 형성되어 있다면 부정적인 영향을 끼칠 수 있다는 것을 밝혀냈다(Walton et al., 2015; Steele et al., 2002). 그러므로 아프리카계 미국인들은 그들이 해결하려고 하는 수학 문제들을 그들보다 아시안계 미국인 참가자들이 더 잘 푼다고 들었을 때, 그들이 보통 할 수 있는 만큼의 실력을 보여 주지 못했다(Steele & Aronson, 1995). 그들이 이러한 정보를 듣지 않았다면, 이러한 영향이 일어나지 않았을 것이다. 유사 연구로 고정관념 위협이 성별에 따른 행동에 영향을 끼침이 밝혀졌다(Davis et al., 2005;

Spencer et al., 1999). 돌봄 제공자 자신이 가지고 있는 고정관념적 믿음이 업무 수행에 영향을 끼칠까? 이것에 대해 생각해 보자(제10장 참고). 이러한 고정관념은 무엇이라고 생각하는가? 이 문제에 대해 새롭게 진행되는 연구에서 간호직에 대한 대중의 관점이 간호 업무 수행에 영향을 미칠 수 있음을 제시하고 있다(Takase et al., 2006).

활동 7-3 ••• 비판적 사고

여기서 확인할 수 있는 편향의 유형을 찾아보라.

- 당신은 중환자실에서 아주 허약한 사람들을 돌보고 있다. 다른 환자들에 대해서도 좀 더 취약한 존재로 보고 있는 자신을 발견한다.
- 당신은 자기 스스로 화장실을 가는 것을 무서워하는 16세 소년을 겁쟁이라고 여긴다(그가 병원에 있는 이유가 화장실에서 습격을 받은 것 때문인 것을 듣기 전까지).
- 의사가 당신에게 대부분의 간호사들은 뇌에 대해 잘 이해하지 못한다고 말한다. 그 이후로 당신은 뇌에 관한 대화를 잘 나누지 못한다는 것을 깨닫는다.
- 암 진단을 받은 그녀는 심각한 병에 걸렸다고 판단하여 이 진단을 반박하는 두 번째 증거가 나오기 전까지 1년 동안 치료를 받았다.
- 당신은 외모에 손상이 있는 대상자가 그녀 옆자리의 매력적인 대상자가 받는 미소를 받지 못하고 있다는 것을 깨닫는다.

이 장의 끝에 예시 답안이 제공된다

2.5. 사회적 영향

사회적 영향에 관한 연구는 사회심리학에서 항상 주요 기사를 차지했었다. **동조, 복종, 역할 행동과 방관자 효과**에 관한 연구는 어떻게 우리가 우리 자신을 이해하는지에 강한 영향을 끼쳤다. 비록 1955~1975년 사이에 시행된 연구일지라도, 이 연구들은 지금도 영향을 끼치고 있고 최근의 연구도 비슷한 결과를 보여 주고 있다. 우리는 온라인에서 볼 수 있는 흥미로운 영상과 활동 7-4를 통하여 이러한 주제에 대해 많은 것을 배울 것이다. 이번 섹션에서 우리는 각각의 주제들을 건강관리 업무에서의 적용에 대해 집중할 것이다.

활동 7-4 ••• 증거를 기반으로 한 연습과 연구

사실을 찾는 과제: 인터넷을 검색하여(YouTube, Wikipedia) 다음 질문에 토의하고 대답해 보라.

솔로몬 애시(Solomon Asch)의 동조(conformity)에 관한 유명한 실험에 대해 설명해 보자. 주요한 결과들은 무엇인가? 실험 결과가 왜 돌봄 제공자에게 고려되어야 하는가?	스탠리 밀그램(Stanley Milgram)의 복종(obedience)에 관한 유명한 실험에 대해 설명해 보자. 주요한 결과들은 무엇인가? 실험 결과가 왜 돌봄 제공자들에게 중요한가?
스탠퍼드 감옥 실험에 대해 설명해 보자(Zim-Bardo, Haney, & Prescott). 주요한 결과들은 무엇인가? 실험 결과가 왜 돌봄 제공자들에게 흥미로운가?	방관자 효과(bystander apathy)에 관한 라탄과 달리(Latané & Darley)의 업적에 대해 설명해 보자. 주요한 결과들은 무엇인가? 돌봄 제공자들은 방관자 효과를 어떻게 예방할 수 있을까?

이 장의 끝에 예시 답안이 제공된다

2.6. 동조

동조는 특별한 외력 없이 타인들과 같은 방식으로 행동하는 것으로 보여지는 일관된 행동을 말한다. 높은 동조감은 조직의 원활한 운영에 도움이 된다. 그렇지만 동조에 관한 연구는 바람직하지 않은 면도 있다는 것을 강조한다. 솔로몬 애시(1956)의 유명한 연구에 따르면, 명백하게 잘못된 결정을 내리고 있는 집단의 압박 속에서 개개인은 그것에 동조하고 같은 결정을 할 확률이 높다고 한다. 동조의 영향은 우리가 잘못하고 있다는 것을 인지함에도 불구하고 우리가 타인들과 다르게 보이는 것에 대해 극도로 불편함을 느끼는 것과 타인들도 똑같은 행동을 할 거라고 기대한다는 것이다. 이것은

건강관리 업무에서 문제가 되어 왔다. 대다수의 사람들이 조잡하고 옳지 않은 행동을 보일 때, 다른 모든 사람들도 이것을 따른다는 것이다. 특히, 집단 전체가 개인에게 등을 돌릴 때 의견을 달리하는 것은 극도로 어렵고 스트레스를 받는다(Asch, 1956; Hodges & Geyer, 2006; Dungan et al., 2015). 내부 고발자들은 부정행위를 밝히는 그들의 노력이 '지옥 같았다'라고 말한다.

한편, 집단 의사 결정에 관한 연구는 다른 메커니즘과 결합되면서, 동조는 대단히 의심스러운 결정으로 이어질 수 있다는 것을 밝혀냈다. 친근한 관계, 강한 견해를 가진 지도자, 비판적이거나 다른 관점에 대한 배척적인 행동의 결합은 **집단사고**(group think)로 이어질 수 있다(Janis, 1982). 병원위원회 등에서는 때때로 이러한 방법으로 운영됨으로써 그들의 운영에 비판적인 관점을 잃어버리는 위험에 빠질 수 있다. 업무가 너무 평이하고 비판이나 대안적 관점이 억압될 때, 특히 이것에 주목하는 것이 중요하다.

2.7. 복종

대부분의 의료기관에서 각기 다른 수준의 권력을 가진 경영진들에 의해 결정과 명령이 내려진다. 규칙, 규정, 지시 사항의 준수를 위해 복종이 필요하다. 모든 것을 감안할 때, 당신은 동조처럼, 복종이 단점보다 이점이 더 많다고 주장할 수도 있다. 그렇지만 복종도 역시 어두운 면을 가지고 있다. 밀그램(1963)의 유명한 연구에 따르면, 권력적인 사람에게 가르침을 받아 교사가 된 일반적이며 선의를 가진 사람들은 교육을 받는 사람들이 잘못을 저질렀을 때 고통스러운 충격을 주는 체벌을 할 준비가 되어 있다고 한다. 이 연구는 체벌을 받는 사람들이 실제로 충격을 받지 않도록 세심하게 연출되었다. 모든 것은 교사가 이러한 술책을 믿도록 연출되었다.

그 당시, 밀그램의 결과는 종종 의문이 제기되었지만, 최근의 동일한 실험(Burger, 2009)은 이것이 우연이 아니었음을 밝혀냈다. 밀그램의 실험은 처음에는 남성 참가자들만 포함하였지만, 이후 비슷한 결과가 여성 참가자들에게서도 발견되었다. 밀그램은 추후 연구에서 여러 다른 관점의 연구설계를 적용하였다. 결국 피해자들은 다른 방에서 고통받고 있고, 참가자들이 가장 많은 권력을 가질 때 복종성이 가장 높다고 결론하기에 이르렀다. 최근의 동일한 실험은 참가자들이 권력 또는 피해자들을 어느 정도 인지하고 있느냐에 따라 다르다는 것을 강조하였다. 복종은 권력에 대한 인지가 높고 피해에 대한 인지가 낮을 때 가장 높다고 한다(Haslam & Reicher, 2012). 이것을 보건의료 서비스에 적용한다면, 직접적인 감독하에 있는 간호사들이 더 복종적이라는 것을 예측할 수 있다. 환자에게 치료적인 학대가 있었을 경우, 환자의 고통에 대한 낮은 인식은 이를 조장한다.

시나리오: 복종적인 간호사

Melina는 원칙을 벗어난 수술을 돕고 있다. 의사가 이것을 인지하지 못하고 있는 것처럼 보였기 때문에 그녀는 이 점을 걱정하고 있다. 다음 날, 그녀는 다른 환자의 같은 수술을 도왔고, 같은 일이 일어났다. Melina는 무엇을 해야 할지 알지 못하고 있다. 그녀는 자신의 우유부단함을 이해하려 노력한다. 이 장에서 설명한 원칙들을 이용해 그녀를 도울 수 있을까?

이 장의 끝에 예시 답안이 제공된다.

2.8. 역할 행동

일반 간호사나 아동 전문 간호사들은 대부분 유니폼을 착용한다. 이것은 환자에게 있어 중요한 일이다. 반면, 정신건강과 지적 장애 영역에서 일하는 간호사들은 착용하지 않는다. 이것도 역시 그들의 내담자들에게 있어 중요한 일이다. 유니폼을 착용하는 것은 '나는 전문가이고 유니폼의 기준에 따라 행동할 거야'라고 말하는 것 같다. 유니폼을 착용하지 않는 것은 '나는 본질적으로 당신들과 같고 동등한 입장에서 도와줄 거야'라고 말하는 것과 같다. 치료의 종류에 따라 이에 대한 적절성은 달라진다.

구체적인 기대는 유니폼과 함께 결정된다. 병원에서 목에 청진기를 두르고 하얀 가운을 입은 사람은 자연스럽게 의사 혹은 간호사로 여겨진다. 그렇지만 우리 자신에 대한 기대도 우리가 유니폼을 입었을 때 영향을 받는다. 유니폼이 당신을 간호사의 역할을 맡도록 하고, 이것은 당신이 어떻게 행동하는지 영향을 줄 수 있다. 비행 시뮬레이터를 조작하는 조종사를 대상으로 한 엘런 랭거 등의 연구(Langer et al., 2010)에 따르면, 그들이 유니폼을 입고 조종사라는 역할에 대한 인지가 시력을 현저하게 개선한다는 것을 밝혀냈다. 이러한 실험이 간호학을 공부하는 학생들을 대상으로 진행된다면, 일반적인 간호 업무 수행 능력이 유니폼을 입었을 때 더 정확해지고 돌봄 역할에 완전히 몰두할 것임을 알 수 있다. 전문적인 역할을 수용하는 것은 그 역할을 수행하는 데 있어 더욱 효과적임을 알 수 있다.

때때로 역할은 실제로 우리가 관점을 잃어버리고 의문을 가지지 않은 채 행동하게 할 수 있다. 이것은 스탠퍼드 감옥 실험에서 잘 나타난다(Zimbardo et al., 1974). 수감자 역할을 맡은 학생들은 소극적이거나 우울해졌고, 교도관 역할을 맡은 학생들은 그 실험에 속한 모두를 놀라게 한 잔인성을 보였다. 세상에는 이 실험이 일반적인 현실을 반영한다는 사실에 대한 더 많은 근거들이 있다. 심지어 우리는 병원에서도 간호사와 의사가 그들의 역할의 지배하는 부분만을 맡는 위험에 빠지고 환자의 요구에 관한 관점을 잃어버리는 것을 볼 수 있다. 그와 반대로, 우리는 극도로 수동적인 '환자의 역할'을 맡은 대상자들을 볼 수 있는데, 그들은 더 무기력한 상태가 되는 위험을 안고 있다.

2.9. 도움과 방관자 효과

일반적으로 우리는 우리의 도움에 대해 직접적인 요청이 있을 때 남을 도와주는 경향이 있다. 진화적 관점으로 보았을 때 이것은 말이 되는데, 왜냐하면 이러한 요청은 대부분 우리 공동체 구성원들로부터 나오고, 우리는 이러한 보상 체계의 일부분으로서 돕는 것에 적응해 왔기 때문이다(Buss, 1999). 우리는 보상으로 도움 받기를 기대할 것이다. 도움에 관한 실증적인 연구가 이 원칙이 사실임을 보여 준다(Gross & Latané, 1974). 인지부조화 이론은 도움에 관한 도덕적인 의사 결정에 대해 자세히 설명한다. 누군가를 돕지 않는 것은 스스로가 좋은 사람이라는 믿음을 위반하기 때문에 우리는 누군가를 돕는다(Aronson, 1969). 그리고 이는 '부조화적 불편감'을 조성한다.

그럼에도 불구하고, 앞서 언급된 여러 연구들과 같이, 돕는 행동에 대한 사회심리학적 연구는 인간의 행동 경향에 대한 아주 달갑지 않은 통찰력을 제공해 주었다. 길거리에서 시행된 실험은 일반적인 사람이 의식이 없거나 치료가 필요해 보이는 사람을 돕는 것에 종종 실패한다고 밝혀냈다(Latané & Darley, 1969; Darley & Latané, 1968; Latané & Nida, 1981). 이것을 **방관자 효과**라고 하고, 당신이 추측한 것과 다르게, 소극적인 사람들이 더 많을수록 이 효과는 강해진다. 물론 돌봄 제공자로서 당신은 이러한 상황에 놓여졌을 때 이를 돌파할 것이다. 당신의 직업적 정신과 관련된 노하우에 자극 받아, 당신은 도움을 줄 것이다. 이것은 많은 것을 변화시킬 수 있다. 연구 결과가 밝혀낸 것처럼 말이다(Schwartz & Clausen, 1970; Cacioppo et al., 1986). 도움을 주는 사람은 한 사람이 도와주기 시작했을 때 더 효과적으로 모이고, 세부적인 지시 사항과 개개인의 특징을 잡아서 말을 걸 때 더 많이 참여한다고 한다("파란 재킷을 입으신 분, 여기 와서 이 사람 머리 좀 들어주세요. 레드 스카프를 두르신 분, 휴대전화 있으신가요? 구급차 좀 불러주세요."). 당신의 직업적인 역할이 당신에게 권한을 부여할 것이다("전 간호사예요. 당신이 저를 좀 도와주세요."). 사람들이 책임감을 받아들였을 때, 그들은 이것을 진지하게 여길 가능성이 높다고 한다(Aronson, 2004). 건강관리 업무에서의 방관자 효과에 대한 간호학자들의 최근의 토론(Paley, 2014; Darbyshire, 2014; Mannion & Davis, 2015; Rydon-Grange, 2015)은 간호사들이 계속 경계를 유지하는 것이 특히 중요하다고 한다.

2.10. 대형 의료기관에서 일하기

지금까지 우리는 개인과 특히 돌봄 제공자가 사회와 업무적인 상황에 영향을 받는 여러 메커니즘들에 대해 알아보았다. 또한, 전체적인 그림을 완성하기 위해 포함하고자 하는 보건의료 조직과 관련된 조직적인 측면들이 있다. 우리는 두 가지 요소들에 집중할 것이다. 이는 조직 문화와 안전 문화이다.

2.10.1. 조직 문화

모든 조직에는 의사소통 방법, 관습, 이상, 경영 방법, 질 관리 방법, 믿음, 가치 등이 있다. 우리는 이것을 조직 문화라고 부른다. 이것은 안내 책자, 규범 그리고 규제를 통해 표현되지만, 더욱 중요한 것은, 비공식적인 방법으로 표현되기도 한다는 것이다. 당신이 현장 실습을 시작할 때, 직원이 조직 문화와 암묵적인 규칙을 당신에게 설명하고 당신을 그 문화에 동화되도록 하려고 할 것이다. 물론 당신의 생각이 병원의 문화와 상충하는 경우, 당신은 조직으로부터 이런 말을 듣는다. **"여기선 그렇게 행동하면 안 돼."** 라고. 조직 문화와, 그것의 당신 업무에의 영향력에 대한 인식을 통하여 조직 문화와 일치되도록 기능할 수도 있지만, 조직 문화를 비판적으로 평가할

활동 7-5 ●●● 비판적 사고

조직과 관련된 짧은 글을 살펴보고 다음 질문에 답해 보라.

조직 A	조직 B
이 일은 아주 적은 기술과 제한된 지식만을 요구한다. 이 일은 육체적으로 힘들고, 위험하며, 단조롭다. 직원은 시킨 대로만 행동하는 경향이 있다. 이 일은 개인 주도적인 기회를 제공하지 않는다. 급여는 잠재적인 숙련되지 않은 노동력의 정도를 기반으로 하는 경향이 있다. 일반적으로 회사는 대체자를 즉각적으로 고용할 수 있는 한 퇴사하려는 직원이 있어도 걱정하지 않는다. 근무 환경을 개선하거나 직원들을 보호하기 위해 많은 노력이 행해지지 않는다. 회사 내에서의 경력은 이 일을 하는 직원들에게 인정되지 않는다. 그들은 돈이 필요해서 이 일을 계속하고 있다고 느낀다.	이 일은 수년간의 교육을 통해 숙달할 수 있는 기술과 지식을 요구한다. 이 일은 육체적으로나 정신적으로나 힘들지만, 책임감 있는 자세와 주도하는 능력, 그리고 중요한 결정을 내리는 것을 요구한다. 경험은 시간이 지날수록 쌓이며, 그 직원의 가치는 수년에 걸쳐 상승한다. 처음엔 급여가 그렇게 높진 않지만, 시간이 지날수록 증가한다. 이 직업은 직원들이 '자아실현'(제6장 참고)을 이루고 계속 성장할 수 있게 하는 경향이 있다. 훈련의 기회와 평생 교육의 철학이 이러한 발전에 밀접하게 연관되어 있다.

토론

1. 이 두 조직에서 어느 정도까지 간호직과 관련된 점을 느꼈는가?
2. 조직 A와 B에 관련하여 당신의 기대를 말해 보라.

이 장의 끝에 예시 답안이 제공된다

수도 있는 당신을 발견할 수 있다.

조직이 직원들과 어떻게 관련되어 있는지는 조직 문화에서 아주 중요하다. 더 많은 직원들이 시간, 노력, 교육 등에 투자할수록, 더 많은 보상이 기대된다. 업무가 조직에서 급여를 주기만 하면 되는 경제적 교환이라는 생각은 옛말이 되고 있다. 특히, 의료기관은 공동체로서, 사회적 지원 및 건강 관련 지원을 촉진하고, 자기 계발의 기회와 여가 활동의 기회를 제공해야 한다. 현대의 관점은 조직과 환자 관리의 원활한 운영을 위한 직원 복지

지원의 합리성을 강조하고 있다.

의료기관의 복잡성과 크기가 조직 문화에 큰 역할을 한다는 것을 인지하는 것은 중요하다. 대부분의 대형 의료기관은 **하향식 의사 결정**(top-down decision making)을 따르는 계급적인 형태로 운영되는 경향이 있다. 결정은 하위 계급의 사람들에게 지시를 내리는 자들, 즉 상위 계급의 작은 집단이 결정한다는 뜻이다. 하위 계급의 사람들은 발언권이 적고, 좋게 표현하면, 단순히 결정한 것을 실행하기만 하면 된다는 것이다. 지역 내의 더 작은 의료 조직에서는 모든 사람들이 어느 정도의 책임감과 자기가 할 일에 직접 결정을 내리는 **상향식 의사 결정**(bottom-up decision making)을 따른다는 것을 볼 수 있다. 최근의 연구는 개인적 책임감이 보건의료 서비스의 생산성에 있어 핵심이라는 것을 뒷받침한다(Biller-Andorno & Zeltner, 2015; Vargas & Ramos, 2011).

조직이 소규모에서 대규모로 성장할 때, 조직은 예전의 업무 방식을 새롭고, 더욱 형식적인 구조들로 교체하는 변화의 시기를 겪는다. 동료들 사이의 한두 마디 의견은 안건과 의장이 있는 회의가 된다. 실무에 대한 비공식적인 점검은 문서화된 감사가 된다. 이는 해당 조직에 오랫동안 함께한 직원에게 소외감을 줄 수 있기 때문에 잘 고안된 **변화 관리**(change management)가 요구된다(Hasegawa & Karandagoda, 2011). 많은 병원이 구조, 규모, 일하는 방식에서 급격한 변화를 겪어 왔다. 직원은 이러한 변화에 종종 적응하기 힘들어하고, 결국 이것은 스트레스 수준의 증가로 이어지기도 한다(Murphy, 1996). 장기적으로, 직원의 높은 스트레스 수준은 건강 위험 증가, 늘어난 병가로 이어지는 경향이 있으며, 결과적으로 이것은 환자 치료의 질에도 영향을 미친다(Leiter & Maslach, 2009; Maslach, 2003; Firth-Cozens & Greenhalgh, 1997). 조직이 어떻게 이 문제를 다루는가도 조직 문화의 한 부분이다.

2.10.2. 안전 문화

대부분의 조직들은 비용을 최소화하고 결과를 최대화하는 것을 목표로 한다. 또, 대부분의 조직들은 위협과 위험에 대처해야만 한다. 많은 위험이 있고 안전 절차가 최적화되지 않으면 환자와 직원이 사망에 이를 수도 있기 때문에 병원에서의 안전은 특히 중요하다. 보건의료 서비스의 결과물과 안전 조치들을 구별하는 것이 어려울 수 있다. 왜냐하면 그 두 가지는 서로 뒤얽혀 있기 때문이다. 거의 대부분의 활동들은 이에 따른 안전 대책들이 있다. 매번 주사를 놓을 때 바늘이 소독된 상태인지 확인해야 한다. ① 올바른 약물을 쓰고 있는지 확인하라. ② 사용한 것을 날짜별로 확인하라. ③ 환자 차트를 확인하라. ④ 주사를 맞는 환자를 확인하라. ⑤ 손을 씻어라. ⑥ 무언가 잊지는 않았는지 항상 생각해라. ⑦ 그럼에도 불구하고 실수는 일어난다.

리즌은 안전대책이 많은 세월에 걸쳐 개발되고 다양한 만일의 사태에 대비해 왔음에도 불구하고 현실적이기보다는 좀 더 문서적일 수 있음을 경

시나리오: 병원 안전

의료기관은 그들이 경제적인 원칙을 따라 일을 하는 면에서 생산 공장, 항공사, 건축 회사, 소프트웨어 배급사, 기름 정제소 등과 다르지 않다. 이 원칙들은 지출을 조절하고, 병원에 머무르는 것을 제한하고, 필요한 수만의 직원을 배치하는 것을 포함한다. 이것은 안전성 측면을 희생시키면서 일어날 가능성이 있다(Reason, 1993). 보건 안전관리자와 감염 관리 간호사 같은 일부의 사람들은, 특히 안전 문제들을 안건에 올려야만 한다. 그들의 문제는 사고의 부재가 잘못된 안전 감각과 안일함을 불어넣을 수 있다는 것이다. 왜 감염 관리 간호사가 작은 사고와 사고 미수 사건에 대해 익명으로 제보하는 운동을 하고 있는지 설명해 보자.

이 장의 끝에 예시 답안이 제공된다.

고한다. 그는 이것을 사고의 **스위스 치즈 모형**이라고 하였다(Reason et al., 2006; Reason, 1990). 보호 대책의 모든 허점과 결함이 일직선에 놓이게 되면 사고가 일어난다.

역설적으로, 리즌은 '사고는 반드시 일어난다'라고 강조하였다. 치명적인 결과를 초래하지 않기를 바라지만 사고는 반드시 일어난다는 것에 주목하여 조직이 경계하고 계속하여 안전 대책을 강구할 수 있어야 한다. 리즌은 우리가 모든 작은 사고와 '사고 미수' 사건을 보고하지 않는다면, 우리는 관점을 잃을지도 모르고, 심각한 참사로 이어질 수 있다고 경고한다. 연구를 통해 추측한 심각한 참사의 일반적인 시나리오는 그림 7.2에 나타난 대로 일어난다고 한다.

리즌은 개인적인 실수가 사고의 단순한 이유라고 생각하는 것은 잘못이라고 강조했다. 대부분의 사고는 **구조적 해이**(일어나길 기다리는 사고들)에 기반을 두고 있다. 작은 글씨로 적혀 있는 약물과 나쁜 조명의 방은 투약과오의 위험을 높이는 구조적 해이의 예이다. 인적 과오는 종종 구조적 해이를 활성화시킨다. 그러므로 긍정적인 안전 문화는 다시 보고, 관심을

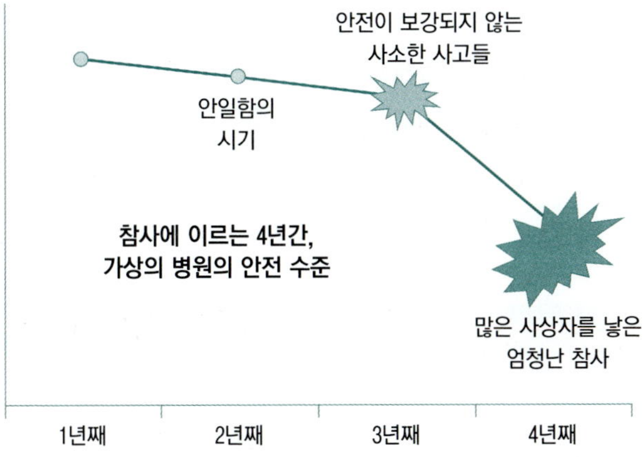

그림 7.2 사소한 사건들에 대한 안일함과 대응 부족이 참사에 미치는 영향(Reason, 1990)

높이고, 보고를 장려하고, 모든 구조적 해이를 말해 보는 것을 포함하여야 한다. 또한, 자주 위반하는 경향이 있는 대단히 성가신 안전 대책을 제고하는 것도 포함한다. 이러한 장애물 속에서 일하는 간호사들은 조직이 안전 문화에 어떻게 기초하고 있는지, 그리고 이것이 조직 내 그들 자신의 안전에 영향을 어떻게 미치는지에 대해 인지하고 있어야 한다. 이 장에서 소개된 의료기관의 합리적이고 안전한 운영에 영향을 주기 위한 사회적 메커니즘의 잠재력을 인지하고 있는 것은 이 측면에서 아주 유용할 것이다.

요약

- 사회적 상호작용, 사회적 영향력, 대형 의료기관에서 일하는 것과 관련된 문제에 대한 인식은 중요하다. 이것은 당신이 바람직한 관점을 인식하여 실행하는 것과 바람직하지 못한 것들을 피하는 것에 도움을 준다.
- 상호주의는 동료와 당신의 돌봄을 받는 대상자와의 좋은 관계를 유지하는 데 있어서 좋은 지침이다.
- 우리와 현저히 다른 사람들에 대해 편견을 갖는 선천적인 성향을 인지하고 있는 것은 우리가 이 문제를 극복하는 데 있어서 도움을 준다.
- 우리의 인식 속 많은 편견들은 합리적 사고를 통해 방지될 수 있다.
- 복종과 동조에 대한 인간의 기질은 매우 강하며 우리의 바른 판단을 무시할 수 있다.
- 대형 의료기관들은 인상적인 조직 문화와 안전 문화를 가지고 있다. 이러한 문화들이 실수, 사고, 사고 미수를 다루는 데 얼마나 효과적인지 알아보는 것은 중요하다.

활동: 예시 답안

활동 7-1

당신은 간호조무사, 간호사, 간호 관리자, 의사, 자문가, 행정 직원 등이 어떻게 특정 내외적 관계를 지닌 고유한 집단을 형성하고 있는지 성찰해 볼 것이다.

시나리오: 지역사회의 정신건강 서비스

변화 과정의 효과적인 구성 요소는 상호주의적 협력이 일어나길 바라는 친밀한 관계의 형성에 있다. 협력을 통해서만 달성되는 목표를 가짐으로써 인종적이고 민족적인 차이는 덜 두드러질 수 있을 것이다.

시나리오: 지역사회의 통합을 향하여

쉽지는 않겠지만, 지적 장애 거주자 통합의 열쇠는 가족과 함께하는 관계에서 상호주의적 활동을 만들어 내는 것이다. 지역사회에 어떤 혜택을 준다는 것은 좋은 아이디어가 될 것이다. 어쩌면 이웃들의 편견을 없애기 위해 지적 장애 거주자에 대한 교육이 필요할 수도 있다.

활동 7-2: 마음의 틀(framing) 혹은 점화 효과

어쩔 수 없이 돌봄 제공자 X를 더 좋아한다. 왜냐하면 각각의 긍정적인 용어가 우리가 다음 것들을 어떻게 받아들이는지 영향을 미치기 때문이다. 돌봄 제공자 Y는 반대의 경우이다. 우리는 개인적 특성들을 독립된 형태로 처리하지 않는다.

활동 7-3

1) 마음의 틀 혹은 점화 효과, 2) 배우-관중 편향, 3) 고정관념 위협, 4) 확증 편향, 5) 매력 편향

활동 7-4

여기서 상세한 답변을 제공하는 것은 이 활동에 관한 의도를 무너뜨린다. 핵심은 사회적 영향에 관한 섹션에 제시되어 있다. 유용한 사이트 항목을 참고해도 된다.

시나리오: 복종적인 간호사

Melina의 우유부단함은 순응하거나 복종하는 것에 대한 망설임의 결과일지도 모른다. 이것은 인지적 부조화를 만들어 낼 가능성이 크다. 그녀가 문제를 어떻게 해결하는지는 그녀가 겪고 있는 인지적 부조화를 가장 잘 줄일 수 있는 것에 따라 달려 있다. 이것은 까다로운 상황이다.

활동 7-5

조직 B는 현대의 간호 실무와 가장 비슷하지만 몇몇의 요소는 이상적이다. 조직 A의 요소들은 과거 혹은 초기 환경의 간호 실무를 대표할지도 모른다. 조직에서 당신이 어떻게 인식하고 반응하는지에 대해 이해하려고 노력하라. 이는 당신에게 열려 있는 기회에 영향을 미칠 수 있다.

사례 연구: 병원 안전

감염 관리 간호사는 중요한 안전 정보가 확실히 모이도록 노력해야 한다. 일반적으로 직원들은 그들이 사고를 낼 뻔 했을 때 앞으로 나서는 것에 주저하고, 그들이 처벌을 받을까 봐 두려워한다. 익명 제보는 구조적 위험에 대한 보다 정확한 그림을 얻는 데 도움이 될 것이다.

더 읽을거리

- Aronson, E. (2004). *The social animal* (9th ed.). New York: Worth.
  사회심리학에 대해 잘 안내하고 있으며, 포괄적이고, 유창하며 소설처럼 읽게 된다.
- Reason, J. T. (1997). *Managing the risks of organisational accidents.* Aldershot, UK: Ashgate.
  위험과 안전에 대한 이해를 높이기 위해 반드시 읽어야 한다.
- Klein, W. M., Shepperd, J. A., Suls, J., Rothman, A. J., & Croyle, R. T. (2015). Realizing the promise of social psychology in improving public health. *Personality and Social Psychology Review,* Vol. 19(1): 77–92.
  이 논문은 사회심리학을 활용하여 공중보건 문제를 탐구한다.

유용한 웹 사이트

- http://www.learner.org/resources/series138.html
  Philip Zimbardo 교수가 창안하여 유명한 '심리학의 발견' TV 시리즈, 19회 강좌 시청: '상황의 힘'
- https://www.youtube.com/watch?v=EoU0Kbiw9RE
  Social Psychology Behavior Lab Conformity. 이 비디오는 Solomon Asch의 동조, 복제 등에 대한 최근 업적 및 연구를 보여 준다.
- http://jfmueller.faculty.noctrl.edu/crow/helping.htm
  도움과 이타주의에 관한 섹션을 포함한 사회심리학에 대한 풍부한 AV 및 서면 자료가 있는 웹 사이트.

CHAPTER 8

건강과 스트레스 심리학

학습목표

- 건강관리 업무에 생물심리사회모형을 적용한다.
- 영양과 운동 같은 핵심 건강 요소의 심리학적 관점을 토의한다.
- 건강에 대한 인간의 사고가 귀인, 인지적 일관성, 자기 방어의 원칙에 의해 어떻게 영향을 받는지 이해한다.
- 다양한 스트레스 사례와 스트레스 관리법을 비교하고 적용한다.

알기 쉬운
심리학

이 장에서는 건강과 스트레스 심리학에 대해 소개한다. 건강심리학은 비교적 새롭게 등장한 심리학이지만 심리학 분야에서 빠르게 성장하고 있다. 이번 장에서는 이 분야를 소개하고 오늘날 건강과 보건의료 분야에서의 생물심리사회모형을 탐색할 것이다. 그다음 영양과 운동 같은 핵심 건강 요소의 심리학적 관점을 탐구할 것이다. 또한, 우리가 생각하는 것이 어떻게 건강 관련 행동에 영향을 미치는지 토의할 것이다. 이 장은 스트레스 이론의 개요와 그것이 건강에 미치는 영향도 짚어 볼 것이다.

활동 8-1 ••• 비판적 사고

2050년의 진료 상황

한 여성이 병원을 방문하였다. 의사는 그녀에게 불편한 점이 있는지 물었다. "그게 아니라", 그녀가 말하기 시작했다, "전 그냥 요즘 놀라울 만큼 건강하고 잘 지내고 있어서 그걸 말씀드리러 왔을 뿐이에요." 그녀는 이러한 최적의 건강상태 유지에 필요한 생활 양식 변화에 있어서 필수적인 전문가 조력에 대해 의사와 상의하고 싶어 하였다. 그녀는 이를 통하여 좀 더 건강해지고 좋은 기분을 유지할 수 있을 것이라고 주장하였다.

현재의 진료 상황

현재 우리가 의사를 방문하는 이유는 오직 건강에 문제가 있거나 염려될 때, 그리고 예방접종이나 신체검사를 받을 때이다. 지금까지 항상 그랬다. 그러므로 우리는 주치의가(그리고 다른 의사들도) 건강에 대한 것보다 질병에 대해 더 구체적으로 알고 있다는 것에 별로 놀라지 않는다. 의사들은 질병을 탐색하여 중재하는 것을 배우고 경험해 왔으므로 질병을 예방하는 것에는 어느 정도 능숙하지만, 건강유지 증진의 방법 모색에 대해서는 그러하지 못하다.

1. 2050년의 진료 상황: 이 이야기는 언젠가 현실이 될 수 있을까? 이러한 진료가 일상적인 것이 되는 미래의 보건의료 서비스에 대해 논의해 보자.
2. 현재의 진료 상황: 오늘날 주치의의 진료로 확장해 보자. 주치의의 강점과 한계는 무엇인가? 어떤 변화들이 가능한가?

이 장의 끝에 예시 답안이 제공된다

1. 건강심리학의 발달

의학은 예로부터 질병의 증상, 원인과 치료에 집중해 왔다. 이것은 보건의료 서비스에서 **생물의학모형**의 핵심으로 인식되어 왔다. 하지만 질병의 예방, 건강의 유지 방법, 심리와 사회적 요소들이 어떻게 건강과 질병에 영향을 미치는지에 대해서는 관심이 낮았다. 그렇지만 지난 50년간 많은 것들이 변화되었다. 오늘날 우리는 더 이상 보건의료 서비스가 단지 질병에만 집중하면 된다고 믿지 않으며, 더 이상 질병과 건강의 악화가 신체적인 원인에만 있다는 것을 믿지 않는다. 21세기에 들어서, 보건의료 서비스는 적극적인 관리를 통해 건강상태에 이르는 것을 강조하는 방향으로 전환하고 있다. 여기에는 건강한 생활 양식과 적극적인 의료 서비스의 이용을 통한 질병 예방 방법에 대한 이해의 증진과 인식, 태도, 행동들에 영향을 주는 많은 다양한 인자들의 개발이 포함된다.

이러한 변화의 핵심적 요소는 행동 의학과 건강심리학과 같은 새롭게 발전하고 있는 분야이다. 건강심리학은 '건강, 질병 그리고 보건의료 서비스에 대한 심리학적 지식 및 기술의 적용과 관련된 여러 학문이 얽혀 있는 분야'라고 정의 내릴 수 있다(Marks et al., 2011, p. 11). 행동 의학은 의학적인 측면에서 의학과 심리학 사이의 틈을 연결한다. 정신면역학, 심리종양학, 그리고 정신내분비학 같은 새롭게 등장하고 있는 분야들도 이러한 변화에서 영향을 받았다. 이것의 토대는 생물의학모형에 대한 도전과 심리학과 사회학적 요소가 포함된 생물심리사회모형(제1장 그림 1.2 참조)의 새로운 접근법이 도입된 1970년대와 1980년대에 이루어졌다. 이 두 접근법에 대한 주요한 차이들은 표 8.1에 소개되어 있다.

생물심리사회모형의 핵심은 우리가 살고 있는 세상과 우리 자신의 행동이 건강에 미치는 영향을 인식하는 것이다. 이 모형의 실증적 근거는 이미 1950년대부터 등장하기 시작했다. 당시 세상에서 유행하기 시작했던 사업

표 8.1 건강과 질병에 대한 생물의학모형과 생물심리사회모형의 차이

생물의학모형	생물심리사회모형
• 정신과 몸은 **별개로** 기능한다. • 질병의 원인은 **생물학적**이다. • 환자 개개인은 질병에 **책임이 없다.** • 질병의 치료 = **신체적 개입** • 질병은 전문 **의료진이** 치료한다. • 건강과 질병은 **질적으로 다르다.** • 질병은 심리적인 영향을 줄 수는 있으나 심리적 상태가 질병의 **원인은 아니다.** • **질병에** 초점을 둔다.	• 정신과 몸은 **상호작용한다.** • 질병은 **생물심리사회적** 요소가 원인일 수도 있다. • 환자들은 질병에 **책임이 있고** 질병의 원인에 적극적으로 관여할 수도 있다. • **전인적인** 치료 • 환자는 회복에 **부분적인 책임이 있다.** • 건강과 질병은 **관련되어 있다.** • 심리 상태는 질병의 **원인**일 수도, **결과**일 수도 있다. • 질병과 **안녕상태에** 초점을 둔다.

경영자들의 심장질환에 관한 연구가 좋은 예이다. 이 연구는 성격과 행동적 요소들이 심장질환의 가장 정확한 예측 변수라는 것을 밝혀냈다(Friedman & Rosenman, 1959). 수년에 걸친 연구 결과, 심장질환에 취약한 경영자들은 좀 더 경쟁적이고, 권위적이며 그리고 쉽게 화를 낸다는 것이 밝혀졌다. 그들은 자주 갈등을 일으키며 계획을 잘 세우지 못한다. 이것이 바로 **A유형 성격 혹은 행동**이다. 이러한 연구 결과의 의미는 비용이 많이 드는 의학적 치료보다 비용 측면에서도 더 효율적인 행동 변화에 초점을 두어야 한다는 것을 제시한다. 이러한 결과들은 심리학자들과 의사들이 서로 논의하게 만들었다. 나아가 최근의 연구에서는 운동 부족, 불건강한 식습관, 비만과 같은 다양한 행동적 · 사회적 요소들이 심장질환으로 이어질 수 있다는 것이다(Mozaffarian et al., 2016). 이러한 요소들이 서구 사회에서 제2형 당뇨병과 관련된다는 것도 밝혀냈다(Ezzati & Riboli, 2013).

사회적, 행동적인 요소들의 중요성을 확인하는 다른 방법들은 **역사 연구**에서 찾을 수 있다. 맥코운(1979)은 유럽의 결핵(TB)발생에 대해 1,500

년대 문헌부터 연구하였고, 결핵 관련 사망의 감소가 결핵균의 발견이나 페니실린의 발명 및 제조 때문이 아니라고 하였다. 반면, 잘 정리된 위생, 깨끗한 환경, 그리고 오염되지 않은 영양과 음용수 보급 등의 점진적 발전이 사망률 감소에 현저히 관련되었다는 것을 알 수 있었다. 그의 연구 결과는 역사적으로 건강의 개선은 단지 의학의 진보에 대한 결과라는 가정에 이의를 제기하였다(McKeown, 2014; McKeown, 1979).

흡연 감소를 위한 캠페인은 생물심리사회적 관점과 더불어 경제적 · 정치적인 요소들 또한 건강에 영향을 미칠 수 있다는 것을 보여 준다. 인류의 절반이 행복하게 흡연을 하는 것처럼 보였으나, 수십 년 후 지금의 보건의료 관련 연구원들은 폐암, 심장질환과 흡연 간의 연관성을 발견했다. 사람들은 충격을 받았고 보건의료 전문가들과 정치인들은 인류의 고통과 흡연으로 인한 건강관리에 대한 비용이 수용할 수 없을 정도라고 결론을 내렸다. 따라서 이것이 **금연 운동**의 계기가 되었다. 추가적인 연구 결과들과 정치적인 노력은 담배 산업이 이러한 문제의 혼란을 야기하는 것을 막을 수 있었다. 세금과 같은 경제적인 조치가 담배를 더욱더 비싸게 만들어 흡연을 저지하기 시작하였고, 결국, 정점에 도달했다. 공공장소에서의 금연 조치가 등장하기 시작했고, 그것을 지지하는 사람들이 반대하는 사람들보다 다수를 차지하게 되었다. 오늘날 우리는 모든 서양 국가에서 흡연의 확연한 감소를 확인할 수 있다. 넓고 다양한 조치들을 취하면, 건강을 위한 행동의 확연하고도 급격한 변화가 가능하다는 것이 매우 흥미롭다. 아주 소수의 사람들만이 이러한 발전이 단지 20년밖에 걸리지 않을 것이라고 예측했을 것이다. 심리학자들은 사회적 영향의 힘을 강조하는 경향이 있다(제7장 참조). 처음에는 집단적인 유행이 다수를 흡연하게 했다면, '금연의 전염'은 다수의 사람들을 금연하도록 만들었다. 새롭게 발명된 전자담배가 이러한 문제에 대한 인식의 퇴보를 일으키지 않기를 기대한다.

활동 8-2 ●●● 비판적 사고

Aziz 씨(71)는 심장마비로부터 회복하는 중이다. 그는 작년 이라크에서 심장질환 진단을 받고 돌아왔으며, 지금은 영국에서 그의 가족과 함께 살고 있다. 그는 은퇴할 때까지 군대에 있었다. 그는 담배를 피우는 데 인생의 대부분의 시간을 보냈다. 그는 대동맥 수술을 받았으며, 곧 재활 병원으로 옮겨질 것이다. 가족은 그를 돌봐 줄 수 있는 집으로 이사하기를 권했고, Aziz 씨도 동의하였다. 자문 의사와 간호사 모두 재활센터가 Aziz 씨에게 상당한 도움이 될 것이라고 생각하고 있다.

이 이야기를 생물심리사회모형을 통해 토의해 보라.

1. 생물학적/의학적 고려점은 무엇인가?
2. 심리학적 고려점은 무엇인가?
3. 사회적 요인은 무엇인가?
4. 가능한 경제적 · 정치적 · 종교적 · 영적 요소들을 상상해 볼 수 있는가?

이 장의 끝에 예시 답안이 제공된다.

많은 질병의 고비용 의료비는 특정 건강 위험 요소들에 관한 대중의 생각과 행동의 변화를 강조하고, **예방** 또는 조기 발견을 장려하는 것에 인센티브를 두고 있다. 이와 유사하게 심리적 · 사회적 · 경제적 · 정치적, 그리고 심지어 영적인 방법을 통한 제2유형 당뇨병과 비만을 해결하기 위한 동기 부여 노력이 결정적인 수단이 될 수 있다. 에이즈와 같은 복잡한 건강 문제들은 전 세계적으로 콘돔 사용에 대한 심리적 저항과 종교적 반대를 포함한 다양한 요인들에 기반을 두고 있는 것으로 인식되고 있다. 하지만 경제적인 요인들은 공통적 맥락이다. 많은 평론가들은 '빈곤'이 에이즈를 걸리게 하므로 빈곤을 해결하는 것이 전염의 확산도 해결할 수 있다고 강조하고 있다(Fenton, 2004; Mufune, 2015).

결론적으로, 보건의료 서비스는 의학 전문가들의 독자적인 영역에서 벗어나고 있다는 것이 확실해졌다. 오늘날 정치인, 종교 지도자, 경제학자,

식품 생산자와 판매자, 사회학자 그리고 건강심리학자들 모두 연대책임을 가지고 있으며, WHO와 같은 조직에서 지역적으로 그리고 국제적으로 건강을 논의하기 위해 의료진들과 함께 협업하고 있다.

개념 요약

세계보건기구(WHO)는 '세계 인류가 가능한 한 최고의 건강 수준'에 도달하는 것을 목표로 하는 유엔 전문 기구이다(WHO, 2006, p. 2). 그러므로 전 세계에 건강과 보건의료 서비스를 제공하고 있다. 기구의 목표 진술문에는 '건강은 육체적 · 정신적 그리고 사회적으로 완전히 건강한 상태이고, 병약함과 질병의 부재만으로는 이루어지지 않는다'와 같은 여러 중요한 공약들이 포함되어 있다(WHO, 2006). 이 관점은 현대의 생물심리사회모형의 건강에 대한 관점을 대표하기도 한다. WHO는 건강은 인류의 권리이며, 심각한 건강 불평등이 존재하고 있음을 인식하고 있다. 또한, 건강 증진은 지역의 발전과 함께 궁극적으로 우리 모두에게 도움을 주는 세계적 과제라는 것을 인식하고 있다. 간호사들에게 있어 WHO는 세계 다른 지역의 건강 우선순위(예를 들어, 기아) 영역을 넓히는 데 아주 중요한 역할을 하고 있다. 이것은 서구 세계의 대부분이 우려하는 건강 우선순위(예를 들어, 비만)와는 전혀 다르다. 또한, WHO는 정신적 건강, 스트레스, 암, 에이즈, 심지어 손 씻기 같은 문제들에 관해서도 권위 있는 보도를 발행해 왔다. 이 보도들은 간호사들에게 아주 중요한 자료이다.

활동 8-3 ••• 비판적 사고

WHO 자료들을 이용하여 부유한 국가와 빈곤한 국가의 주요한 건강 위협들을 나열하고 토의해 보라. 차이점과 유사한 점은 무엇인가? 각각의 건강 위협에 대한 행동적 · 사회적 · 경제적 · 정치적 조치에는 무엇이 있는지 제시해 보라. 어떤 관점이 당신에게 영향을 줄 수 있는가?

이 장의 끝에 예시 답안이 제공된다.

2. 핵심 건강 요인과 심리학

여기까지 학습한 섹션에서 우리는 건강의 결정 요인들과 생물심리사회모형의 복잡성을 알아보았다. 영양과 운동은 건강에 영향을 미치는 가장 중요한 요소들이기 때문에, 이번에는 이것들에 초점을 맞추겠다.

2.1. 영양과 심리학

다양한 방법으로 충분히 먹는 것은 건강에 있어서 매우 중요하다. 반대로, 오랜 기간의 배고픔과 영양실조 상태는 육체와 정신건강에 지속적이고 부정적인 영향을 끼친다(Weinreb et al., 2002). 기아는 세계적으로 큰 문제이지만, 오늘날 서구 세계의 문제는 과식과 좋지 못한 음식이다. 건강식이 무엇일까에 대한 발상은 지난 50년간 놀랍게 발전해 왔다. 결과적으로, 대부분의 사람들은 '먹이사슬'의 개념, 비타민의 중요성, 생선의 기름과 야채, 과일이 건강에 좋은 것에 대해 잘 알고 있다. 역설적으로, 동시에 우리의 식습관은 주요한 건강상의 위협이 되고 있다. 소설가 밀란 쿤데라는 자신의 소설 속 주인공 중 한 명이 레스토랑에서 식사하는 것을 통해 이것을 아주 잘 표현하였다. "내 주치의에게 말하지 마세요. 나만의 식이요법이 있단 말이에요. 나는 내가 즐기지 않는 모든 음식들을 엄격하게 피하는 주의예요"(Kundera, 1995, p. 175). 이것은 문제의 핵심을 나타내고 있다. 우리가 선호하는 음식 대부분은 건강에 이롭지 않다. 우리는 좋아하기 때문에, **지방, 소금, 설탕**을 과다하게 먹는다. 영양사들과 부모들은 지방, 소금, 설탕 섭취를 줄이도록 격려하는 것이 얼마나 어려운 일인지 깨닫고 종종 좌절하기도 한다.

진화 이론가들은 이러한 영양에 대한 우리의 엄청난 식욕은 구석기 시대의 수렵 생활을 하던 조상으로까지 거슬러 올라간다고 말했다(100,000년에서 400,000년 전). 지방의 생존적 이점은 몸에 저장되어 힘겨운 시기에 사용할 수 있다는 것이다. 소금은 우리 몸의 수분 균형을 회복시키는 데 도움이 되고, 자연에서 섭취할 수 있는 당은 보통 비타민과 영양분이 풍부한 잘 익은 과일로부터 섭취할 수 있다. 이러한 것들을 많이 먹는 것에 대한 강한 동기는 생존에 있어 높은 확률을 보이는 경향을 주기 때문이다. 식량 부족 상태였으므로 과식은 위험 요소가 아니었다. 우리가 사냥하는 동물들은 돌아다니고 있었고 지방이 적었다. 과일은 제철이 있으며 잠깐 동안 아주 당분이 높아진다. 소금은 지구상 많은 곳에서 부족하다. 이러한 것들은 전부 바뀌었다. 축산업계는 지방이 풍부한 동물들을 키우고 우리는 소금과 설탕을 제조하는 법을 배웠다. 오늘날 과일이 함유하고 있는 건강에 좋은 다른 영양소를 섭취하지 않고서도 이것들을 섭취할 수 있다. 우리의 지방, 소금, 설탕에 대한 강한 취향은 더 이상 이러한 것들이 부족하지 않기 때문에 문제가 되었다. 우리의 음식 산업은 이러한 선호도에 영향을 미쳐, 영양분을 희생하면서까지 과도한 지방, 소금 또는 설탕을 넣지 않고는 상품을 파는 것이 아주 힘들어졌다. 오늘날 우리는 이 문제를 인식하고 있지만, 여전히 선호도의 강점 때문에 이것을 해결하는 것은 매우 어렵다. 오늘날 건강하다는 것은 우리의 수렵시대의 선호도를 억누르고, 우리가 먹는 것을 연구한다는 것을 의미한다.

먹어야 하는 것과 먹지 말아야 하는 것에 대한 연구는 우후죽순처럼 늘어났지만, **다이어트**의 기본 원칙은 상충하는 영양상 혹은 윤리적인 원칙을 고려할 때 달라진다. 여기서 이것을 자세히 설명하지는 않지만, 대부분의 사람들이 다이어트 같은 엄격한 식이 패턴을 유지하기 어렵다는 점은 심리학적인 관심사이다. 반면, 다이어트를 위한 노력은 새로운 정보가 유입됨에 따라 폐기됨으로써 혼란스러운 경험으로 전환된다. 게다가, 우리의 열망은 아주 강하여 식이 제한을 무시하는 경향이 있다. 요요 현상은 살을 빼는 사람에게 흔하며, 이것은 결국 건강에 대한 위험을 더 가중시키게 된다

(Brownell & Rodin, 1994).

말할 필요 없이, 우리의 먹는 습관은 대중매체와 맥락적인 영향을 받기도 한다. 어린이는 윤리적으로 문제가 되는 패스트푸드 산업의 텔레비전 광고('해피 밀')의 타깃층이 되어 결국 기업의 평생 고객이 된다(Jackson et al., 2015). 또 다른 문제는 슈퍼마켓에서의 사탕과 과자의 과도한 진열이다(Horsley et al., 2014). 이러한 진열은 부모에게 어린이들이 원하는 것에 굴복하도록 압박을 넣고 있다(O'Dougherty et al., 2006). 무엇을 그리고 얼마나 많이 먹는가는 우리가 누구와 같이 식사를 하느냐에 더욱 관련이 있다(Shimizu et al., 2014; Maykovich, 1978). 그리고 우리가 속한 집단의 먹는 양의 기준에 따라 결정되기도 한다(Robinson et al., 2014). 다시 한 번, 여기서 동조(conformity)가 중요한 역할을 한다.

2.2. 운동과 심리학

신체 운동은 건강에 상당한 도움이 된다. 운동은 우리를 강하게 만들어 주고, 심장과 뇌에 도움이 된다(Hillman et al., 2008). 그리고 면역 체계를 활발하게 한다는 최근 연구 결과도 있다(Lancaster & Febbraio, 2015). 우리가 운동을 하는 이유는 짧은 순간 쾌락을 주는 엔도르핀이 뇌에서 분비되기 때문이다(Gupta & Mittal, 2015). 그리고 엔도르핀은 장기간 노출되면 중독성이 있어 지속적으로 운동을 하도록 하는 동기를 불어넣는다. 대체로 운동은 우리에게 건강함과 성취감을 제공한다(Penedo & Dahn, 2005). 특히, 호흡과 심박수를 증가시키는 **유산소 운동**이 이러한 이점이 있다는 것은 알려진 사실이다. 다양한 국가에서 유산소 운동은 대중적인 건강 요법으로서 장려되고 있다(Fletcher et al, 1996).

만성질환을 겪는 도중 혹은 이후의 재활 관련 문헌에 따르면 유산소 운동이 건강과 삶의 질을 개선했다고 하며(Mishra et al., 2012; Bergenthal et al., 2014), 심부전증 이후 심장 상태의 개선에도 도움이 되었다고 한다(Heran et al., 2011; Anderson et al., 2016). 최근의 체계적인 문헌에도 걷기와 자전거로 직장과 학교를 다니는 것도 건강에 도움이 된다고 한다(Saunders et al., 2013). 이러한 연구들에 대한 문제점 중 하나는 선택의 편향에 있다. 운동을 하거나 활동적인 집단에 속한 실험 참가자들은 활발하지 않는 집단에 속한 사람들보다 여러 면에서 다르기 때문이다. 많은 사람들에게 운동은 수년 동안 해 옴으로써, 그들의 삶의 방식, 매주의 일정표, 친구(배우자) 선택, 사회적 지지 체계의 한 부분이 되어 왔다. 운동을 해 오지 않은 사람은 이러한 지지 요소들이 없을 것이므로 운동을 시작하고 지속적으로 하는 것이 더 힘들게 느껴질 것이다. 연구 결과에 의하면 같은 운동을 하는 타인들의 사회적 지지가 종종 아주 중요하다고 한다(Brown et al., 2014), 비록 그들이 '가상의' 파트너일지라도 말이다(Irwin et al., 2012). 자기효능감(내가 지금 잘하고 있는가?)도 역시 중요하다(Garcia & King, 1991).

3. 장수와 건강한 노화

장수는 아주 건강한 생활방식, 때로는 특수한 자연환경 또는 유전과 연결시켜 보기도 한다. 10년간 7,000명의 캘리포니아인들을 대상으로 한 종적 연구(Belloc, 1973; Belloc & Breslow, 1972; Breslow & Enstrom, 1980)는 7개의 건강 실천이 장수에 도움이 될 수 있다는 것을 알아냈다.

- 절대 금연
- 규칙적인 신체운동
- 절주 또는 금주

- 하룻밤 동안 7~8시간의 수면
- 건강한 체중의 유지
- 아침 먹기
- 끼니 이외 음식 먹지 않기

많은 사람들은 이러한 연구 결과를 따라 하기보다는 규칙이라 여기고 여기에 저항한다. 저항은 우리의 의지대로 판단을 내릴 수 있는 자유를 침해당했다고 느낄 때 보이는 일반적인 반응이다(Brehm & Brehm, 2013). 영화 감독인 우디 엘런(Woody Allen)의 유명한 말이 있다. "당신이 100세까지 살기를 원하도록 만드는 모든 것들을 포기하면 당신은 100세까지 살 수 있다." 조지아에서 100세 이상 산 사람들을 대상으로 한 연구는 도덕적인 생활(술을 마시지 않는 것과 담배를 피우지 않는 것, 지방과 육류가 적은 식습관, 적은 스트레스 그리고 늙어도 지속적으로 활발한 일을 함)이 그들의 장수에 기여를 했다고 한다(Martin et al., 2006). 이것들은 건강하게 늙기 위한 요소들과 거의 일치한다. 오늘날의 독특한 관심사는 **뇌건강**이 어떻게 유지되는가이다. 현재까지의 연구 결과는 유산소 운동과 인지적 · 신체적 활동의 긍정적 영향을 강조하고 있다. 평생 학습을 통해서 더욱 정교해지는 뇌 구조는 치매의 중요한 예방 요소이다(Hannigan et al., 2015; Bames & Yaffe, 2011).

활동 8-4 ••• 생각해 보기

당신이 하고 있는 건강에 위협적인 행동에 대해 생각해 보라. 그것에 대해 자세히 적어 보라. 만약 당신에게 좋은 못한 습관이 없다면 다른 사람이 하고 있는 것을 골라 보라. 이 행동에 대한 영향과 안정성에 대해 분석해 보라. 다음 섹션을 읽고 이 문제에 다시 돌아와 당신의 생각이 어떻게 영향을 받았는지 생각해 보라.

이 장의 끝에 예시 답안이 제공된다.

4. 건강의 인지와 행동

우리가 건강해지기 위해 하는 것은 건강, 특히 우리 자신의 건강에 대해 어떻게 생각하는지에 따라 다르게 나타난다.

4.1.1. 합리적으로 생각하라

제6장에서 배웠던 것과 같이, 우리는 정교한 사고(이성적 천재)와 단순한 사고(인지적 구두쇠)의 사이를 왔다 갔다 한다. 이것은 우리가 건강에 대해 어떻게 생각하는지에 대해서도 적용할 수 있다. 우리는 정보를 분석하지만 또한 무시하기도 한다. 영양과 심리학의 섹션에서 본 것과 같이, 우리는 잠재적으로 건강하지 않은 것들의 욕구에 자극 받는 경향이 있으므로 이를 통제하는 것이 매우 중요하다.

4.1.2. 긍정적으로 생각하라

연구 결과에 따르면 긍정적인 기대가 건강한 결과 또는 그와 비슷한 긍정적인 결과를 만들어 낸다(Carver et al., 2010).

4.1.3. 성공의 원인을 자신 내부에서 찾아라

귀인 이론은 우리의 삶에서 사건의 원인을 어떻게 보는지 설명한다. 때때로 우리는 외적 원인(주위 환경에 있는 무언가)을 강조하기도 하고, 내적 원인(자신의 내부적 요소)을 강조하기도 한다. 우리는 또한 안정적인 원인(항상 이런 식이야)과 불안정적인 원인(이건 우연이야)을 구별한다. 사람들은 선호하는 귀인 양식을 활용하는 양상을 보인다(Heider, 1944). 성공적인 건강 행동에 관해 우리는 흥미로운 양상을 볼 수 있다. 만약 다이어트를 하고 있는 대상자에게 그들이 왜 성공할 것 같으냐고 물어본다면, 귀인 양식에 따른 반응은 표 8.2와 같이 분류될 수 있다.

표 8.2 귀인 양식에 따른 성공 귀인- 왜 당신은 지금 하고 있는 다이어트를 성공할 거라고 생각하나요?

	내적	외적
안정적	왜냐하면 나는 나의 욕구를 이겨낼 수 있으니까요.	왜냐하면 나는 나를 지지해 주는 파트너가 있으니까요.
불안정적	왜냐하면 오늘 별로 배고픔을 느끼지 않거든요.	왜냐하면 오늘 안내 책자를 읽고 자극받았거든요.

내적-안정적 귀인은 강인성을 나타내며, 지속적인 노력을 예측한다(Weiner, 1988). 그러므로 이것은 성공이 자기 내부에 있다는 것을 설명하기에 유용한 예시이다. 당신은 다른 세 가지 유형의 이유를 대답한 사람을 걱정해야 할 것이다.

그러면 실패 귀인에 대한 반대의 성향을 살펴보자. 당신이 심장 문제가 있는 몇몇의 환자들이 왜 아직도 담배를 피우고 있는지 이유를 찾고 있다고 하자. 다음은 당신이 들을 몇 개의 대답이다(표 8.3).

만약 당신이 경험적인 증거를 따라 생각해 보면, 내적-안정적 귀인이 변화에 가장 방해되는 요소라고 말할 수 있다(Weiner, 1988). 이것은 돌봄 제공자들에게 있어서 대상자의 행동 변화를 기대하기 전에 대상자의 생각을 바꾸는 방법을 살펴보는 것이 중요함을 암시한다.

표 8.3 귀인 양식에 따른 실패 귀인- 왜 당신은 몸에 나쁘다는 것을 알면서도 담배를 피우나요?

	내적	외적
안정적	중독되어서요.	내 가족 모두가 담배를 피워서요.
불안정적	오늘 피고 싶은 욕구가 강해서요.	아직 담배가 남았고 버리고 싶지 않아서요.

4.1.4. 만약 건강에 대한 걱정이 당신의 마음을 혼란스럽게 한다면, 그것을 부정하거나 저항하지 말고, 회복하기 위한 조치를 취하라.

우리가 오랫동안 해 왔던 행동에 대해서 여태껏 믿었던 것에 불일치한 새로운 정보를 부정하거나 저항하는 것은 흔한 일이다. 잘못된 정보를 여태껏 믿어 왔다는 사실에 우리가 멍청하고 잘못되었다고 생각하는 것을 좋아하지 않기 때문에 오랜 믿음에 매달리는 것은 이상한 일이 아니다(Aronson, 1969). 이것은 새로운 건강 원칙의 채택에 아주 중요한 문제이다. 우리의 기분을 상하게 하는 새로운 정보는 저항에 부딪히는 경향이 있다(Steele, 1988). 이 저항은 아주 강력해서 여태껏 건강하지 않은(어리석은) 행동을 해 왔다는 것을 받아들이기보다 눈과 귀를 닫아 버리게 만들 수 있다. 인지부조화 이론(Festinger, 1957; Cooper, 2007)에 의하면, 부정, 저항 혹은 정당성 발견은 부조화의 심리적 불편감을 줄여 줄 수 있다. 그렇지만 장기적으로 보면, 부조화를 감소시키는 행동이 마음의 평화를 되찾게 하는 것에 더욱 효과적이다. 금연하고 싶지만 아직 시작하지 않은 사람은 지속적으로 건강에 대한 위험을 떠올릴 것이다. 변명, 주의산만, 부정하거나 저항하는 것은 잠깐 동안의 안정을 제공할 뿐이다. 그에 반해, 금연을 하면 모든 것을 끝낼 수 있다. 이것은 건강행위에 있어서 중요한 개선점들에서도 마찬가지이다. 당신이 옳은 것을 하고 있다는 생각과 함께 찾아오는 마음의 평화는 중요한 보상이다. 돌봄 제공자는 그들에게 주어질 이득(혜택)을 강조하고 방어적 반응을 극복하는 것을 도와주는 방식으로 그들을 도와줄 수 있다.

4.1.5. 단계적인 변화를 통하여 우리의 사고는 행동과 일치되고, 이러한 행동은 지지받을 수 있다.

사람들이 처음에는 완전히 믿지 않았던 건강 행위를 열심히 하게 되면, 그들은 비흡연자 또는 체중 감량자와 같은 새로운 지위에 부합하도록 생각을 조정하게 된다. 많은 생각을 거치고, 준비되어야 하고, 여러 조치에 따르며, 긴 기간의 유지가 필요한 변화는 단계적인 과정을 이용하는 것이 가장 효과적인 방법이다(Prochaska & DiClemente, 1986). 프로차스카와 디클레멘테는 이것을 **'변화 단계 모형'**이라고 하였다. 비록 변화 단계 모형과 인지적 부조화 이론 모두 우리의 믿음과 태도, 행동을 일관되게 만드는 자연적 경향이 있다는 것을 설명하지만, 이 과정의 속도가 핵심적 관건이다. 이 속도가 적절하면, 현실적인 기대와 행동이 잘 융합되어 성공한다. 그렇지만 인지적 지원이 없는 갑작스러운 선제적 계획들은 설명되지 않는 방해물을 만났을 때 폐기되곤 한다.

마무리하자면, 합리성, 낙관성, 내적 성공 귀인, 행동의 인지적 지속성, 적당한 속도의 변화 같은 메커니즘을 이해하는 것은 돌봄 제공자들에게 특별히 중요하다. 왜냐하면 대상자(그리고 그들 자신)의 건강 행동 노력을 지지하기 위해 어떻게 다루어야 하는지에 대한 지표를 제공해 주기 때문이다.

사례 연구: 역설적 돌봄

Peter Jackson(71세)은 수년간의 폭음으로 수술을 받았다. 그의 생활에 급격한 변화를 주어야 한다는 사실은 분명하다. 그는 수술 후 놀랄 만큼 활기찼고 Oscar Wilde의 말을 인용했다. "나는 유혹을 제외하곤 어떤 것도 저항할 수 있어." 돌봄 제공자가 놀라 그에게 더 이상 술을 마시는 날들은 없어야 한다고 상기시키자, 그는 비웃었다. 다음날 당신은 그의 아내 Marjory(62)가 그의 장례식을 함께 상의하는 것을 우연히 듣게 되었다. 당신은 깜짝 놀라 그녀에게 물어보았다. 그러자 Marjory가 말했다. "글쎄요. 그는 당신이 그에게 무엇을 권하든 듣지 않을 거예요. 당신이 금주해야 한다고 말해도 그는 멈추지 않을 거예요. 내가 그가 죽을 것이라고 말하면, 어쩌면 그는 죽고 싶어 하지 않을지도 몰라요."

어떤 인지적인 관점이 이 특수한 상황에 관여하였는가? 돌봄 제공자는 Marjory에게 어떤 도움을 줄 수 있는가?

이 장의 끝에 예시 답안이 제공된다.

5. 스트레스와 건강

우리의 건강은 우리의 욕구를 얼마나 효과적으로 충족시키는지, 삶의 압박에 어떻게 잘 대처하는지, 어떻게 잘 조절하고 적응하는지 그리고 우리가 맞닥뜨리는 위험에 어떻게 잘 대처해 나가는지에 달려 있다. 이것의 대부분은 우리가 스트레스에 잘 대처할 수 있는지를 보여 준다. 우리는 스트레스를 개인의 능력 혹은 자신이 받아들일 수 있는 능력을 초과하거나 혹사시킬 때 오는 압박과 요구들로 인해 발생되는 정신적 · 신체적 상태라고 정의하는 경향이 있다. '압박'이라는 용어는 요구 혹은 기대의 급박함을 나타내고, '스트레스 요인'은 '스트레스 반응'을 일으키는 모든 상태와 사건을 의미한다.

스트레스 반응은 본질적으로, 교감신경계의 반응(투쟁-도피 반응)으로, 강제로 압박을 느끼게 하여 빠르게 반응하는 우리의 능력을 향상시키는 것이다. 이것은 자동차의 기어를 바꾸는 것처럼 위험에서 탈출해야 할 때와

사례 연구: 스트레스 모형 (1)

Maryam은 지역사회 정신건강 간호사이다. 그녀는 중환자실 선임 간호사였지만 스트레스를 받아 현재 병가 중에 있는 Joyce를 찾아갔다. Maryam은 스트레스 이론에 정통하였고, Joyce에게 스트레스 모형과 관련된 여러 질문을 하였다.

1. 이런 상태가 얼마나 오랫동안 지속되었나요? 지금 지쳤다고 느끼나요?
2. 삶과 관련된 요구도가 너무 높나요?
3. 당신에게 스트레스를 주는 사건들이 누적되어 왔나요?
4. 압박을 받을 때 회복력이 얼마나 좋나요?
5. 당신이 압박을 받을 때 이를 해결할 수 있는 문제라고 생각하나요?

우리는 이 섹션을 공부하고 난 뒤 해당 사례로 돌아올 것이다.

같은 많은 상황에서 빠르게 적응할 수 있다. 그렇지만 우리의 체계가 신체적인 응급 상황과 높은 압력을 느끼지만 침착함을 유지해야 될 상황을 구분하지 못하는 것이 문제가 되기도 한다. 게다가, 만성적인 스트레스는 건강상의 문제를 일으킬 수 있다. 우리는 통합 모형이 축적된 몇 가지 이론들을 소개함으로써 스트레스가 인간에게 미치는 영향에 대해 더 잘 이해할 수 있도록 도울 것이다.

5.1.1. 이런 상태가 얼마나 오랫동안 지속되었나요? 지금 지쳤다고 느끼나요?(셀리에의 일반적응증후군 모형)

스트레스는 1950년대에 한스 셀리에(Hans Selye)에 의해 광범위하게 연구되었는데, 그는 뇌하수체와 시상하부가 교감신경계와 부신을 활성화시키는 압력에 대한 이중적인 생리적 반응을 확인했다. 셀리에(1956)의 연구는 단기적 그리고 장기적 스트레스 요인에 노출된 쥐를 이용하였다. 셀리에는 쥐의 행동, 뇌 그리고 내분비계를 확인하였고, 스트레스 요인이 약화되지 않을 때 나타나는 세 가지 단계(그림 8.1)가 있다는 결론을 내렸다. 초기의 '경고 반응' 이후 신체는 '저항 단계'로 돌입한다. 저항 단계에 신체는 높은 수준의 활성화를 유지하기 위해 연료(단백질과 지방)를 사용 가능한 상

일반적응증후군(General Adaptation Syndrome, GAS) (Selye, 1956)

경고 반응: 신체 자원들이 부가된 스트레스에 대항하기 위해 동원된다(투쟁-도피 반응).

저항 단계: 신체가 스트레스에 적응하지만 엄청난 신체적 자원이 소모된다. 스트레스원에 대한 저항이 줄어든다.

소진 단계: 신제 자원이 고갈되고 스트레스 호르몬이 줄어든다. 이것은 건강을 약화시키고 소진에 이르게 한다.

그림 8.1 일반적응증후군

태로 만들고 코르티솔(호르몬)의 분비와 동맥의 파열을 막기 위해 동맥을 경화시키는 여러 보호적 조치를 취한다. 이 단계에서 신체는 비축해 두었던 자원을 사용한다. 이것은 결과적으로 '소진 단계'에 이르게 된다. 이 단계에서는 신체는 더 이상 제대로 된 기능을 유지하지 못하고 붕괴될 위험에 처한다. 또한 방치된 면역 체계로 질병에 취약해진다. 셀리에는 스트레스에 장기간 노출되었을 때 쥐의 반응은 사람들의 반응과 다르지 않다고 주장했다.

인간에 대한 연구는 이 주장을 뒷받침한다. 특별히, 우리가 소진 단계에 접어들었을 때 일어나는 일들은 잘 관찰되고 기술되어 왔다. 심혈관계 질환(House, 1974; Steptoe & Kivimäki, 2013), 위궤양(Crawford et al, 1971; Melinder et al., 2015), 면역 체계의 기능저하(Hall et al., 2012) 그리고 뇌의 이상(Frodl & O'Keane, 2013)이 스트레스에 장기간 노출되었을 때 관련된 질환이다. 마슬락 등(Maslach et al., 2001)은 소진 단계가 어떻게 진행되는지 잘 기술하였고, '**소진(burnout)**'이라는 용어를 처음 도입했다. 그들은 신체적 측면만 강조하지 않고 의욕의 부재, 우울, 절망감과 같

사례 연구: 스트레스 모형 (2) 일반적응증후군(Selye, 1956)

Maryam이 말한 "이런 상태가 얼마나 오랫동안 지속되었나요? 지금 지쳤다고 느끼나요?"는 Joyce에게 의미있는 질문이었다. Maryam은 Joyce가 작년 동안 감당하기 어려운 압박을 받았다고 했다. 그렇기 때문에 당연히 지쳤다고 느끼고 있고 간호사로서 일을 하고 싶은 의욕도 잃어버렸다고 했다. Joyce는 자신의 에너지를 모두 고갈해 여러 질병에 한번에 감염되어 신체적 건강에서도 고통을 받고 있었다. Maryam은 스트레스의 지속 기간, 소진 증상과 잦은 질병 모두 일반적응증후군 모형에 나타난 양상과 맞아 떨어진다는 것에 주목했다. 만약 Joyce가 소진 증상으로 고통받고 있다면 회복을 위한 확실한 기간이 필요할 것이다.

은 정신적 탈진의 결과도 강조했다(Schaufeli et al, 2009). 그들의 연구의 일부는 이 주제에 특히 연관되어 있는데 그것은 바로 간호사와 함께 이 연구를 진행하였기 때문이다(Leiter & Maslach, 2009; Maslach, 2003).

5.1.2. 삶과 관련된 요구도가 너무 높나요? (캐논의 스트레스 항상성 모형)

캐논의 스트레스 이론(Dror, 2014; Cannon, 1935)은 시스템에 대한 요구와 그것에 효과적으로 대처할 자원의 균형을 강조한다. 이 모형은 우리가 스트레스를 겪는 정도는 우리가 만들어 낸 요구와 우리의 자원이 이루는 균형의 결과라고 설명한다(그림 8.2). 높은 스트레스는 자원을 초과하는 요구에 따른 결과이다. 이 균형이 맞지 않다는 것은 누군가의 건강에 안 좋은 영향을 끼칠 수 있지만, 캐논은 이 관점에 대해 자세히 설명하지는 않았다. 그럼에도 불구하고 실질적인 자원의 소실은 소진 발생에 아주 중요한 역할을 한다는 것에 대한 증거가 있다(Hobfoll & Freedy, 1993).

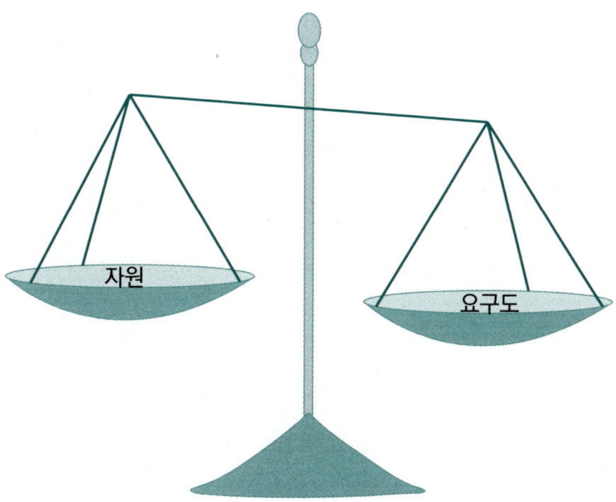

그림 8.2 스트레스와 균형 모형(Cannon, 1935)

사례 연구: 스트레스 모형 (3) 캐논의 스트레스 항상성 모형

Maryam의 "삶과 관련된 요구도가 너무 높나요?"라는 질문은 Joyce를 신중하게 생각하게 했다. Joyce는 직원의 수가 부족한 것이 자신에게 부담을 주었다고 했다. Joyce는 팀을 이끌기 위해 더 많은 훈련의 필요성을 느꼈다고 했다. 처음 Joyce가 병에 걸려 충분히 완쾌되지 않고 업무에 복귀했을 때 그녀는 자신의 업무 능력이 충분하지 못하다고 느꼈음을 회상했다. Maryam은 Joyce에게 그녀의 자원과 강점을 나열하고 요구 수준과 비교해 보라고 제안하였다. 그들은 Joyce의 신체적 건강과 동기 부여와 관련된 자원들을 회복하는 것이 우선시되어야 한다고 결론지었다. 한편, 2시간가량 소요되는 출퇴근 거리와 시간이 Joyce의 요구 사항 목록에 기술되어 있었다. Joyce의 집과 직장이 좀 더 가까워질 수 있을까?

5.1.3. 당신에게 스트레스를 주는 사건들이 누적되어 왔나요? (홈즈와 라헤의 사회 재적응 접근법)

또 다른 접근법들은 스트레스가 조절 또는 적응해야 하는 것들이 축적된 결과일 수도 있다는 것을 강조한다. 홈즈와 라헤(Holmes & Rahe, 1967)는 이 원칙을 기반으로 하여 스트레스 척도를 개발하였는데, 여기서는 변화와 적응이 필요한 사람들의 삶에서 일어나는 일상적인 사건들을 강조한다. 이 검사는 이혼(높은 정도), 이사 혹은 이직(중간 정도), 그리고 휴가 혹은 크리스마스(낮은 정도) 같은 각기 다른 정도의 적응이 필요한 많은 삶의 사건들을 포함한다. 일상의 사건들은 굳이 부정적일 필요는 없지만 적응이 필요하기 때문에 포함된다. 이 모형의 한계는 특정 사건에 대한 가치 부여가 모든 이들에게 동일하게 적용된다는 것이다. 그러나 실제로 이러한 사건들은 사람에 따라 다르게 경험되고 다양한 방법으로 영향을 미칠 수 있다.

사례 연구: 스트레스 모형 (4) 홈즈와 라헤의 사회 재적응 접근법

Joyce가 "당신에게 스트레스를 주는 사건들이 누적되어 왔나요?"라는 질문을 받았을 때 그녀는 Maryam에게 6개월 전, 어머니의 죽음과 7년간 사귄 연인과의 동시다발적인 이별로 아직도 슬프다. 긍정적인 부분으로 Joyce는 4개월 전 새로운 사람을 만나기 시작했지만, 지금의 상태로는 연애에 전념하기 힘들다고 했다. 올해는 주요한 변화들과 사건이 많은 해였다고 Joyce는 말했다.

5.1.4. 압박을 받았을 때 회복력이 얼마나 좋나요? (강인성과 회복탄력성)

여러 연구들이 스트레스 저항(회복탄력성) 그리고 대처 인자들이 만성적인 스트레스가 질병으로 어떻게 전개되는지에 대한 지표를 제공한다는 것을 밝혀냈다(Kobasa, 1982; Kobasa et al., 1982). 강인성과 회복탄력성의 정도는 유전적으로 차이가 있다. 그러므로 장기간 압박을 받아도 건강함을 유지할 수 있을 정도는 모두 다르다. 이 특성에 대한 유전적 근거는 논란의 여지가 없지만, 역경, 고통, 불편감에 효과적으로 대응할 수 있는 정도에는

사례 연구: 스트레스 모형 (5) 강인성과 회복탄력성

Maryam의 "압박을 받을 때 회복력이 얼마나 좋나요?"라는 질문이 Joyce를 미소 짓게 하였다. 그녀는 말했다. "내가 처음 간호직을 시작했을 때 나를 당황시키는 것들은 없었어요. 나는 본질적으로 정말 강하다고 생각해 왔죠. 또한 저는 운동하기를 즐겨요. 킬리만자로 산에 올라가 보기도 했거든요!" Maryam은 그녀를 도울 수 있는 좋은 징조라고 말했다. Maryam은 "과거의 당신이 정말 강했다면, 그것을 다시 되찾는 것이 관건이네요."라고 말했다.

확실한 차이가 있다는 증거가 있다. 이것은 기질적인 유전적 인자가 작용하고 있다는 것을 나타낸다. 삶의 회복탄력성은 노화의 과정에 적응하고 변화하는 환경에 효과적으로 '대처하는' 능력으로 표현될 수 있다(Gergen & Gergen, 2010).

5.1.5. 당신이 압박을 받을 때 이를 해결할 수 있는 문제라고 생각하나요? (라자루스와 포크만의 스트레스 교류 모형)

라자루스와 포크만(Lazarus & Folkman, 1984)은 스트레스 반응이 일어나고 그것이 드러나는 것은 스트레스 요인이나 압박뿐만 아니라, 우리가 그것을 어떻게 '평가'하는지와도 관련이 있다고 한다. 여기에는 두 가지의 관점이 있다. **일차 평가**는 그 사건이 어떤 의미인지, 중요한지, 특히 어느 정도까지 위협 혹은 긍정적인 도전인지 우리 자신에게 자문할 때 일어난다. **이차 평가**는 우리가 효과적으로 대처할 수 있는지 생각하는 것이다. 최근 연

사례 연구: 스트레스 모형 (6) 스트레스 교류 모형

"당신이 압박을 받을 때 이를 해결할 수 있는 문제라고 생각하나요?'의 질문은 모두 당신의 생각에 달렸어요."라고 Maryam이 말했다. Joyce는 현재 모든 것들이 그녀를 두렵게 하고 있고 그녀가 대처해 나갈 수 있을지 자신이 없다고 대답하였다. Maryam은 지난 며칠간의 근무에 대해 생각해 보라고 하였다. "만약 누군가가 당신에게 '당신의 하루는 어땠어요?'라고 묻는다면, 당신은 어떻게 대답했을 것 같아요?" Joyce는 대답했다. "오늘 일이 힘들다고 느꼈고, 계속 최악의 것들을 예상하고 있어요. 그리고 압박에 잘 대처하지 못하고 있어요." 그녀는 계속 말했다. "하지만 1년 전엔 이렇게 말했을 것 같아요. 정말 재밌는 날이었어요, 흥미로운 것들이 있었거든요. 나는 잘 대처해 나가기 위해 항상 나의 지혜를 유지할 필요가 있었어요." Maryam은 말했다. "그렇게 생각하는 방식으로 되돌아갈 방법을 찾아야 합니다."

구에 의하면, 이러한 관점들이 스트레스 경험의 전개와 스트레스로 인한 영향 정도에 있어서 결정적인 요소로 작용한다는 것이다(Crum et al., 2013). '긍정적인 평가'는 스트레스 반응 감소의 완충제 역할을 하는 경향이 있다(Nes & Segerstrom, 2006; Jobin et al., 2014).

6. 스트레스와 건강의 통합모형

우리는 이미 알아보았듯이, 장기간 노출된 직무 스트레스와 소진은 돌봄 제공자들에게 아주 중요한 위험 요소이다(Leiter & Maslach, 2009; Maslach, 2003; Maslach et al., 2001). 이 분야에 관한 많은 연구 결과들이 있다. 이번에는 스트레스와 건강의 주요한 연구 결과들을 돌봄 제공자와 대상자에게 적용해 볼 수 있는 실용적인 모형으로 요약해 보았다. 이 모형은 마이어스(Myers, 2004)로부터 영향을 받은 접근법으로, 삶의 압박에 대한 반응이 건강에 도움이 되는지 혹은 위협이 되는지 확인할 수 있는 방식으로 조직되어 있다(그림 8.3).

건강 증진 요소들은 모두 모형의 오른쪽에 있지만, 위험 요소들은 왼쪽에 있다.

❖ **위험에 처한 돌봄 제공자:** 제가 압박을 느낄 때 전 신체적으로 불안감을 느끼는 경향이 있어요. 실제로, 몇 달 동안 이 상태가 지속되어 왔어요. 저는 많은 업무 중 일어나는 사건들을 위협이라 여기고, 저의 대처 능력에 자신이 없어요. 저는 그러한 상황에 처하면 쉽게 좌절하거나 비관적이 되는 경향이 있어요. 저는 스트레스에 강인하다고 생각하지 않고 오히려 자주 화가 나요. 저의 개인적 습관은 도움이 되지 않아요. 저는 운동에 시간을 쓰지 않습니다. 전 담배를 피우고 술을 많이 마시지만 제대

건강의 위험 요소	건강 증진 요소
스트레스 반응	
강한 스트레스 반응	약한 스트레스 반응
지속적	단기간
인지적/감정적	
위협을 강조	긍정적인 도전을 강조
효과적이지 않은 대처 능력	효과적인 대처 능력
비관적이고, 쉽게 좌절한다.	긍정적이고, 좌절하지 않는다.
기질적/유전적	
낮은 회복탄력성	높은 회복탄력성
A형 행동 유형(적대적)	B형 행동 유형(평온함)
행동적	
많이 움직이지 않는 생활	정기적인 유산소 운동
흡연	비흡연
의존	비의존
영양 부족	좋은 영양 공급
낮은 수면의 질	질 좋은 수면
직업적	
많은 업무량, 낮은 통제력	감당할 만한 업무량, 높은 통제력
높은 감정적 영향	감당할 수 있는 감정적 영향
사회적/환경적	
낮은 사회적 지지	높은 사회적 지지
위험, 잦은 갈등	안전, 드문 갈등
건강의 위험 요소 <	> **건강 증진 요소**

그림 8.3 스트레스와 건강의 관계에 대한 통합모형

로 먹지 못하며 잠을 잘 못 자요. 전 업무량이 벅차다고 느끼고 일에 대해 부정적인 감정의 동요 때문에 어려움을 겪고 있어요. 저는 최근 연인과 폭언이 오갔던 이별 이후 자주 외로움을 느끼고 이웃들과는 불편함을 느끼고 있어요.

❖ **스트레스에 저항력 있는 돌봄 제공자:** 제가 압박을 느낄 때, 저는 제 자신을 가다듬어 침착한 상태인지 확인하고 또 확인합니다. 결과적으로, 높은 스트레스는 보통 단기적입니다. 저는 대부분의 업무와 관련된 스트레스 요인들의 긍정적인 측면의 과제를 강조하는 경향이 있고, 그것을 처리할 만큼 잘 단련되어 있다고 믿고 있습니다. 저는 대부분 긍정적이고 쉽게 좌절하지 않습니다. 저는 회복력이 좋고 느긋합니다. 저는 약물이나 너무 많은 음주를 하지 않습니다. 저는 담배도 피우지 않아요. 전 운동하기를 좋아하고 잘 먹고 잘 잡니다. 우리는 업무를 잘 처리할 수 있는 방법을 찾고 아주 감정적인 사건이 발생한 후에는 보고를 합니다. 저는 친구와 가족들과 함께 시간을 보내고 그들의 지지를 즐깁니다. 저는 제 삶의 처리 방식에 행복하고 안전하다고 느끼며 오랫동안 지속되는 갈등은 거의 없습니다.

이 모형의 강점은 누구든 개인적 상황에 적용할 수 있다는 것이다. 우리 자신의 지지와 위험 요소들을 평가해 봄으로써 우리의 강점과 약점을 알 수 있고, 우리가 개선해야 할 것들을 알 수 있다. 또한, 스트레스와 그 영향을 감소시키는 유용한 방법을 제공하는 스트레스 관리 워크북(Davis et al., 2008)도 도움이 된다.

활동 8-5 ●●● 생각해 보기

차례대로, 이 책에 소개된 각각의 모형을 당신의 역할을 포함해서 자신의 삶에 적용해 보라. 그리고 당신이 찾은 것을 적어 보라.

- 셀리에의 GAS 모형
- 캐논의 스트레스 항상성 모형
- 홈즈와 라헤의 사회 재적응 접근법
- 라자루스와 포크만의 스트레스 교류 모형

이 장의 끝에 예시 답안이 제공된다.

요약

- 보건의료 서비스의 생물심리사회모형은 생물의학모형 내용의 대부분을 대체하였다.
- 동시대의 건강과 보건의료 서비스를 제대로 이해하기 위해서는 경제적 · 정치적 · 영적 요인들이 고려되어야 한다. 이러한 발달은 간호학에 있어서 좀 더 전인적인 접근을 제안한다.
- 건강한 식이요법, 운동 그리고 건강한 노화 등은 행동적 요인들에 의해 확연히 증명되었고 심리학적인 관심의 영역이기도 하다.
- 귀인 이론이나 부조화 이론 같은 인지적 요소들을 통하여 건강 행위 개선의 성공 혹은 실패를 정확하게 해석할 수 있다.
- 지속적인 스트레스는 돌봄 제공자와 수혜자 모두에게 아주 중요한 위험 요소이다.
- 여러 스트레스 모형을 활성화시키는 능력은 스트레스에 대한 평가와 여러 대처방식을 고려해야 하는 돌봄 제공자에게 있어서 중요하다.

활동: 예시 답안

활동 8-1

의료비 상승을 고려하면, 의료보험회사들이 건강한 삶을 위한 노력에 보험료 할인을 해 주는 보너스 포인트 시스템을 만들 것이라는 것을 상상해 볼 수 있다. 이를 증명하기 위해 주치의의 도움이 필요할지도 모른다. 오늘날 주치의들은 건강보다 질병에 대해 더 많이 알고 있다. 이것은 바뀔 필요가 있다.

활동 8-2

- 의학적 고려점: 수술이 성공적으로 행해졌는가? 수술의 경과는 어떤가? 기대되는 재활의 종류와 기간은?
- 심리학적 고려점: 심장 상태에 대한 심리적인 원인이 있는가? 집의 심리적 이점이 재활기관의 심리적 이점보다 더 나은 점이 무엇인가? Aziz 씨의 우려는 무엇인가?
- 사회적 고려점: 판단을 내리는 데에 있어 가족의 역할은 무엇인가? 필요한 많은 지지를 제공하는 것에 있어 그들은 얼마나 준비되었는가? 문화적 · 종교적 요인들이 있는가?
- 경제적 · 정치적 · 영적 고려점: 가족에게 있어서 병원 방문의 비용은 얼마인가? 이라크에서 돌아오는 것은 정치적이고 종교적인 우려가 있는가?

활동 8-3: 부유한 국가 ↔ 빈곤한 국가

- 부유한 국가의 위협: 비만, 신체적 건강, 제2형 당뇨, 암
- 빈곤한 국가의 위협: 에이즈와 기타 감염성 질병, 기아, 빈곤 등

활동 8-4: 불건강한 행동에 대한 비판적 성찰

이 활동은 많은 것을 곰곰이 생각하게 한다. 귀인적이며 모순된 과정에 어떻게 변화가 일어나는지에 대한 이해를 제공한다.

사례 연구: 역설적 돌봄

저항은 건강에 좋지 않은 행동 또는 자유를 빼앗긴다는 두려움(Brehm)으로부터 초래된 부조화(Festinger)에 근거를 두고 있을 수도 있다. 어쩌면 Prochaska와 Di Clemente의 변화 단계 모형은 Jackson의 점진적인 변화를 촉진하는 모형이 될 수 있을 것이다. 돌봄 제공자는 그의 아내에게 이 사실을 알릴 것이다. 어쨌든, 그녀의 역설적 접근법이 전혀 매력이 없지는 않을 것이다.

사례 연구: 스트레스 모형

각각의 사례는 그 상황에서 교재에서 논하던 스트레스 모형을 강조한다. 각각의 모델은 Joyce의 상황에 다른 관점을 제공한다.

활동 8-5: 스트레스 모형의 적용

당신의 분석이 새로운 통찰력을 키워 주었길 바란다.

더 읽을거리

- Marks, D., Murray, M., Evans, B., & Estacio, E. V. (2011). *Health psychology: theory, research and practice* (3rd ed.). London: Sage.
  세계적이고 사회적이며 정책적 맥락에서의 건강심리학을 다루고 있다.
- Ogden, J. (2012). *Health psychology: a textbook* (5th ed.). London, UK: McGraw Hill/Open University Press.
  핵심 건강심리학 교재로서 개념적이면서도 정교한 연구의 초점이 조합되어 있다.
- Rice, P. L. (1999). *Stress and health* (3rd ed.). New York, NY: Brooks.
  건강에 대한 스트레스의 관련성에 관한 서적으로서 최신 신간은 아니지만 결코 구태의연하지 않고 매우 포괄적이다.
- Davis, M., Eshelman, E. R., & McKay, M. (2008). *The relaxation and stress reduction workbook*. Oakland, CA: New Harbinger Publications.
  이 교재의 강점은 연습과 실제적인 스트레스 관리 지침에 있다.

유용한 웹 사이트

- http://www.apa.org/health/
  미국심리학회(American Psychological Association)는 실제적인 건강심리학 분야의 풍부한 자원이다.
  짧은 영상 시리즈물인 'Psychologists in Integrated Health Care'는 오늘날 건강관리에서 심리학자의 역할을 보여 주고 있다(YouTube에서도 액세스할 수 있음).
- https://www.youtube.com/playlist?list=PLD058C0C3FF56FBE2
  'Dealing with Stress'–BBC 탐사 보도/스토리 텔러 미디어.
  이 시리즈에는 5개 파트가 있으며, 접근 가능한 방법으로 스트레스의 여러 양상들을 다루고 있다.
- http://www.bbc.co.uk/programmes/b01cywtq
  고강도 훈련–'Horizon: The Truth About Exercise'(BBS 2).
  Michael Mosley의 프로그램은 종종 심리학과 건강에 대한 우리의 기존 사고에 도전한다. Youtube에서의 짧은 자료도 예외는 아니다. 영국 내에서만 접속 가능하다.

CHAPTER 9

질병의 위기

학습목표

- 환자, 가족, 직장 및 지역사회에서 질병 위기가 어떻게 전개되고 영향을 주는지 이해한다.
- 질병 위기 시 생물심리사회모형을 적용한다.
- 질병에 대한 신념과 인식, 고정관념 및 내적 갈등에 의해 위기가 어떻게 발생하고 영향을 주는지 논의한다.
- 만성질환과 관련된 심리를 스트레스, 가정에서의 지원, 통증, 만성 피로, 정신건강, 낙인 및 슬픔과 같은 악영향을 미치는 요인과 관련하여 이해한다.

알기 쉬운
심리학

이 장에서는 질병의 위기와, 이러한 위기가 대상자, 가족 및 지역사회에 미치는 영향을 살펴본다. 우리는 위기, 자기 조절 및 대처에 관한 생물심리사회모형의 핵심 관점을 고려한다. 또한 질병에 대한 인식과 신념과 관련된 고정적인 틀과 내적 갈등에 대해서도 논의한다. 이 장의 후반부에서는 만성질환과 관련된 심리를 스트레스, 가정에서의 지원, 통증, 만성 피로, 정신건강, 낙인 및 슬픔에 대한 구체적인 부분으로 나누어 살펴본다. 이 활동은 질병 위기가 어떻게 발생하는지, 돌봄 제공자가 이를 해결하기 위해 무엇을 할 수 있는지에 대하여 전체적인 통찰력을 제공할 것이다.

사례 연구: 질병 위기의 생물심리사회적 측면

생물학적 또는 의학적 측면

정기검진에서 Christine(55세)은 암 진단을 받는다. 예후가 좋지 않다. 항암요법이 시작되었고 수술이 논의되었다. Christine은 종종 구역질이 나며 활력을 잃었다. 그녀는 자신의 암의 유형과 치료의 영향을 연구한다. 그녀는 식이요법 중이며, 가능하면 가벼운 운동을 한다.

심리적 측면

부정과 슬픔 단계 이후 Christine은 암에 대처하는 데 집중하고 있다. 그녀는 자신의 상태에 대한 심각성을 잘 알고 있지만, 자신이 무엇을 할 수 있는지 알고 싶어 한다. 그녀는 가족에 대해 걱정하지만 긍정적이고 희망적인 말로 자신을 표현하는 데 능숙하다. 그녀는 우울한 날들을 보내고 있지만 혼자 울부짖는 것은 무의미하다고 말한다. 그녀는 완쾌될 것이라고 낙관하고 있다.

사회적 측면

그녀의 병이 밝혀지기 전 Christine과 그녀의 남편 Paul은 일을 하고 있었고, 세 자녀를 돌보고 있었다. Paul은 이제 아이들을 돌보기 위해 일을 그만두었다. 그들에게는 불안한 시기였다. Christine은 그녀의 도움 없이 고군분투하고 있는 나이 많은 어머니를 거의 매일 방문했다. 그 누구도 대신할 수 없었다. 그녀는 지역 스포츠클럽에서 청소년 코치로서의 역할을 포기해야 했고 현재 대체자를 찾기 위해 애쓰고 있다.

경제적 측면

가족의 건강보험은 대부분의 치료 비용을 부담하지만 병원에서의 운전 및 주차 비용이 추가된다. 더욱이 Paul의 휴직은 가족의 수입을 감소시키고 장기적으로는 그의 직업을 위험에 빠뜨린다. 아동 돌봄 비용도 올랐다.

영적인 측면

Christine과 Paul은 교회에 가지도 않고 그들의 영적인 면을 다소 낮게 유지하는 경향이 있다. 그러나 현재 상황이 조금 바뀌었다. Christine은 영적 안내문을 읽기 시작했으며 암에 대한 영적 측면의 회복에 관심을 가졌다.

1. 질병의 위기

Christine에 대한 사례 연구가 의학적 의미뿐만 아니라 심리적 · 사회적 의미에서 큰 위기를 묘사한다고 보는 것은 어렵지 않다. **'위기(crisis)'**라는 용어는 사건에 대하여 인간이 효과적으로 반응하기 위해 기존의 자원을 늘려야 하거나 초과할 때를 말한다(Caplan, 1964). 위기에 처하게 되면 사람들은 도움을 필요로 하고 두려워하며 새로운 경험과 감정을 가지게 된다(Hopkins & Mackenzie, 2008). 위기와 질병에 대한 세 가지 모형을 살펴보자.

1.1. 위기 이론과 질병

카플란(Caplan, 1964)에 따르면 대부분의 위기에는 3단계가 있다(그림 9.1).

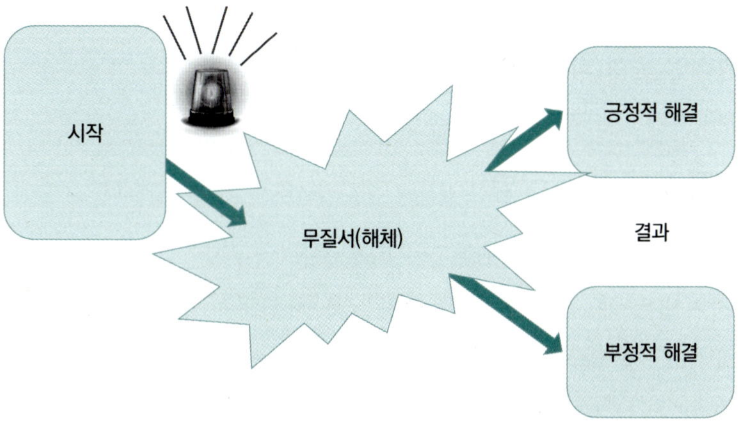

그림 9.1 위기의 3단계(Caplan, 1964)

질병이 **시작**되는 동안 그 문제를 쉽게 해결할 수 없다는 것이 분명해지면 긴장이 고조된다. 예기치 않은 암 진단과 같은 갑작스러운 발병은 스트레스 반응을 유발할 것이다(Selye, 1956). 장시간의 진단적 검사를 받으며 스트레스에 압도될 것이다. 위기가 빨리 해결되지 않으면, 긴장과 불안감이 높아지고, 대처 기전이 확장될 수 있고, 예측할 수 없는 반응과 행동 변화가 일어날 수 있으며, 무력감이 생길 수 있는 **무질서(해체)**의 시기가 뒤따르는 경향이 있다. 이 단계는 병원 입원, 치료 또는 수술과 같은 관련된 모든 사람의 삶에서 발생하는 혼란을 다룬다. 세 번째 단계는 어느 시점에서 해결책이 긍정적 · 부정적인 결과가 따를 것임을 시사한다(Caplan, 1964). 모든 일이 검은색이나 흰색으로만 구분되는 경우는 드물다. 예를 들어, 성공적인 치료 또는 수술 후에는 종종 재활의 필요 또는 지속적인 생산력 감소와 같은 문제가 남아 있을 수 있다.

이 이론은 위기의 상황에 중단될 수 있는 항상성의 균형을 전제로 한다. 위기는 일시적이며 갑작스레 시작되고 해결해야 할 감정적 긴장을 불러일으킨다. 이 이론은 위기가 문제에 대한 인식과 대처 자원 및 전략 사이의 정상적인 균형을 방해할 것이라고 주장한다. 과거에 그 사람에게 지원되었던 습관적인 균형 회복 행동은 이제 실패로 돌아온다.

1.2. 자기 조절과 질병

레벤탈(Leventhal et al., 2003)과 그의 공동 연구자들은 우리가 질병의 위기에 직면했을 때 어떤 일이 발생하는지 이해하기 위하여 상세한 접근법을 개발했다. 그들은 '질병행동의 자기 조절 모형'을 통하여 감각 형성 과정과 정서 및 대처 노력 등의 반응을 적극적으로 조절할 것을 제안한다(그림 9.2).

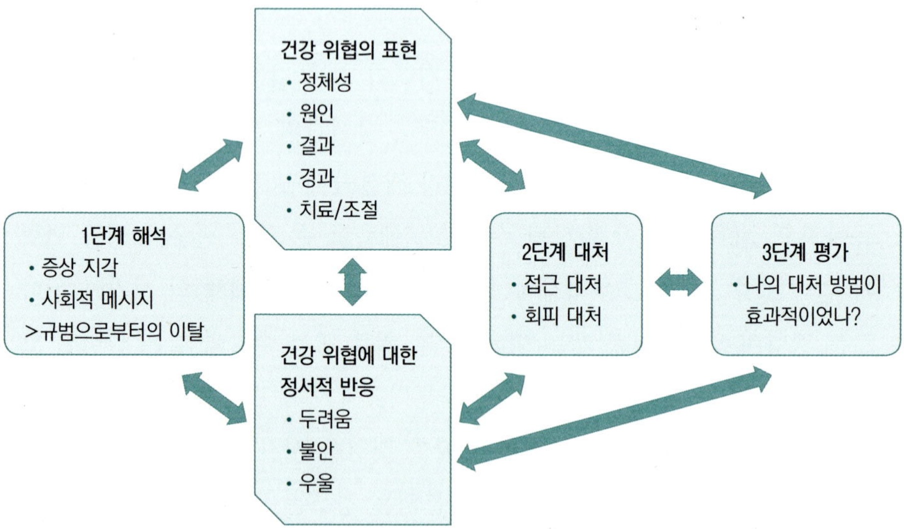

그림 9.2 Leventhal의 질병행동의 자기 조절 모형(Ogden, 2012)

1단계는 초기 반응으로 증상의 이해 및 해석, 진단, 타인들의 진단 수용이 포함된다. 이는 대변동과 같아서 위기의 인식된 강도를 반영하는 강한 정서(두려움, 불안, 분노 및 슬픔)이 동반될 가능성이 높다. 레벤탈은 질병에 대한 초기 사고는 다음과 같은 측면을 포함할 것이라고 말한다.

- 정체성(증상, 단계, 진단)
- 인식된 원인(생물학적, 심리적, 귀인 과정)
- 경과(급성, 만성, 단기, 장기)
- 결과(통증, 기동력, 업무, 스포츠, 사회적 접촉의 장애, '흥미로운' 삶의 종료)
- 치료 및 조절 가능성

모형의 이 부분은 질병 표현의 상식적 모형이라고도 한다(Leventhal et al., 2003; Leventhal et al., 1980; Cameron & Leventhal, 2003). 메타분석 문헌에는 대부분의 환자들이 자신의 질병을 반영하는 방법들이 제시되어 있다(Hagger & Orbell, 2003).

2단계는 상황에 대한 대처를 강조한다. 이 모형은 접근(질병 직면)과 회피(부정 또는 최소화)를 구분한다.

3단계는 대처 방법의 효과에 대한 성찰이다. 대처는 지속적인 과정이므로 평가는 특정 대처 노력을 유지하거나 재집중하는 역할을 한다.

1.3. 질병 위기 대처

상황에 대한 대처 가능 여부의 판단에 있어서 질병을 포함한 대부분의 도전적 상황들(Lazarus & Folkman, 1984)을 어떻게 평가하느냐는 중요한 관건이다. 그러나 많은 경우에, 질병은 예기치 않게 나타나고 독특한 도전을 야기한다. 그것은 준비하기가 어렵다는 것을 의미한다. 이 때문에 대상자가 자신의 질병에 대처하는 방법은 상당히 다르다. 모스와 쉐퍼 모형(Moos & Schaefer's model)은 질병 위기 대처에 초점을 맞추고 있다(그림 9.3).

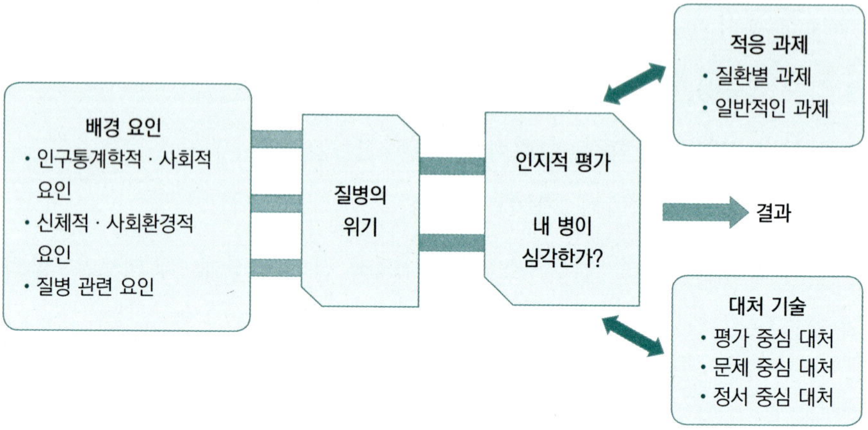

그림 9.3 질병 위기 대처 모형(Moos & Schaefer, 1984) (Ogden, 2012)

모스와 쉐퍼의 모형은 배경 요인, 인지적 평가, 적응 과제 및 세 가지 유형의 대처 기술을 강조한다(Moos & Schaefer, 1984). 배경 요인에는 인구통계학적, 신체적 · 사회적 및 환경적 측면이 포함된다. 적응 과제에는 의사 방문, 식이요법, 약물치료, 통증 대처 등과 같은 질병과 관련된 활동, 그리고 업무와 사회생활을 재정비하는 방법이 포함된다. 또한 이 모형은 대처 기술을 다음과 같이 구분한다.

- 평가 중심 대처(질병의 규명)
- 문제 중심 대처(질병 직면)
- 정서 중심 대처(주로 질병과 관련된 감정을 표현하고 조절함으로써 질병을 받아들임)

이 모형에서는 평가 및 문제 중심적 대처가 상황을 이해하고 해결하기 위한 노력을 포함하기 때문에 레벤탈의 접근 방식과 일치한다. 회피와 정서 중심의 대처 방식은 다르지만 감정 표현은 회피 전략의 일부일 수 있다(정말 기분이 나빠서 치료를 받을 수 없다).

활동 9-1 ●●● 생각해 보기

Caplan, Leventhal, Moos와 Schaefer의 모형이 239페이지의 Christine 사례 연구에 어떻게 적용되는지 논의하라. 관련된 모든 사람들의 관점에서 위기의 정도를 파악하고 세 가지 모형의 강조점의 차이를 구분하라. 그런 다음 돌봄 제공자의 역할을 고려하라. Christine을 위해 무엇을 할 수 있는가?

이 장의 끝에 예시 답안이 제공된다

건강심리학 연구자들은 어떤 대처 방법이 가장 효과적인지를 확립하려고 했다. 이들의 연구 결과에 따르면 '접근적 대처'는 '회피적 대처'(Compas et al., 2012)보다 건강이 더 좋아지는 경향이 있음을 보여 준다(Kennedy et al., 2010). 보다 구체적으로, 리더 등(de Ridder et al., 2008)은 "환자들은 가능한 한 적극적으로 행동하고, 자신의 삶을 통제하고, 자기 관리에 참여하며, 질병의 잠재적인 긍정적인 결과에 집중할 수 있도록 자신의 감정을 인정하고 표현해야 한다."라고 결론 내렸다(de Ridder et al., 2008, p. 246). 이는 질병의 긍정적인 영향에 대해 인식하는 것은 학습에 대한 인식, 효과적인 대처에서 비롯된 숙달감 그리고 그것이 어떻게 사람의 삶에 새로운 의미를 부여했는지를 포함한다(Taylor, 1983; Taylor et al., 1984). 그런 경우 환자는 병의 '위에 서 있는' 것처럼 보인다. 이 영적인 차원을 갖는 것은 드문 일이 아니다. 영적인 차원은 대처 방식이라기보다는 효과적이고 긍정적인 심리적 적응의 예측인자로 적용해 볼 수 있다(Cheng et al., 2014).

1.4. 세 가지 모형의 강점과 한계

이 모형들은 급성 및 만성질환 또는 상태, 부상, 장애 및 정신질환을 포함한 광범위한 분야에 적용될 수 있다. 카플란 모형의 강점은 조직 해체와 도움 추구의 동시성을 강조한다는 것이다. 환자들은 강한 감정과 무질서한 사고를 경험할 것이다. 반면, 레벤탈의 모형은 환자가 자신의 질병에 대해 어떻게 이해하고 반응할 수 있는지에 대한 명확한 원칙을 제공하고 있으며, 모스와 쉐퍼의 기여는 대처 과정의 세부 사항에 있다. 간호사는 환자의 무질서(해체)(Caplan)를 극복하고 인지적 · 행동적 자기 조절(Leventhal) 및 적극적인 대처 노력(Moos & Schaefer)과 연계되도록 환자를 도울 수 있다. 많은 질병 위기의 정도를 고려할 때, 무질서한 사고가 레벤탈이 제안한 감각 형성 과정을 압도하지는 않을 것이다. 이것은 레벤탈 모형에 관한 주

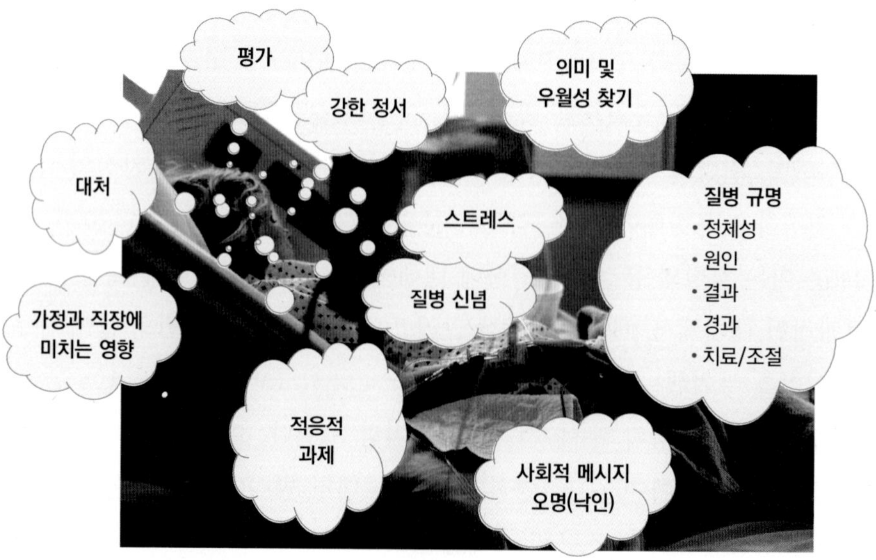

그림 9.4 질병 위기와 관련된 도전 사항

요 내용이다. 또한, 이러한 모형들을 통해서 우리가 질병에 반응하는 방식이 깔끔하게 정의된 단계에서 일어난다는 인상을 받았다면, 그것은 그림에서의 분리된 블록들로 인해 오인하고 있는 것이다. 종종 혼란스러운 현실은 앞뒤를 가리키는 화살표로 가장 잘 이해될 것이다. 질병 위기의 현실은 제시된 것보다 훨씬 더 엉망일 수 있다(그림 9.4). 이 과정에서 질서를 만들어내는 환자를 돕는 것은 간호사로서 도전의 일부분이다.

또한, 이 모형들은 사회적인 측면들은 언급하면서도, 독립적인 존재로서의 인간을 너무 강조함으로써 배우자, 가족, 직장, 지역사회의 개입을 인정하지 않는다. Christine 질병의 사회적 측면을 살펴보면 질병이 그녀 주위에 심각한 문제를 일으킨다는 것이 분명하다. 대처는 그녀뿐만 아니라 동료, 자녀, 남편, 직장, 노모, 심지어 스포츠클럽에 의해서도 이루어진다.

2. 질병의 인식

합리적이고 조직적인 사고가 선호되기는 하나, 무질서하고 단순하며 편향된 사고를 포함한 모든 인식이 질병의 위기에 필수적인 역할을 한다는 것은 분명하다. 따라서 돌봄 제공자는 질병 인식에 영향을 미치는 과정을 잘 이해하는 것이 중요하다. 본질적으로 질병 인식은 건강의 인지와 동일한 메커니즘을 따르므로 일반적인 사고(제6장), 편견(제7장) 및 건강의 인지(제8장) 섹션도 여기에 적용된다. 따라서 이 장에서는 아직 자세히 다루지 않은 측면, 특히 문화의 영향과 마음의 틀(고정관념)의 원리에 중점을 둘 것이다. 또한, 인지부조화의 역할(제8장)과 질병 인식에 대한 구체적인 적용도 다룰 것이다.

사례 연구: 문화, 종교, 가족 및 질병

Aamir(53세)는 심각한 간 질환으로 입원했다. 그는 몇 달 동안 고통을 느꼈고, 피부색이 노랗게 변했다. 그의 아내 Daneen은 그에게 의사를 만나라고 권유했지만 그는 그렇게 하기를 꺼려 했다. 그는 "너무 바빠서 병원에는 못 가요."라고 말했다. 어느 날 그는 간부전 증상을 보여 구급차로 병원에 실려 갔다. 긴급한 처치로 그의 상태는 안정되었지만 간 손상은 지속되고 있다. Aamir는 화를 내며 그의 상태를 받아들이는 데 어려움을 겪고 있다. 그는 이것이 그의 사업을 망치게 될 것을 특히 두려워하고 있다. 그는 질병의 원인에 대해 생각하며 과거에 살았던 시절을 모두 말하면서 디스코텍에 가서 술을 마셨던 것을 되돌아본다. 그는 모든 것을 뒤로하고 지금은 건강한 삶을 영위하고 있지만, 여전히 술에 취하지 않기 위해 고군분투하고 있다고 말한다. 그는 자신이 독실한 무슬림임을 내세우는 것을 주저하지 않고 기도를 통해 질병을 피해야 한다고 믿는다. 또한 그는 과거의 죄로 인해 신이 그를 벌하고 있을 수도 있다고 생각한다. 그의 가족은 그를 도와주려고 하지만, 그는 종교적이지 않은 아내와 성인 자녀들로부터 조언을 받는 것이 어렵다는 것을 알고 있다.

다음 섹션을 읽을 때 Aamir의 사례를 고려하시오.

2.1. 질병 신념: 문화적이며 개별적인 요인

현대 서구 사회에서는 의학, 약리학적 개입 및 수술적 맥락에서 질병을 이해해야 한다고 믿는다. 우리는 의학적 진보를 낙관적으로 바라보며, 아이들은 어릴 때부터 아프면 병원이나 약국에 간다는 것을 배운다. 예를 들어, 대부분의 감기나 독감 증상이 약리학적 방법으로 '치료'하는 데 걸리는 시간만큼 많은 시간 안에 스스로 자신의 증상을 치유한다는 사실을 받아들이기는 어렵다. 의사는 처방전을 받지 못한 감기 환자도 종종 단기적인 변화를 느낀다고 말할 것이다.

의학적 관점은 대부분의 문화에 침투했지만, **전통적 신념**과 가치는 서양 의학의 지배와 공존하고 있다. 건강 또는 질병 관련 사건이 유발될 때까지 둘 사이의 모순은 휴면 상태에 있을 수 있다. 때때로 간호사는 환자의 내적 갈등이나 치료를 어렵게 할 수 있는 가족이나 세대 간의 갈등을 보게 된다. 전통적인 신념에 대한 관용은 우리의 건강관리 시스템에 따라 다르다. 전반적으로 우리는 표준으로부터의 일탈에 대한 불합리성을 쉽게 지적하며, 문화적 또는 종교적 신념이 의학적 프로토콜, 예방 접종 또는 잠재적으로 생명을 구하는 의학적 치료법을 위반할 때 때때로 충격을 받는다. 흥미롭게도, 가치관이 가족관계와 의사 결정을 강조할 때 개인 중심 돌봄 또한 논쟁거리가 될 수 있다.

이렇게 말하면서, 특히 건강관리가 원시적이며 질병을 피하기 어렵거나 치료하기 어려운 경우 전통적 신념이 중요한 기능을 할 수 있음을 인식하는 것은 중요하다. 모기가 어디에나 있고 지역 치료법이 없을 때 말라리아가 모기에 의해 발생한다는 것을 아는 것이 도움이 되는가? 그렇지 않다. 말라리아의 원인이 말라위의 일부 지방에서처럼 마법이나 간음의 결과라고 믿는 사람들은 말라리아에 걸린 이들을 용서하지 않을 것이다(Launiala & Honkasalo, 2010). 선진국에서 잘 알려진 문제에 대한 유사점을 도출할 수 있다. 만약 그들이 깨끗한 공기가 있는 지역으로 이사할 수 없다면 천식이 오염으로 인해 발생할 수 있음을 아는 것이 가족에게 도움이 되는가? 직업 환경의 변경이 선택 사항이 아닌 경우 만성질환이 업무와 관련이 있을 수 있음을 아는 것이 도움이 되는가? 이런 경우, 전통적인 신념을 내세우지는 않지만 그럴듯한 대안적 설명을 할 수도 있다. 우리는 건강 신념과 마찬가지로 전문가와 미디어로부터 받는 정보의 복잡성과 다양성이 혼란을 야기할 수 있음을 인식해야 한다. 결과적으로 많은 사람들은 자신이 선택한 것을 믿는 경향이 있다. 또한 우리가 종종 확증 편향의 대상이 된다는 것을 기억해야 한다(Nickerson, 1998). 우리는 우리가 믿는 것에 대한 지지를 구하고 반대되는 정보를 무시한다. 이러한 단순화 경향은 대상자가 매우 정확한 정보를 제공받았음에도 불구하고 자신의 질병에 대한 개념이 애매모호할 때 발생한다.

2.2. 도움 요청과 고정관념의 형성

질병 인식은 질병에 대한 의학적 치료를 받으려는 결정에서 핵심적인 역할을 한다. 의사에게 갈 것인지는 증상이 어떻게 나타나는지에 달려 있다. '고정관념의 형성(framing)'은 상황에 대한 특정한 인지적 관점의 활성화를 의미한다. 그림 9.5의 예는 감기 증상을 의학적 문제이거나 혹은 아닌 것으로 어떻게 틀을 짜느냐가 추후 행동에 중요한 영향을 미침을 보여 준다.

이 경우 질병에 대한 고정관념에 관계없이 회복의 예후가 좋기 때문에 문제가 되지 않는다. 다른 경우에는 적극적으로 도움을 구하는 경향이 유

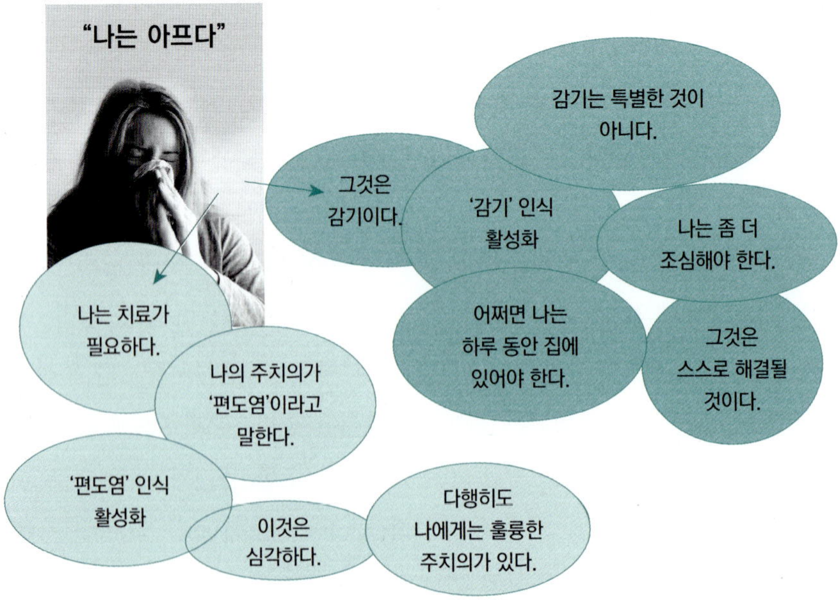

그림 9.5 질병의 고정적 구조(고정관념)

익할 수 있는데, 이는 악화 시 심각해질 수 있는 질병의 경우 예방 또는 조기 치료를 보장할 수 있기 때문이다. 남성은 증상을 무해하다고 여기는 틀로 인해 더 위험해지는 경향이 있다(Ogden, 2012).

2.3. 내적 갈등

대상자가 자신의 상태에 대해 책임이 있다고 생각하면 질병에 대한 위기감이 심화된다. 만약 당신이 스스로를 비난한다면 이것은 위기감을 더할 것이다. 우리는 제5장과 제6장에서 이미 인지부조화의 원리를 소개했고, 내적 모순이 어떻게 불편감의 원천이 되는지를 설명했다. 피할 수 있었던 어떤 것을 위해 병원에 머무는 것은 우리 자신을 똑똑하고, 옳고, 선하다고 인식하는 것과 모순된다(Aronson, 2004). 이러한 불편감은 큰 고통의 원천이 될 수 있다(강렬한 당혹감, 죄책감, 수치심, 후회, 회한 등).

의사를 방문할 때와 어떤 종류의 치료를 선택해야 하는지(선택할 수 있는 경우) 등의 의사 결정에 있어서 발생되는 일반적인 내적 갈등들이 있다. 이러한 갈등의 핵심은 접근과 회피 경향 사이의 딜레마로 설명될 수 있다(Lewin, 1935). 예를 들어, 건강검진을 위해 의사를 방문하는 것은 건강 확인에 대한 안심(접근)과 병원에 가야 하고 결과를 불안하게 기다려야 하는 것(회피)을 저울질하는 것을 포함할 수 있다. 이것을 **접근-회피 갈등(approach-avoidance conflict)**이라고 한다(Miller, 1951). 그것은 실제 딜레마일 수 있으며, 사람들은 당황하고, 흔들리고, 자신이 한 일에 대해 걱정하고 반추하는 데 많은 시간을 소비한다. 또한, 두 가지 긍정적인 대안에 대한 내부 갈등이 있는 상황도 있다(**접근-접근 갈등**). 출산 중 여러 가지 통증 완화 방법 중에서 선택하는 것이 좋은 예이다. 또 하나는 명성이 뛰어난 2명의 의사 중에서 선택하는 것이다. **회피-회피 갈등**도 있다. 예를 들어, 삶의 마지막 의사 결정에서 장기간의 고통이나 사망 중 선택하는 것은 대상자와 가족에게 큰 내부 갈등의 원인이 될 수 있다. 대상자의 강렬한 내적 혼란에 대한 원인을 찾기 위해서는 치료진들의 이해와 관심이 필요하다. 효과적인 의사소통과 정보 제공은 종종 내적 갈등을 해결하는 데 도움이 될 수 있다. 그러나 간혹 돌봄 제공자가 공감하고 듣는 것만으로 도움을 줄 수 있는 매우 개별적인 경우도 있다.

활동 9-2 ••• 생각해 보기

248페이지의 Aamir 사례 연구를 지금까지의 내용과 관련시킬 수 있는가?

(a) 생물심리사회적 측면

(b) 위기의 정도

(c) 어떤 문화적 측면이 역할을 하는가?

(d) 어떤 종류의 갈등이 느껴지는가?

(e) 당신은 그를 어떻게 지원할 수 있는가?

이 장의 끝에 예시 답안이 제공된다

3. 만성질환의 심리학적 접근

질병의 위기는 만성질환에서 가장 많이 경험되어진다(Frank, 2013). 실제로, 첫 진단부터 시작하여 생산능력 손실, 입원, 수술 또는 침습적 치료, 질환과 함께 생활하는 방법 배우기, 사망 위협의 위기가 뒤따른다. 각 위기가 얼마나 빨리 전개되는지에 따라 하나의 큰 위기 또는 연속된 위기를 경험할 수 있다. 만성질환의 경과는 부분적으로만 예측할 수 있기 때문에 대상자와 가족의 대처 기술은 끊임없이 도전받을 수 있다. 이것은 스트레스를 준다. 일반적으로 통제 감각을 회복하면서 스트레스를 줄이는 데 있어 대상자를 지원하는 것은 삶의 질뿐만 아니라 많은 경우에 질병 예후와 치료 결과에도 긍정적인 영향을 줄 수 있다(Ogden, 2012).

3.1. 만성질환과 스트레스

이전 장에서 살펴본 것처럼 만성적 스트레스는 면역 체계를 포함한 건강을 방해하며 일부 질병의 원인이 될 수 있다. 스트레스는 또한 암(Powell et al., 2013; Sklar & Anisman, 1981), 심혈관 질환(Steptoe & Kivimaki, 2013) 및 HIV-AIDS와 같은 면역결핍장애(Weinstein & Li, 2015)를 포함한 많은 질병을 악화시킬 수 있다. 이것은 특히 문제가 된다. 왜냐하면 병 자체가 중요한 스트레스 요인인 경우 대상자는 '어떻게 스트레스를 피할 수 있을까?'라는 특별한 문제를 가지기 때문이다. 특히, 수술 전 스트레스를 심각하게 고려해야 한다. 암 수술과 관련된 스트레스가 면역 체계에 영향을 미쳐 암의 전이를 촉진할 수 있다는 증거가 있다(Neeman & Ben-Eliyahu, 2013). 종양 제거 수술과 관련된 스트레스는 종양의 전이 가능성을 증가시킬 수 있다. 병원 치료 및 수술 준비의 우선순위 목록에서 대상자의 스트레스 관리가 중요한 이유가 여기에 있다. 때때로 혼란스러운 병원 환경이 대상자의 스트레스를 가중시켜 병원 감염 노출에 더 취약하게 하는 것은 중요한 문제이다. 이에 대상자를 가능한 한 집으로 돌려보내자는 주장이 있다.

3.2. 가정에서의 지원

회복을 위해서는 가정에서의 지원이 필수적이다. 일반적으로 대상자의 적극적인 통제 또는 자기효능감을 높이는 것을 포함하여 파트너 또는 가족과 관련된 교육 및 기타 중재는 대부분 회복에 도움이 될 가능성이 높다(Smith et al., 2009; Jones & Riazi, 2011). 특히, 가정에서 재활 지원이 필요한 경우, 이 측면은 잘 계획되어야 하고, 파트너, 가족 또는 지역사회 지원과 논의하는 것이 필수적이다. 예를 들어, 뇌졸중 또는 심혈관 질환 후 효과적인 재활을 보장하기 위해 퇴원 전에 운동이 계획되고 실행되어야 하며 가정에서도 용이하게 수행되어야 한다(Anderson et al., 2016; Kwakkel et al., 2004).

그러나 대상자가 집에 돌아왔을 때 남아 있는 장애 및 회복의 위기도 함께 집으로 돌아온다. 문헌의 결론은 지지적인 가정환경과는 거리가 멀다는 것인데, 특히 위기는 불안을 조성하고 대상자(Hackett et al., 2005; Robinson & Jorge, 2015) 및 가족구성원(Han & Haley, 1999)의 기분과 정신건강에 영향을 미치기 때문이다. 대상자는 병원 환경에 지나치게 의존하게 되었고 회복을 방해할 수 있는 '학습된 무력감'(Camacho et al., 2013)을 얻을 수 있다. 다른 한편으로, 가정에서의 혼란이나 지원 부족은 회복을 위태롭게 할 수 있다. 가정에서의 장기 요양인 경우, 지역사회 보건팀은 대상자와 가족 모두를 돕는 것을 강조할 것이다.

활동 9-3 ●●● 의사 결정

당신은 Pat(44)과 Linda(39)의 집을 방문하고 있다. Linda는 다발성 경화증(MS)으로 고통 받고 있다. 그녀는 5년 전에 진단을 받았다. 현재 그녀는 Pat으로부터 점점 더 많은 보살핌이 필요한 단계이다. 휠체어를 포함하여 다양한 가정 지원의 필요성과 현재 상황이 지속 가능한지 여부에 대해 논의하고 있다. 상황을 충분히 논의하려면 다음 사항이 필요하다.

(a) MS의 경과(온라인 및 문헌에서 찾아보기)와 관련된 생물심리사회적 측면을 확인한다.
(b) 시간이 지남에 따라 필요한 지원의 종류와 부부의 개입 정도를 계획한다.
(c) Pat과 Linda에 대한 다른 심리적 영향을 확인한다.

이 장의 끝에 예시 답안이 제공된다

4. 통증과 만성 피로

통증은 많은 질병과 부상의 필수적인 부분이다. 특히, 만성통증은 환자의 삶의 질에 심각한 영향을 미친다. 통증은 질병 위기 경험의 핵심이다. 반세기 전 **통증 관문 통제 이론**(Melzack & Wall, 1967)의 소개는 통증이 생물학적 수단에 의해서만 감소될 수 있다는 핵심 개념을 변화시켰다. 당시에는 저항에 부딪혔지만(Katz & Rosenbloom, 2015) 지금은 통증 이론의 핵심이 되었다. 통증 신호는 척수 맨 위의 신경 '관문(gate)'이라 불리는 곳을 지나는 뉴런에 의해 뇌로 전달된다. 이 관문은 인간의 의지에 의해서가 아니라, 문에 '손잡이'가 있는 다른 뉴런의 입력에 따라 열리거나 닫힌다. 이런 뉴런들은 몸과 뇌로부터 나오며, 몸의 신체적 감각과 뇌의 정신적 감각은 통증 관문의 개폐에 영향을 준다. 일반적으로 통증이 발생하는 부위를 문지르면 문이 어느 정도 닫혀 통증을 줄일 수 있지만 다른 곳에 집중된 감정이나 주의력도 동일한 효과를 유도할 수 있다.

이 원리는 심리적 측면이 통증 경험에 영향을 줄 가능성이 있음을 의미한다. 실제로 연구에 따르면 이완, 신체 운동, 바이오피드백, 최면 및 관심 전환, 긍정적이거나 유쾌한 이미지 사용, 통증의 원인에 대한 의문과 같은 인지적 방법을 통해 통증을 줄일 수 있다(Ogden, 2012).

개념 요약 만성통증의 심리치료

인지행동요법(CBT)의 효과에 대한 최신의 체계적인 연구는 통증 감소에 있어서 일부 효과적이라는 것을 시사한다(Williams et al., 2012). 그러나 수용 및 마음 챙김 훈련에 대한 연구(Veehof et al., 2016)는 만성 통증 환자에게 도움이 되는 것으로 나타났다.

관절염 통증 치료에서 관절염 교육 프로그램과 이 두 가지를 비교한 연구에 따르면 마음챙김과 교육이 통증과 관련된 스트레스를 줄이는 데 CBT보다 효과적이라고 한다(Urquhart et al., 2015). 다양한 심리치료법을 이용한 두통 치료는 여러 체계적인 검토에서 효과적인 것으로 나타났다(Huguet et al., 2014). 대조적으로, 신경성 동통(뇌의 감각 영역 손상으로 인한 통증)에 대한 통증 중재에 대한 최근의 체계적인 연구에서는 심리치료가 효과적임을 시사하지는 않았다(Eccleston et al., 2015). 분명히 심리학이 모든 유형의 통증에 대한 답은 아니지만 두통에 대한 연구는 유망해 보인다. 간호사의 경우 통증 감소를 위한 심리적 노력의 사용 시기를 구별하기 위해 이 분야에 대한 지식을 쌓는 것은 특히 흥미로울 수 있다.

4.1. 만성 피로

항상 피곤하다고 느끼는 것은 매우 쇠약해진 상태이다. 통증과 마찬가지로 일반적으로 피로는 적응 신호이다. 우리에게 쉬어야 한다고 알려 준다. 피로는 만성적일 때 문제가 된다. 이는 종종 과소평가되어 왔으며, 대상자와 그들의 환경이 경험하는 위기를 상당히 가중시킬 수 있다. 16~74세의 일반 인구(n=8,580)의 정신질환에 대한 영국의 연구 결과에 따르면 15%의 인구가 6개월 이상 만성 피로 상태로 분류되었다는 결론을 얻었다. 만성 피로는 우울, 불안 및 수면 섭생뿐만 아니라 신체 질환과도 유의한 상관관계가 있었다. 중년, 여성, 덜 숙련되고 교육수준이 낮은 인구에서 더 흔하게 발생했다(Watanabe et al., 2008).

피로는 종종 심장 기능 손상, 약물치료, 항암요법 또는 방사선 치료의 부작용이다(Donovan et al., 2013). 뇌졸중 후 뇌의 염증이나 변화는 피로를 유발할 수 있다(Ponchel et al., 2015). 만성 피로는 다발성 경화증(MS)의 주요 증상 중 하나일 수 있다. 만성 피로 증후군(CFS)이나 골수성 뇌척수염(ME)과 같은 경우에는 피로가 핵심이다. 이 증후군이 공식적으로 진단되기 전에 그것들로 고통받는 사람들은 게으름을 피우거나 우울증으로 잘

못 진단되었다. 입원기간 동안 피로는 종종 상황, 약물, 수면과 활동의 와해, 수술의 자연스러운 결과로 간주된다. 그러나 퇴원 후에도 지속된다면 대부분 문제가 되는 경향이 있다. 그러므로 돌봄 제공자는 그것을 문제로 직면할 가능성이 더 높다. 피로의 정신적 부담을 줄이기 위한 인지적 노력을 장려하는 것이 합리적이다. 피로도의 직접적인 변화가 어렵다면, 이에 대해 부정적인 생각을 덜 하는 것이 도움이 될 수 있다. 그러나 피곤함이 '온통 머리에 있다'는 충고를 받으면 많은 대상자들이 크게 모욕을 당할 수 있다는 점을 고려해야 한다.

개념 요약 만성 피로의 치료

만성 피로의 감소는 간단하지 않다. 이를 해결하기 위한 의학적 시도가 있지만 성공은 제한적이다. 체계적인 연구에 따르면 유방암에서 회복되는 동안 요가가 여성에게 피로를 줄여 주는 데 도움이 되었다는 일부 증거가 있다(Sadja & Mills, 2013). 영양 조절은 피로를 줄여 주는 데 차이를 만들 수 있고(Omlin et al., 2013), 인지행동요법(CBT)도 도움이 될 수 있다(McCrone et al., 2012). 만성 피로를 가진 사람들은 등급별 운동(GET)과 같은 측정 방법으로 운동했을 때 효과가 나타났다(Castell et al., 2011). 운동이 피로를 악화시키거나 비정상적으로 회복 시간을 연장시킬 수 있기 때문에 점진적인 측면이 필수적일 수 있다(Staud et al., 2015). 뇌와 내분비계의 피로 경로(코르티솔 수치 감소)가 감작될 수 있기 때문이다. 이러한 결과는 주의를 요한다. 돌봄 제공자는 이 연구 영역의 진행 상황을 따라야 한다.

5. 건강 위기 시의 정신건강

정신건강은 침상 생활, 수술, 약물, 장애, 통증, 피로감, 생활상의 혼란을 경험함으로써 압박을 받는다. 또한, 산책, 운동, 게임 또는 악기 연주, 정원에서 일하기, DIY 활동 또는 친구와의 외출을 통하여 생활의 균형감을 유지할 수 있는데 이러한 기분 및 불안 조절 방법을 사용할 수 없다면 평정심을 유지하기가 어려울 수도 있다는 것을 알 것이다. 요컨대, 만성질환을 앓을 때 정신건강을 유지하기가 어렵다. 염증과 관련된 정신적 문제(Patel, 2013), 수술과 관련된 외상 후 반응의 위험은 잘 알려져 있지 않다(Bienvenu et al., 2013; Davydow et al., 2013; Kok et al., 2015). 이러한 영향은 광범위한 심리치료를 필요로 하는 것으로 기록되어 있다. 정신기능을 높게 유지하고 대상자의 두려움을 해결할 수 있는 좀 더 일상적인 수준의 방법들이 많이 있다. **낙관주의**(optimism)는 전염성이 있으며, 훌륭한 돌봄 제공자는 종종 그것을 전파하는 전문가이다. 또한, 기분전환, 오락, 교육 및 사회적 지원을 위한 시설을 제공하는 것이 특히 중요하다. 만성질환의 우울 증상(Herring et al., 2012)을 지속적으로 감소시키는 것으로 나타났으므로 가능한 한 운동 프로그램을 홍보해야 한다.

5.1. 낙인

질병의 **낙인**(stigma)은 혐오, 경멸 및 근거 없는 반감으로 느껴진다. 낙인을 받는 쪽에 있을 때, 우리는 매우 불편하거나 배제되는 느낌을 경험한다. 오늘날의 사회에서 우리는 종종 다른 사람들을 낙인찍는 것이 정치적으로 옳지 않다는 사실을 알고 있다. 그래서 우리는 그것을 피하려고 노력한다. 그러나 낙인찍기는 억제하기 어려운 원시적이고 강한 성향의 일부이기 때문에 우리가 알지 못하는 방식으로 우리의 행동을 통해 비추어 보거나 영향을 주는 경향이 있다(제7장 편견 섹션 참조).

'낙인'이라는 용어는 사회학적 기원을 가지고 있으며 고프먼(Goffman, 1963)의 의견에 의해 처음 사용되었다. 건강심리학자들은 많은 질병과 장애와 관련하여 낙인을 고려했다. 눈에 보이는 변형, 장애, 보철 등으로 인해 낙인이 생길 수 있다. 성병과 정신질환에는 강한 낙인이 있다(Marks et al., 2011). 많은 대상자들이 이것에 의해 영향을 받고, 이는 그들의 위기감을 고조시킨다. 가족이나 공동체에 의해 배제될 것이라는 예상, 차별 또는 모욕은 질병을 숨기려 하거나 이에 대해 이야기하는 것을 꺼려 하게 할 수 있다. 낙인의 감소는 무조건적인 존중이 표현되는 개방적인 의사소통과 낙인을 반증하는 언어의 사용으로 시작된다.

활동 9-4 ●●● 커뮤니케이션

돌봄 제공자들은 낙인을 어떻게 해결할 수 있는가?

Part 1: Steve(22)가 당신이 근무하고 있는 성 건강 클리닉을 방문했다.
그는 당황한 기색을 보이고 눈을 쳐다보지 않는다. 최근 크레타섬에서 휴가를 보내면서 성적인 자유를 즐기기 시작했고, 몇 가지 유쾌한 성적 관계를 맺은 후 그는 검진을 받아야 한다는 사실을 알게 되었다. 그는 보호받지 않은 성관계에 참여했으며 그의 성기에서는 흰 분비물이 나왔다.

(a) Steve가 경험하는 낙인을 줄이기 위해서 어떻게 상호작용할 것인가에 대해 Steve와 토론하는가?

Part 2: 그는 임질 진단을 받았지만 치료가 가능하다는 것을 확신했다. 그는 자신의 모든 파트너에게 자신이 알고 있는 것을 분명하게 알리도록 권고받았다. 후속 조치에서 Steve는 이것이 재앙이 됐다고 털어놓았다. 그는 직장에서 Rebecca와 데이트를 시작했고, 그녀에게 말하는 순간 그녀와 결별하게 되었으며, 그 후 소셜미디어상에서 대중의 비난을 받고 직장에서 배척당했다고 말했다.

(b) Steve가 경험한 낙인의 본질에 대해 토론하라.

(c) 또한 낙인을 경험한 돌봄 제공자로서 겪은 상황을 생각해 보라. 낙인을 마주쳤을 때 그것을 해결하기 위해 무엇을 할 수 있는가?

이 장의 끝에 예시 답안이 제공된다

5.2. 상실과 슬픔

생명 상실의 위협은 질병의 위기에서 중요한 부분이다. 생명 상실의 위협이 있을 때마다 환자, 파트너, 가족, 친구, 동료, 간호사, 의사 등 모든 관련자들은 그것을 받아들이는 과정을 겪게 된다. 엘리자베스 퀴블러-로스(Kübler-Ross, 1969)는 이 과정을 문서화했으며 5단계의 적응 단계를 거쳤다는 사실을 발견했다.

- **부정과 격리:** 죽음의 현실을 부정하고 죽음에 대한 정보로부터 자신을 격리시킨다. '실수다. 의사들이 틀렸다.'
- **분노:** '왜 나에게?' 하면서 분노는 삶에 투사될 수 있다.
- **협상:** 말기 환자는 신이나 자신과 협상할 것이다. '더 오래 살면 더 좋은 사람이 될 거야.'
- **우울:** 허무감, 피로 및 깊은 슬픔의 감정
- **수용:** 죽음이 갑작스럽지 않으면 결국 받아들여질 수도 있다. 그 사람은 마침내 죽음으로부터 평화롭다.

그녀는 우리가 제시된 순서대로 5단계를 어느 정도 거치게 될 것이라고 생각했다. '부정'으로 시작하는 것이 통상적이다. 처음에, 우리는 우리 자신에게 임박한 죽음이나 우리와 가까운 사람의 죽음에 대한 인지적 개념이 없다. 또한 임박한 죽음 또는 실제 사망에 대한 정보는 미래에 대한 우리의 초기 예측과는 모순된다고 말할 수 있다. 따라서 이러한 진단을 거부하여 모순을 줄이려고 노력한다. 집중치료실 또는 완화 의료 병동에서 일하는 간호사는 이러한 반응을 경험하므로 '부정' 반응은 흔하게 올 수 있음을 알고 있을 필요가 있다. 그 후의 단계는 점진적으로 받아들이는 단계이지만 자신의 죽음을 완전히 받아들이는 것은 거의 불가능하다. 많은 사람들이 마지막 순간까지 희망의 빛을 유지한다(Clark, 2002). 모든 단계 이론과 마찬가지로 단계의 원칙을 고려하는 것이 가장 좋다. 그럼에도 불구하고 퀴블러-로스의 관점은 45년 이상 지속되어 왔으며, 임박한 죽음에 대한 반응을 이해하는 것뿐만 아니라 남겨진 사람들의 슬픔을 이해하는 데에도 여전히 관련

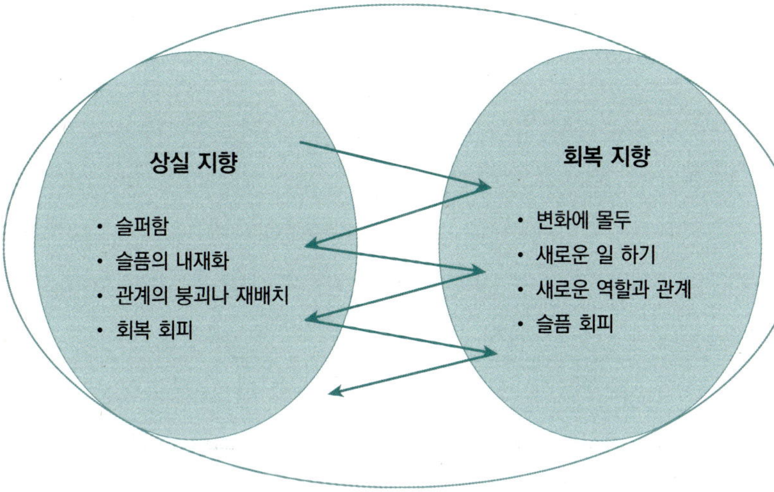

그림 9.6 사별 대처의 이중 과정(Stroebe & Schut, 1999, p. 213)

성이 있는 것으로 간주된다(Smit, 2015).

단계적 접근과는 거리가 먼 슬픔에 대한 현대적 관점들이 있다. 이 장의 앞부분에서 우리는 인지 과정의 지나치게 질서정연하고, 복잡하며, 합리적인 모형에 의문을 제기해 왔으므로 슬픔의 이중 과정 모형의 단순성과 유연성에 만족해한다(Stroebe & Schut, 1999; Stroebe et al., 1998). 그들의 이론(그림 9.6)은 우리가 상실 지향적 활동과 회복 지향적 활동 및 사고 사이에서 공존하고 있음을 제안한다. 한편으로 우리는 상실을 감수해야 하고, 다른 한편으로는 삶을 회복해야 한다.

6. 결론

만성질환은 스트레스, 정신건강에의 압박, 통증, 피로 및 상실과 슬픔의 가능성이 각각 지속되는 장기간의 위기로 묘사될 수 있다. 만성질환은 인간이 생존하면서 암, 심혈관 질환, HIV-AIDS 및 과거에는 사망했을 기타 질환들과 함께 사는 법을 배워야 하기 때문에 그 어느 때보다 일반적이다. 이는 의료 발전과 첨단 건강관리 시스템이 근본 원인이다. 그러나 많은 사람들이 이 새로운 현실에 아직 적응하지 못했다는 것을 인식하는 것이 중요하다. 사망은 환자의 예측이나 질병의 경험 방법을 초월하기 때문에 여전히 불길하다. 이러한 운명적 감각을 어떻게 극복하느냐는 만성질환과 공존하는 방법을 배우는 데에 있어서 가장 필수적인 부분이다. 이렇게 볼 때, 제8장에서 이미 언급한 바와 같이, 회복탄력성과 긍정적 사고는 중요한 지지 요인이다(Soderstrom et al., 2000; Kobasa et al., 1982; Becker & Newsom, 2005).

활동 9-5 ••• 생각해 보기

다음의 간단한 사례 연구에서 이 장에서 제시된 어떤 주제나 이론이 각기 강조되는가? 이러한 상황에서 돌봄 제공자는 어떻게 대응해야 하는가?

1
Philippa(25)는 운전 중 자동차 사고로 몇 개의 뼈가 부러져 병원에 입원해 있다. 그녀의 상태는 심각하지만 완전히 회복될 것이다. 그녀의 남자친구는 추락으로 사망했다. 그녀는 식사를 거부하고 죽고 싶다고 말한다.

2
Hamish(38)는 최근 정신과 병동에 입원했다. 어제 그는 조현병 진단을 받았다. 그 이후로 그는 입원 시보다 더 혼란스럽고 화를 내는 것 같다.

3
3주간의 위탁 간호 후 Singh(81) 부인은 집으로 돌아왔지만 그녀는 자신을 돌보는 것이 어렵다고 말하고 돌봄 제공자에게 커피를 만들고 약물을 분류하도록 요청한다. 이는 3주 전에는 아무런 문제가 되지 않았던 것들이다.

4
Kira(51)는 희귀 질환으로 병원에 입원해 있다. 그녀의 가족, 형제, 자매, 부모와 자녀는 계속해서 음식과 전통의학과 관련된 것을 가져오고 있다. 의사들은 이것에 대해 걱정하고 있다.

5
Jacqueline(11)은 태어날 때부터 HIV 양성이었다. 그녀는 이 지역에 새로 왔으며, 학교에 가야 한다. 지역사회 보건팀은 학교에 어떻게 접근해야 하는지 논의한다.

6
Omar(32)는 심한 만성 두통으로 고통 받고 있다. 두통과 관련된 부정적인 사고를 통제하려는 그의 노력으로 인해 통증 수준이 감소했다.

7
심장마비 후 Bitek(69)은 노트북을 통해 심장마비에 대해 알아야 할 모든 것과 다른 것을 예방하기 위해 할 수 있는 일을 알아내고 있다. 그는 이렇게 말한다. "내가 이것을 계속하는 한 잘 대처하고 있어."

이 장의 끝에 예시 답안이 제공된다

요약

- 질병은 개인, 가족 및 기타 영향을 받는 당사자에게 위기로 이해되어야 한다.
- 위기 이론(Caplan)은 질병에 대한 인간의 비조직화된 반응을 제안한다.
- 돌봄 제공자는 스트레스를 줄이고, 효과적인 대처(Moos & Schaefer)를 지원하고, 자기 조절을 증진하는 정보와 지지를 제공함으로써(Leventhal) 이를 극복하는 데 중요한 역할을 한다.
- 질병 인식은 건강 인식과 동일한 메커니즘에 의해 영향을 받는다.
- 문화에 뿌리를 둔 믿음이 질병에 대한 의학적 관점과 항상 일치하는 것은 아니다. 이것은 돌봄 제공자와 수혜자에게 도전이 될 수 있다.
- 질병의 원인이나 불건강한 행동으로 인한 외상에 대한 책임감은 대상자의 내적 갈등(인지부조화)과 정신적 고통의 주된 원인이 될 수 있다.
- 만성질환과 관련된 스트레스, 통증, 정신건강 및 피로는 심리적 중재 시 노출된다. 돌봄 제공자는 이 분야의 연구에 대해 알고 있어야 한다.
- 애도 과정은 단계적으로 진행될 수 있지만(Kübler-Ross) 사별의 이중 과정에 대한 근거도 있다(Stroebe & Schut).
- 본문의 활동은 질병 위기의 복잡성과 돌봄 제공자의 대처 방법에 대한 통찰력을 증진시킬 것이다.

활동: 예시 답안

활동 9-1

각 모형은 서로 다른 측면을 강조한다. 예를 들면, Caplan-무질서(해체) 범위는 어느 정도인가?; Leventhal-Christine의 자기 조절 기능은 어떻게 기능하는가?; Moos와 Schaefer-그녀는 어떻게 대처하는가? 현재 각 모형은 Christine과 그녀의 가족의 반응이 호의적임을 암시한다. 돌봄 제공자는 이를 주시하고 지원과 정보를 제공하고 그들이 미리 생각하도록 도와야 한다.

활동 9-2

(a) Aamir의 종교, 가족 및 직장은 Aamir의 사고의 배경을 제공한다. (b) 기도 부족 음주력에 관한 내적 갈등(인지부조화); 성인 자녀와의 잠재적 세대 갈등. (c) Aamir의 고통은 육체적인 것뿐만 아니라 종교, 부조화, 일과도 관련이 있다. 돌봄 제공자는 공감하고 이해하며, 간 기능장애에 대한 가능성이

있고 받아들일 수 있는 원인을 알려 줄 수 있다. 돌봄 제공자는 또한 성인 자녀로부터 지원을 받을 수도 있다.

활동 9-3

(a) Pat과 Linda에 대한 지원은 실질적인 지원과 심리적 욕구 측면의 전망을 할 수 있도록 돕는 것이다. (b) MS에 관한 많은 정보는 미래의 지침으로 사용될 수 있다. (c) 어두운 전망을 고려할 때, 미래에 대한 계획과 현재를 최대한 활용하는 것에 대한 긍정적인 관점 사이의 균형이 도움이 될 것이다. Pat은 돌봄 피로를 피하기 위해 도움이 필요할 것이다. Linda의 대처 방법은 지속적인 문제 중심 대처가 그녀에게 부담을 줄 수 있기 때문에 모니터링해야 한다. 삶의 의미와 남아 있는 즐거움에 초점을 맞추는 것이 중요하다.

활동 9-4: 낙인

(a) Steve는 죄책감을 느낀다. 돌봄 제공자는 그것을 악화시켜서 경험한 낙인을 증가시킬 수 있다. 돌봄 제공자는 질환의 회복 가능성을 알리기 위해서는 Steve와 성 접촉한 사람들과의 연락이 필요함을 그에게 알린다. (b) 임질의 확률은 낮지만 성병은 낙인의 원인이 된다. (c) 당신의 경험에 관계없이, 공개적으로 의사소통하고 잠재적인 낙인을 정상화하려는 노력은 긍정적인 영향을 줄 가능성이 가장 높다.

활동 9-5

1) 내적 갈등/부조화; 2) 위기의 와해 단계, 부정, 분노의 단계(Kübler-Ross); 3) 학습된 무력감; 4) 질병 신념의 문화적 차이; 5) 낙인; 6) 통증 관리에 대한 심리적 접근; 7) 문제 중심적 대처. 각 상황에서의 돌봄 제공자의 접근 시 대상자의 관점에 대한 이해와 자기 조절의 지지가 요구될 것이다.

더 읽을거리

- French, D., Vedhara, K., Kaptein, A. A., & Weinman, J. (Eds.) (2010). *Health psychology* (2nd ed.). Chichester, UK: BPS Blackwell (John Wiley and Sons).
  이 책은 이 분야에 대한 당신의 지식을 넓힐 수 있는 또 다른 건강심리학 저서이며, 영국심리학회(BPS)에서 출판되었다.
- Frank, A. W. (2013). *The wounded storyteller: body, illness, and ethics.* Chicago, IL: University of Chicago Press.
  이 저서는 만성질환을 앓고 있는 사람들에게 매우 필요한 관점을 제공하며, 돌봄 제공자를 위한 필독 도서이다.

- Cameron, L. D., & Leventhal, H. (2003). *The self-regulation of health and illness behaviour.* London, UK: Routledge (Taylor and Francis).
  Howard Leventhal의 관점을 잘 나타내는 글이 몇 개 있다. 이 편집 저서에서는 이 관점을 나타내는 글이 더 풍부하다.

- Goffman, E. (1963). *Stigma: notes on the management of spoiled identity.* Englewood Cliffs, NJ: Prentice Hall Inc.
  이 책은 지속적으로 개정 출판되고 있는 낙인에 대한 저서이다.

유용한 웹 사이트

- https://www.learner.org/resources/series138.html#
  Philip Zimbardo 교수가 주최한 유명 'Discovering Psychology' 연재물. nr 23: 건강, 정신 및 행동.

- http://www.ms-uk.org/
  본 웹 사이트는 특정 만성질환에 대한 온라인 지원의 좋은 예를 제공한다. 돌봄 제공자는 이 웹 사이트에서 많은 것을 배울 수 있다.

- http://www.breastcancer-matters.eu/
  Pfizer(제약회사)에서 후원하는 웹 사이트는 유방암에 대한 여러 관점을 제시한다.
  이를 통해 질병을 바라보는 생물심리사회적 방식에 대한 이해가 깊어질 것이다.

- http://www.louisehay.com/
  Louise L. Hay는 『You can heal your life』의 베스트셀러 작가이다. 이것은 그녀의 웹 사이트이다. 스스로 판단하라.

- http://www.apa.org/helpcenter/chronic-illness.aspx
  APA 사이트는 만성질환에 대처하는 방법에 대한 내용을 제공한다.

CHAPTER 10

돌봄에서의 심리학

학습목표

- 일상 돌봄 활동에서 심리학의 역할을 이해한다.
- 행동심리학, 인지심리학, 인본주의 심리학 및 긍정심리학의 원리를 실무에 적용하고 발달시킨다.
- 심리학적 원리가 성찰에 어떤 도움이 되는지 그리고 이것이 어떻게 돌봄 업무의 질을 향상시키는지 확인한다.
- 자동적이고 검토되지 않은 돌봄 업무와 성찰적 돌봄 업무를 구분한다.

알기 쉬운
심리학

마지막 장에서 우리는 돌봄 역할(care-giving role)의 가장 일반적인 측면에서 심리학을 적용할 것이다. 우리는 이미 심리학이 건강과 질병에 있어서 필수적인 요소라는 것을 밝혀냈고, 앞의 제9장에서 심리학과 간호학을 연결시키려고 노력했다. 이제 우리는 일상적인 돌봄 활동과 심리학이 그 효과를 높이는 데 도움이 될 수 있는 방법을 살펴볼 것이다. 우리는 제2장에서 8개의 다른 심리학 학파를 강조하고, 각각의 학파가 간호학에 적용될 수 있다는 것을 증명하였다. 특히, 이 중 네 가지 인본주의적, 행동주의적, 인지적 접근과 긍정심리학은 일상적인 돌봄 업무에 가장 많은 영향을 미친다. 다른 관점들 중에서, 이전 장에서 다루어진 정신역동학적, 진화론적, 정신생물학적 접근 방식은 건강과 질병에 관련된 사고방식과 관계가 있음을 유념해야 한다. 사회심리학(social psychology)은 제7장에서 자세히 다루어 보았다.

1. 돌봄에서의 인본주의, 행동, 인지, 긍정심리학적 원리

당신의 돌봄이 대상자의 행복감에 초점이 맞추어질 때마다 연민, 공감, 경청 등 인본주의적 접근의 다른 측면들이 강조될 가능성이 크다. 대상자의 생각에 영향을 끼치려고 할 때, 당신은 설득 및 정보 제공과 같은 인지적 원리를 사용할 것이다. 당신의 돌봄 행위가 대상자의 행동에 영향을 끼치는 것에 주력할 때, 당신은 격려나 모델링과 같은 행동주의적 원리를 고려할 것이다. 출발점은 다를 수 있지만, 감정이 사고와 행동에 영향을 미치고 반대로 작용할 수도 있으므로 각 접근 방식은 돌봄 대상자에게 포괄적인 영향을 동일하게 미칠 수 있다(그림 10.1).

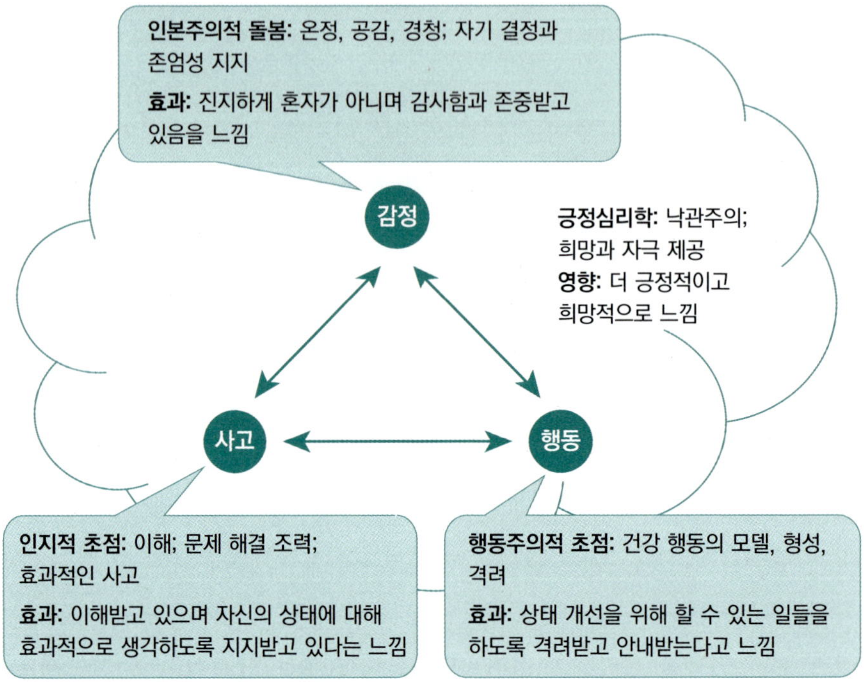

그림 10.1 돌봄의 인본주의적(감정), 인지적(사고), 행동주의적(행동), 긍정심리학적(전반적) 접근과 효과

이런 상호작용 원리는 돌봄 제공자로서 심리학을 어떻게 적용할 수 있는지와 이 세 가지 접근법들 사이에서 초점을 어떻게 바꾸거나 그것들을 어떻게 병행할 수 있는지를 이해하는 데 필수적이다. 당신이 대상자의 감정에 직접적으로 영향을 미치기 위해 공감을 사용할 수도 있지만, 그러한 감정은 활동에 참여하거나 다른 방식으로 생각하도록 설득된 후에 바뀔 수도 있다. 전반적으로 긍정심리학의 긍정성과 낙관주의가 개입되면 우리의 노력은 더욱 효과적일 것이다. 긍정심리학은 다른 세 가지 접근법을 포괄하는 것으로 보아야 한다.

1.1. 인본주의적 돌봄: 대상자의 감정에 영향을 미침

인본주의적 원칙은 특히 인간 중심 돌봄(person-centered care)에 있어서 모든 핵심 가치의 기초가 된다. 인본주의 원칙은 정서적 지지의 제공을 강조한다(Roach, 2013). 예를 들어, 울고 있는 대상자를 대할 경우 두려움, 슬픔 또는 불안과 같은 울음을 유발하는 대상자의 정서에 직접적인 영향을 미치려고 할 것이다. 공감을 보이고 대상자의 말을 듣기 위해 최선을 다할 것이다. 이러한 응원과 감정을 표현할 수 있는 기회는 대상자의 고통을 덜어 줄 수 있다. 인본주적 돌봄은 비지시적이며, 이는 사람들에게 무엇을 해야 할지, 어떤 식으로 생각해야 할지를 지시하는 것은 접근 방식의 일부가 아니라는 것을 의미한다. 제2장에서 살펴본 바와 같이, 돌봄의 인간 중심적인 접근 방식은 로저스(Roger)의 내담자 중심 치료 연구에 뿌리를 두고 있다. 인본주의적 접근을 효과적으로 활용한다는 것은 공감하고, 경청하고, 존중하고, 감정을 반영하고, 대상자들을 무심코 부정적(불순적)으로 대하지 않도록 가르치고 훈련시키는 것을 의미한다. 우리가 그것을 올바르게 할 수 있는 방법은 무수히 많지만, 잘못할 수 있는 방법도 많다(활동 10-1).

활동 10-1 ••• 커뮤니케이션

인본주의적 돌봄 실무

여기에 제시된 인간적 · 비인간적 접근법의 차이점에 대해 논의하라.

인간화	비인간화
친근하게 인사하기	인사하기 전 의무기록 읽기
쌍방향 소통: 말하기와 듣기	한 방향 소통: 말하기
공감을 표현하기	동정심 보이기
시선을 마주치고 미소 짓기	시선을 마주치지 않기
대상자를 돌봄 제공자 간의 의사소통에 참여시키기	대상자 앞에서 대상자의 상태에 대해 말하기

대화에 열중하기	당면 과제를 독점적으로 강조하기
대상자의 통증과 불편함 알아 주기	대상자에 대한 조바심/성급함 보이기
대상자를 이해하고 있음을 표현하기	대상자를 깔보는 투로 대하기
좋은 의사소통하기	대상자에게 전문용어 사용하기
공손하게 대하기	무례함/경솔함 보이기
인간으로서의 고유성 알아 주기	편견과 고정관념
무조건적으로 존중하기	거부하거나 경멸하는 태도 보이기
대상자에게 집중하기	돌봄 행위 동안 휴대전화 사용하기
면회객들을 알아보고 인사하기	면회객 무시하기

이 장의 끝에 예시 답안이 제공된다.

활동 10-1에서 볼 수 있듯이, 인간적인 방식의 고수는 간단해 보이지만 함정이 있다. 이를 피하는 것도 중요하지만, 우리는 더 많은 노력을 해야 할 필요가 있다. 대상자들은 가족, 직장, 지역사회의 지지로부터 취약하고 배제되었기 때문에, 우리는 그들의 통제력, 소속감, 자존감의 상실을 보상해 줄 필요가 있다(Bastian & Haslam, 2010). 요컨대, 특히 대상자들이 장기 요양을 받고 있을 때 돌봄 제공자들은 **인간성 회복(re-humanize)**에 대한 준비가 필요하다.

1.2. 돌봄의 행동주의적 측면: 대상자의 행동에 영향을 미침

돌봄 제공자로서 당신은 행동의 변화나 새로운 행동을 배우는 데 있어 대상자의 적극적인 참여의식이 필요한 모든 상황에서 행동 관점의 요소들을 통합할 가능성이 높다. 행동주의적 접근법(제2장 참조)의 핵심은 환경적 자극이 정서 반응을 촉진시키고, 그러한 반응이 조건반응화될 수 있다는 것이다. 백색 외투 공포증, 혈액에 대한 두려움, 외상성 스트레스 반응 및 기타

활동 10-2 ●●● 생각해 보기

행동주의 돌봄 실무

당신의 돌봄을 받는 누군가가 활동을 위한 자극이 요구되는 예를 생각해 보라. 격려, 모델링, 기타 행동주의적 접근법 이용에 대한 개략적인 설명을 하라.

이 장의 끝에 예시 답안이 제공된다

형태의 조건화된 불안과 민감성을 생각해 보라. 행동주의 접근법은 건강한 행동의 **강화**(보상과 격려)와 위험하거나 불건강한 행동의 **억제**를 이용한다. 전반적으로 돌봄 제공자와 수혜자와의 관계에서는 긍정적인 감정을 생성하기 때문에 격려가 낙담을 주는 것보다 효과적이다. 채찍보다 당근이라는 옛 속담처럼 말이다(Skinner, 1938).

울고 있는 대상자와 같은 예에서 행동주의 접근 방식을 사용하는 돌봄 제공자는 "침대에서 나와 기분을 좋게 만들기 위해 조금 걸어 보자."라고 말할 수 있다. 행동주의적 접근은 지시적이며, 대상자가 의사 결정에 최선을 다하지 않거나 동기 부여가 부족할 때 확고한 지지를 제공할 수 있다.

1.3. 돌봄의 인지적 요인: 대상자의 사고에 영향을 미침

인지적 요인은 대상자가 질병을 경험하는 방식에 중요한 역할을 한다. 돌봄의 인지적 접근은 대상자가 수술, 장애, 통증 및 위기가 자신의 삶에 미치는 영향에 대해 생각하는 방식에 대해 다룬다.

자신의 질병에 대해 합리적이고 긍정적인 사고방식을 채택한 대상자는 부정적이거나 비이성적인 사고에 지배되는 대상자보다 고통을 덜 받을 가능성이 있다. 대상자의 생각을 고려하는 것은 인지의 강점과 한계를 이해하는 것을 포함한다. 이것은 사고에 대한 '이성적 천재와 인지적 구두쇠(Rational Wonder vs Cognitive Miser)' 접근법에서 다루어졌다(제2장과 제6

활동 10-3 ••• 커뮤니케이션

돌봄의 인지적 접근

당신이 돌보고 있는 누군가가 말한다. "회복하려고 하는 이유가 뭐죠? 모든 게 예전처럼 될 수는 없을 거예요." 이 대상자가 좀 더 긍정적인 방식으로 생각할 수 있도록 돕기 위한 노력을 개략적으로 설명해 보라.

이 장의 끝에 예시 답안이 제공된다

장 참조). 돌봄 제공자의 경우 인지적 관점은 적응적이고 합리적이고 현실적이고 희망적이며 긍정적인 사고방식의 촉진을 명시적으로 포함한다. 그것은 대상자들이 어떻게 생각하고 그들에게 어떤 영향을 미치는지에 관심을 가지는 것으로 시작한다.

수술 전에 울고 있던 사람의 예로 되돌아가면, 울음을 유발하는 것이 수술에 대한 생각일 수 있다고 가정할지도 모른다. 당신은 대상자에게 두려움을 불러일으키는 생각을 없애고 희망을 불러일으킬 수도 있다. 돌봄 제공자는 부정적이고 비합리적인 사고나 잘못될 수 있는 문제(재앙)가 대상자에게 영향을 줄 수 있는 시기를 인식하는 법을 배워야 한다. 당신은 전문성 향상을 위해 인지행동요법(CBT)에서 사용되는 원칙들을 고려해 볼 수 있다.

1.4. 긍정심리학, 인본주의, 행동주의, 인지적 관점의 통합과 돌봄

만약 이를 제대로 할 수 있다면 당신이 제공하는 돌봄 행위에 긍정적인 에너지와 전망이 녹아들어갈 것이다. 이미 논의한 바와 같이 이것은 **긍정적 전파력**(positive contagion)이 있다. 당신의 돌봄을 받는 사람들은 당신보다 더 반응적이고 개방적이며, 당신의 출현을 기대할 것이다. 그럼으로써 그들의 상태에 보다 나은 영향을 미칠 수 있는 기회를 당신에게 제공할 것이다. 긍정심리학은 경청과 공감의 학습과 함께 대상자가 이전보다 더 비참하게 만드는 함정을 피하도록 할 수 있을 때 인본주의적 접근법과 결합한다. 삶을 확신하는 긍정적인 에너지와 희망을 표현하면 성공할 수 있다. 긍정심리학은 돌봄의 인지적 측면이 냉정한 합리성으로 제한되지 않도록 하는 데 필수적이다. 대상자가 현실적으로 생각하도록 돕는 것은 한 가지이지만, 낙관적인 요소가 없다면 이러한 사고방식은 수용되지 않을 것이다. 행동에 영향을 미치는 노력과 관련하여, 바람직한 행동에 대한 격려와 보상이 바람직하지 않은 반응을 억제하는 것보다 효과적이라는 사실은 이미 입증되었다. 따라서 행동을 형성하는 데 있어서 필수적인 요소를 제공하는 것은 긍정심리학이다.

매일의 일상적인 돌봄 행위 수행에서 당신은 특별히 인식하지 않고 여러 상황에서 이 네 가지 접근법을 결합하는 자신을 발견할 수 있을 것이다. 당신은 자신의 돌봄 행위 수행에 대한 의문을 가질 시간이 없기 때문에 이는 괜찮다. 그러나 당신이 기술을 개발하려면 어떻게 수행하는지 알아야 한다. 당신은 지금 배우고 있는 인본주의, 행동주의, 인지심리학, 긍정심리학에 의지하고 있음을 알게 된다. 활동 10-4는 실무에서 어떻게 작동하고 있는지의 예를 보여 준다.

활동 10-4 ••• 비판적 사고

돌봄에서의 통합 응용 사례

연속된 일곱 가지 항목 각각의 업무에 대해 인본주의, 행동주의, 인지심리학, 긍정심리학적 접근법이 사용되는지 확인하라. 다음 항목에는 둘 이상의 접근법이 포함될 수 있다.

	상황	돌봄 제공자의 반응	인본주의, 행동주의, 인지적/긍정적 측면
1	"아침이에요." 돌봄 제공자가 방으로 들어가서 커튼을 연다. "태양이 빛나고 있어요. 좋은 하루인 것 같아요."	새로운 날의 긍정적인 관점을 표현함으로써 오늘에 대한 Arlene의 생각에 긍정적인 영향을 줄 수 있다.	

2	Arlene(대상자)의 반응은 거의 없다. 돌봄 제공자가 대상자에게 몸을 돌리고 부드러운 목소리로 말을 건넨다. "어떻게 지내세요?"	내 목소리를 낮춤으로써 Arlene의 기분이 좋지 않다는 것을 알아차렸음을 증명한다. 개방적인 질문이 개인적인 접촉에 가장 좋다. 목소리에 공감을 보이려고 노력한다.	
3	Arlene가 "난 괜찮아요."라고 말하지만 목소리와 표정은 정반대임을 암시한다. 돌봄 제공자는 "모든 것이 좋아 보이지는 않네요. 제가 좀 지켜보겠습니다."라고 말한다.	Arlene의 말은 관찰한 내용과 일치하지 않는다. 아마도 그녀는 예의를 지키려고 노력했을 것이다. 나는 내가 이해하고 있음을 증명하고, 나의 관심을 표현하기 위해 대상자에게 나의 인상을 더 각인시킨다.	
4	"당신은 아픈가요?" "내일 수술에 대해 생각하고 계신가요?"	Arlene의 감정, 생각 및 관심사에 대한 직접적인 질문을 통해 나는 시간을 절약할 수 있고, 그녀에 대해 알고 있음을 보여 줄 수 있다.	
5	Arlene은 "잘 모르겠어요."라고 말한다. 돌봄 제공자가 참을성을 가지고 고개를 끄덕이며 추가 표현을 기다리며 반응한다. 잠시 후 대상자는 다음과 같이 말한다. "전 고통스러워요. 하지만 무섭기도 해요. 모든 것이 잘못될 것 같아 두려워요."	Arlene이 생각하도록 허용하는 것이 중요하다. 나의 침묵은 더 많은 것을 말하라는 이끌림이다. 나는 이런 식으로 그녀에게 관심을 표명하고 있다. Arlene이 결국 그녀를 괴롭히는 것을 표현하게 되기 때문에 이것은 효과가 있다.	
6	돌봄 제공자가 "원한다면 잠시 후에 다시 수술에 대해 말할 수 있어요."라고 말한다. Arlene은 긍정적으로 고개를 끄덕인다.	나는 고통을 해결할 수 있었지만 그녀는 방금 진통제를 받았다. 아마도 수술에 대한 Arlene의 생각이 지금 더 중요할 것이다. 수술의 세부 사항을 논의함으로써 그녀의 두려움을 감소시킬 수 있을 것 같은 예감이 들 때 그녀의 감정에 너무 신경을 많이 쓰고 있는 나를 염려하게 된다.	

7	돌봄 제공자는 말을 이었다. "제가 서류를 받는 동안 저와 함께 걸어도 돼요. 회의실에서 얘기할까요? 어떻게 생각하세요?" Arlene은 "좋아요." 하고 침대에서 일어난다. "잠시만 기다려 주세요. 제가 당신을 따라갈게요."	Arlene을 침대에서 나오게 하고 싶다. 이것은 관심의 전환을 유도하여 그녀의 고통을 줄일 수 있을 것이다. 그녀는 주춤하면서 더 경계할 수도 있다. 이런 식으로 우리가 대화함으로써 수술에 대한 그녀의 생각에 긍정적인 영향을 줄 수 있다.	

이 장의 끝에 예시 답안이 제공된다.

2. 심리학과 돌봄 업무

이 절에서는 표 10.1의 각 돌봄 업무에 대한 심리적인 측면을 다룰 것이다. 우리는 인본주의, 행동, 인지, 긍정심리학적 관점이 어떻게 이러한 활동을

표 10.1 돌봄 업무

대상자들과의 상호작용(비기술적)	• 정서적 지지 제공 • 간호 계획에 관한 의사소통 • 수술 준비와 외과적 처치에 따른 돌봄 • 재활 • 증상 및 통증 관리와 지지 • 건강 증진, 조언 및 교육
기술적 돌봄 업무	• 간호 진단 및 중재(예: 활력 징후, 간호 진단, 상처 관리, 수액 주입) • 약물 관리 • 응급 대처(예: CPR)
기타	• 간호 계획의 개발 및 업데이트, 인계, 기록 관리 • 다학제팀과의 상호작용 • 멘토링과 지도자됨 • 가족 및 방문객과의 상호작용 • 보건 안전 활동 및 기타 업무
비판적 성찰	–

최적의 방식으로 수행하는 데 도움이 될지를 구체적으로 강조할 것이다.

2.1. 대상자들과의 상호작용(비기술적)

2.1.1. 정서적 지지

돌봄 수혜자들은 정서적인 지지가 필요하다. 공감을 보여 주는 것이 핵심이다. '돌봄 제공자로서 우리는 공감의 중요성을 알고 있다. 다른 사람의 관점을 이해하는 것은 돌봄 제공자에게 있어 매우 중요하다. 당신의 접근성을 연마함으로써 공감 능력을 향상시켜라. 청취 기술을 연습하고, 눈을 직접 마주치고, 열린 자세를 유지하라(Lachman, 2001, p. 41).' 이는 당신이 정말 궁금해하고 질문하는 것을 두려워하지 않는다면 도움이 된다. 대상자에게 유익한 질문을 하며 접촉하는 것은 훌륭한 방법이고 정서적 지지를 보여 주는 좋은 방법이라는 것을 잊지 말아라. 좋은 청취는 인본주의와 인지적 접근의 조합을 이끌어 낸다. 그것은 따뜻한 목욕을 하는 것과 같은 위안이 된다. 잘 들으려면 몇 가지 핵심 원칙과 기술을 연습해야 한다(이론 요약 참조).

이론 요약 화난 대상자를 진정시키는 방법

1. 이야기를 듣고, 설명을 요구하고, 이해를 확인하고, 목소리를 낮추고, 대상자들의 위가 아닌 대상자들과 함께 앉아라.
2. 상대방의 화난 감정, 분노 또는 기타 감정을 인정하라.
3. 대상자가 병원에서 발생한 일에 화가 났다면, 대상자의 불만을 충분히 이해할 때까지 병원 측을 변호하지 마라.
4. (조직을 위해) 사과하고 필요한 경우 설명하라.
5. 대상자를 위해 할 수 있는 일을 제공하라.
6. 이 시점에서 분노는 보통 사라지고 대상자는 진정될 것이다.

참고

- 대상자의 불평이 계속된다면, 그것은 자신의 이야기에 귀 기울이지 않는다고 느끼기 때문이다.
- 분노를 공격성으로 착각하지 마라. 분노는 악화되는 상황에 대한 완벽한 정상적인 반응이다.
- 명심하라. 화난 대상자가 옳을 수도 있다.
- 경청은 분노가 공격적으로 변하는 것을 막을 수 있는 방법임을 기억하라(Winstanley & Whittington, 2004).

공감과 연민을 표현하는 것은 당신이 그것을 느낄 때까지 기다릴 필요가 없다는 인식에서 시작된다. **공감**(empathy)이나 **연민**(compassion)은 당신이 하는 일이다. 연민을 느끼는데 표현하지 않으면 이는 의미가 없다. 그러므로 우리는 연민의 표현을 시작으로 "대상자의 감정을 알아챌 때까지 알고 있는 척하는 것이다". 물론 대상자와 공감하기 위해서는 대상자가 느끼는 것들을 다소 느낄 필요가 있다(Gonzalez-Liencres et al., 2013). 그것은 자신을 그들의 입장에 놓고 그들이 경험하고 있는 것에 대해 충분히 이해하는 것이다. 이를 위해서는 알아차림 또는 '**마음챙김**(mindfulness)'이 필요하다(Langer & Moldoveanu, 2000). 때로는 그 사람의 고통은 엄청나게 압도적일 수 있다. 그것은 돌봄 제공자에게 감정적으로 힘든 일이다(Gray, 2012). 우리는 이것을 **감정노동**(emotional labour)이라고 부른다(James, 1989). **연민 피로**(compassion fatigue)(Joinson, 1992)라는 용어는 시간의 흐름에 따른 연민의 어려움과 유지의 정도를 나타낸다. 연구에 따르면 대상자의 상황에서 절망감이 누적되고, 고통을 완화시킬 수 없으며, 높은 업무량 및 돌봄 제공자의 삶에 어려움이 있을 때 연민 피로가 유발될 수 있다는 것이 밝혀졌다(Yoder, 2010). 연민을 느낄 때 자신의 감정과 생각을 조절하는 법을 배우는 것은 자신을 보호하고 자비로운 돌봄을 제공하는 장기적인 능력을 확보하는 핵심이다.

2.1.2. 간호 계획에 관한 의사소통

대상자의 취약성을 고려할 때, 대상자가 간호 계획에 대한 모든 의사소통을 이해하도록 하는 것은 돌봄 제공자에게 책임이 있다는 사실은 명백하다. 이해력을 확인하고 혼란을 예상하는 것이 중요하다. 의사소통에 대한 현대적 이해는 의사소통이 발생하는 상황의 관점이 의사소통을 주고받는 사람 사이에서 근본적으로 다를 수 있기 때문에 오해가 발생할 수 있음을 강조한다(Schramm, 1971). 이것은 건강관리, 병원, 수술 등과 관련하여 상당히 다른 기준을 가진 돌봄 제공자와 수혜자에게 주로 해당된다.

따라서 돌봄 제공자는 먼저 대상자가 경험할 가능성이 높은 위기와 관련된 지식수준과 마음, 기분, 감정 및 인지적인 고정관념에 대한 판단을 하기 위해 대상자를 사정해야 한다. 돌봄 제공자는 또한 대상자에게 가장 적합한 의사소통 유형을 조사할 수도 있다. 어떤 사람들은 무엇보다도 그 정보를 먼저 들을 필요가 있고, 또 다른 사람들은 그것을 읽거나 다이어그램과 같은 시각 도구를 선호할 수도 있다. 대부분의 경우 **다양한 표현**은 정보가 가능한 최상의 방식으로 수신될 가능성을 증가시킨다(Ainsworth, 1999). 정보 제공 방법 및 예상되는 편향에 대한 기타 관련 측면은 제6장과 제7장에서 다루었다. 이 점을 고려하는 것이 중요하다. 예를 들어, 당신이 먼저 말한 내용은 모든 후속 정보에 영향을 줄 수 있다. 또한 처음과 마지막에 언급된 내용이 더 잘 기억되는 경향이 있다. 결론적으로, 돌봄 제공자와 수혜자의 인지능력, 한계, 편견 및 우선적 처리 방식을 살펴볼 때 돌봄

활동 10-5 ••• 커뮤니케이션

당신의 돌봄을 받는 대상자가 새로운 약을 받고 있다. 알약이 다르고 복용량이 다르며 약물 복용 빈도와 시간이 다르다. 혼동을 피하는 것이 매우 중요하다. 대상자에게 사용 방법을 지시할 수 있는 여러 가지 방법을 하나 이상 고려하라.

이 장의 끝에 예시 답안이 제공된다

제공자의 '인지 모드'가 이 과제를 지배하고 있다는 것이 분명하다. 동시에, 대상자와의 의사소통 시 관계 유지를 확신함에 따라 당신의 인본주의적 관점은 유지될 것이다.

2.1.3. 수술 준비

앞 절에 표시된 모든 내용은 수술 준비 시에도 적용된다. 대상자는 수술에 대한 불안과 스트레스를 줄이기 위한 노력에 집중할 수 있기 때문에 정보 제공 동안보다 정보 제공 후에 많은 질문을 하는 경향이 있다. 실제로 스트레스 감소는 수술 전 준비의 주요 단계 중 하나여야 한다. 연구 결과에 따르면, 스트레스 대처 기술(Langer et al., 1975) 및 진정시키는 음악 사용(Nilsson et al., 2005; Vetter et al., 2015)을 포함한 여러 가지 스트레스 관리 방법이 수술 후 회복 및 통증을 감소시킬 수 있다. 수술 전 스트레스 관리의 중요성은 스트레스가 수술 자체의 위험을 악화시킬 수 있다는 사실까지 확대된다(Neeman & Ben-Eliyahu, 2013). **수술 스트레스** 자체가 문제라는 전반적인 신념은 새로운 개념이 아니다(Janis, 1958). 오늘날 수술 관련 스트레스를 줄이기 위한 모든 활동이 이점을 제공할 수 있다는 관점이 지배적이다. 이것은 대상자와 함께 하고 감정에 집중하며 경청을 통해 지지를 제공하고(인본주의적 접근), 대상자가 긴장을 줄일 수 있도록 활동을 제안함으로써(행동주의적 접근), 수술의 인지적 평가와 관련된 대처 방법에 도움을 준다(인지적 접근). 긍정적이고 희망적인 관점(긍정심리학)을 제시하는 것은 유익하며, 선택적 정보 제공도 대상자를 보호할 수 있다(de Vries & Timmins, 2016b).

활동 10-6 ●●● 비판적 사고

어떤 상황에서 돌봄 제공자가 선택적 정보 제공을 정당화할 수 있는가? 예를 들어, 장단점과 가능한 윤리적 이슈를 열거하라.

이 장의 끝에 예시 답안이 제공된다

2.1.4. 재활

재활이란 능력을 회복하거나, 재학습하거나, 능력을 상실한 것을 보상하기 위해 새로운 기술을 배우는 것을 의미한다. 여기서는 행동주의적 접근이 필수적이다. 물론 재활센터가 전문화되어 있지만 돌봄 제공자가 해야 하는 일 중 하나로 주장할 수도 있다. 다음 사례 연구를 고려해 보자.

사례 연구 Anna의 수술 후 회복

Anna(83세)는 대동맥 재건수술을 받았다. 수술 중 대동맥 파열이 발생했다. 이로 인해 10분 동안 뇌로의 혈류가 상당히 감소했다. 이것은 대부분의 사람들에게 심각한 장애를 입히게 된다. 따라서 Anna가 중환자실에서 회복 중일 때 간호사들과 가족들은 희망을 크게 기대하지 못했다. 주중 근무자였던 간호사 Jo는 노력에 상당한 결의를 보였다. 그녀는 Anna와 계속 대화하면서 그녀에게 말을 걸고 반응을 살폈다. 3일 후 반응은 좀 더 통합되었다. 눈의 접촉이 좋아졌고 말하기 위한 초기 노력이 있었다. Jo는 운동 기능, 이해, 언어 및 사회적 접촉 측면에서 회복의 징후를 계속 찾았다. 그녀는 "Anna가 내 도움을 받아 무언가를 할 수 있다는 것을 알 때마다 이 부분에 집중하곤 했어요. 그녀가 나에게 무언가를 알려 주고 싶을 때 나는 이를 분명히 하기 위해 그녀와 함께할 것입니다. 나는 먹고 마시는 것과 같은 간단한 행동을 그녀에게 시도하였습니다. 일단 그녀가 삼킬 수 있게 되었을 때 독립적으로 먹고 마시는 행동을 단계적으로 발전시켜 나갔습니다. 먼저 도움을 제공한 다음 능력을 회복하면서 점차적으로 도움을 줄여 나갈 겁니다. 모든 단계에서 나는 그녀를 격려하고 앞으로도 지도할 것입니다."라고 말했다.

Anna와 Jo의 이야기는 재활의 세 가지 핵심 원칙을 보여 준다. 첫째, 우리는 대상자가 독립성을 회복하기 위해 배우는 활동을 관찰하고 시작할 필요가 있다. 일단 도움을 받아 특정 활동을 수행할 수 있게 되면 대상자가 **근접 발달 영역**(zone of proximal development)에 있다고 할 수 있다. 비고츠키(Vygotsky, 1978)는 어린이의 학습 잠재력을 나타내는 지표로 이 원칙을 도입했지만, 이는 부상, 뇌졸중 또는 수술 후 기술을 재학습하는 성인에게도 적용될 수 있다. 둘째, 우리는 활동을 단계적으로 지원할 수 있는 방법을 모색하고 그 사람이 배우고 있을 때 그 사람이 독립할 수 있도록 점차 그 지원을 제거해야 한다. 이것을 **비계 작업**(scaffolding)이라고 한다(Wood et al., 1976). 비계 작업은 발달을 촉진하고 필요에 따라 조정되며 점진적으로 제거되는 것이 필수적이다. 지원을 늦게 또는 조기에 제거하는 것은 독립적인 학습을 방해하는 경향이 있다. 셋째, 대상자가 **행동 형성** 과정에 참여하도록 동기를 부여하는 것이다. 진보(progress)는 본질적으로 보상이 있을 수 있지만 종종 노력, 좌절, 피로, 때로는 고통이 수반된다. 예를 들어, 뇌졸중 후 재활 과정에서 대상자는 포기하기 쉬울 수 있다. 그러므로 충분한 강화와 격려를 제공하는 것이 중요하다. 제4장에서 설명했듯이, 강화는 원하는 행동이 수행된 직후에 주어질 때 가장 잘 작동하는 경향이 있다. 돌봄 제공자는 이것을 알고 더 나아가 대상자에게 효과가 있는 것과 효과가 없는 것을 찾아야 한다. 일반적으로 '잘했음'과 같은 친절한 말이나 '할 수 있다'와 같은 격려는 큰 영향을 미친다. 그러나 대상자들로부터 좋아하는 것과 무엇이 기분을 좋게 하는지 알아내고 이것을 이용하는 것이 중요하다. 돌봄 제공자가 때때로 바람직하지 않은 방식으로 강화를 사용함으로써 대상자의 독립성을 좌절시키는 부분에 있어서는 경고가 필요하다. 발테스와 스키너(Baltes & Skinner, 1983)는 돌봄 제공자가 특히 대상자에게 침대를 나가거나 다른 계획을 세우는 것을 단념시킴으로써 의도하지 않게 대상자의 의존 행동과 수동성을 유도한다는 사실을 발견했다.

재활 과정이 가장 효과적으로 작동하려면 사전에 예방적 조치를 취하고 진행 상황을 파악해야 한다. 이는 수술 후 독립적으로 다시 먹고 마시고 걸으며 화장실을 사용하는 법, 목발 또는 기타 지지대 사용, 물리치료, 자가 관리, 식사 준비, 미디어 사용, 전화, 컴퓨터 등을 사용하는 데 적용된다. 이 중 일부는 일반적으로 물리치료사와 같은 전문가에게 맡길 수 있지만 초기 및 중요한 단계에서 마시고 독립적으로 먹는 것과 같은 핵심 기술을 시작하는 것은 돌봄 제공자에게 달려 있다. 물론, 학습과정이 실제 기술을 넘어서 이해가 필요할 때마다, 앞에서 설명한 행동적 접근 방식을 넘어 인지 원리를 사용하게 될 것이다. 치료적 관계는 인본주의적 관점에 뿌리를 두고 있으며 긍정심리학을 사용하여 대상자에게 동기를 부여할 것이다.

활동 10-7 ●●● 의사 결정

당신의 돌봄을 받는 노인이 만성 통증을 줄이기 위해 일련의 요가 운동을 권유받았다. 운동에는 독립적으로 수행할 수 없는 세 가지 도전-한 발로 서기, 바닥에 누웠다 일어나기, 의자에 앉은 상태에서 상체를 앞으로 구부리기-이 포함된다. 운동 가능성 결정을 위한 '근접 발달 영역'과 운동 프로그램 지원 계획을 세우기 위한 '비계 작업'의 원칙을 고려하라. 상상력을 발휘하라.

이 장의 끝에 예시 답안이 제공된다

2.1.5. 통증 관리와 지지

대부분의 통증 관리는 본질적으로 약리학적이지만 멜작(Melzack)이 **통증 관문 통제 이론**(Gate Control Theory of Pain) (Melzack & Wall, 1967)을 도입한 이후 다른 통증 완화 수단이 가능하다는 것이 분명해졌다. 연구에 따르면 이완, 불안 감소, 전환기법, 인지 및 행동기법을 사용하여 통증을 줄일 수 있음이 밝혀졌다(Katz & Rosenbloom, 2015). 이것은 돌봄 제공자로서 약리학적 수단이 소진되거나 바람직하지 않은 경우에 사용할 수 있는 기술을 배워야 한다는 것을 의미한다. 알려진 부작용이 없기 때문에 어떤 효과가 있을 때까지 다른 접근법을 결합할 수 있다. 흥미롭게도 한 체계적 문헌고찰 연구에서는 돌봄 제공자의 공감이 통증 감소의 요인이 아님이 보고되었다(Watt-Watson et al., 2000). 인본주의적 접근이 통증 완화에 영향을 미치지 않을 것이라고 생각하기는 어렵지만, 반대로 감정에의 치우침은 필요한 것과는 반대로 작용할 수 있다.

2.1.6. 건강 증진, 조언 및 교육

건강 증진은 건강 행동을 촉진하고 불건강 행동을 멈추기 위한 정보 제공, 교육 및 조언의 문제이다. **설득**에 대한 이론과 연구는 가장 이 분야와 관련이 있다. 간단히 말해서 설득 대상과 그들의 태도, 지식 및 동기 수준에 당신의 접근 방식을 적응시켜야 함을 제안한다(Petty & Cacioppo, 1986; Upton & Thirlaway, 2010). 예를 들어, 정통한 대상자는 치료의 장단점에 대한 보다 상세하고 더 나은 논증이 필요하지만, 일화나 슬로건은 정보가 부족한 대상자를 설득시킬 수 있을 것이다. 건강 증진에 특히 중점을 둔 상당히 많은 연구들이 있다(Brown, 2015; Raczynski & DiClemente, 2013). 당신의 주된 관심사는 설득력 있는 조언 방법과, 건강 증진 관련 출처들(브로슈어, 서적, 비디오, 웹 사이트, 지지 집단 등)을 비판적으로 인식하는 방법에 있다. 당신은 격려와 지속적인 지지(행동적, 인본주의적, 긍정적) 및 그들의 사고에 미치는 영향(인지적)을 통해 사람들의 행동을 바꾸기 위해 노력하고 있다.

활동 10-8 ●●● 커뮤니케이션

설득

기분이 좋지 않은 대상자가 침대에서 나올 수 있도록 설득해야 하는 상황을 상상하라. 가상의 시나리오와 그에 대한 방법을 고려해 보라.

이 장의 끝에 예시 답안이 제공된다

2.2. 기술적 돌봄 업무

2.2.1. 간호 진단 및 중재

간호 진단이나 중재를 수행할 때 행동주의적 · 인본주의적 관점뿐만 아니라 인지적이고 긍정적인 관점이 필요하다는 것은 명백하다. 당신의 주된 과제는 대상자의 인간성 유지 접근법을 개발하면서(인본주의), 그 업무를 정확하고 안전하게 수행하는 방법을 배우는 것이다(행동주의). 업무가 복잡해질수록 대상자를 하나의 객체로 다루는 경향이 있다. 이는 대상자와 함께 과제를 수행하는 동안 긍정적인 관찰을 공유하는 데 도움을 줄 수 있다('잘 되어 가고 있어.', '혈압이 양호한데.', '상처가 깨끗하군.'). 숙련된 돌봄 제공자는 이에 익숙하지만, 아직 수련과정에 있다면 대상자와의 의사소통을 통하여 당신의 돌봄 활동과 업무의 집중 시점을 알릴 필요가 있다. 대상자는 당신이 집중해야 한다는 것을 이해할 것이다. 조금 아플 수 있음을 알림으로써 대상자가 놀라지 않도록 해야 한다. 또한, 통증을 괴이한 것이 아닌 정상적인 것임을 검증해야 한다. 일반적으로 대상자는 예기치 않은 사건에 더 강하게 반응한다. 이것이 동의를 구하고, 무엇을 할 것인지, 무엇을 위한 것인지, 어떻게 경험할 것인지 설명해야 하는 이유이다. 이는 인간으로 하여금 어느 정도의 **인지적 통제**를 일으키도록 한다. '통제력 회복'은 부상이나 질병에 대한 반응의 중요한 측면이며 치유나 회복을 촉진한다. 수행 중인 업무의 일부로 동료와 의사소통해야 하는 경우, 언어적 상호작용에 대상자를 참여시킨다.

활동 10-9 ●●● 커뮤니케이션

Clio(16)는 자해를 했다. 그녀의 팔에는 깊은 상처가 있다. 검사하고, 소독하고, 꿰매야 하고, 지혈할 필요가 있다. 활동 순서를 나열하고 Clio와의 의사소통을 고려하라. 여기에서 논의된 네 가지 심리적 접근을 활용하라. Clio가 가질 수 있는 우려 사항을 해결하라.

이 장의 끝에 예시 답안이 제공된다

2.2.2. 약물 투여

메리 포핀스(Mary Poppins)는 약물을 투여하는 데 있어 중요한 원칙을 보여 주는 '설탕 한 스푼만 먹으면 약을 덜 사용하게 돼'를 노래했다. 아이들에게 설탕으로 특정 의약품의 자연적인 맛을 숨기는 것은 잠재적으로 혐오스러운 경험을 강화된 경험으로 바꾸는 것이다. 이 행동 원리는 우리가 어린 시절부터 조건화되도록 한다.

흥미롭게도, 성인 경구용 약물은 매력적인 맛을 거의 사용하지 않는다. 돌봄 제공자의 과제는 동기 부여를 위해 다른 인센티브를 찾는 것이다. 일련의 알약을 삼키는 것과 관련된 긍정적인 경험도 강화의 역할을 할 수 있다. 그럼에도 불구하고 대상자 자신에게 맡겨질 때 투약의 준수는 제대로 지켜지지 않는 것이 현실이다(Haynes et al., 2008). 약물의 자기관리는 복용량의 절반 정도를 잊어버리거나 복용량을 줄이는 경향이 있다(Nieuwlaat et al., 2014). 교육, 가족 지지, 강화, 동기 부여 인터뷰 및 CBT를 포함하여 이를 해결하기 위한 노력으로 개선되지 않았다(Haynes et al., 2008; Nieuwlaat et al., 2014). 병원에서는 대상자와 함께 복용을 확인할 수 있다. 문제는 이것이 병원 밖에서 **자발적 준수(self-directed adherence)**를 촉진하지 않는다는 것이다. 위의 내용은 돌봄 제공자가 강화, 조건형성, 재기억 및 기타 행동 기법을 통해 약물 준수에 특별한 주의를 기울여야 하지만, 대상자가 본질적으로 동기 부여가 되고 자신의 행동에 대한 책임을 질 준비가 되어야 함을 의미한다.

약물 투여의 또 다른 중요한 측면은 인지심리학 및 긍정심리학에 뿌리를 두고 있다. **위약 효과**가 무엇인지는 모두 알고 있다. 당신은 사람들에게 활성 성분이 없는 알약을 주지만 그것이 특별한 영향을 미칠 것이라고 말한다. 약을 복용한 많은 사람들이 그 약이 효과가 있다고 보고할 것이다. 이 효과는 대중과 약물을 투여하는 사람들의 기대에 근거한다(Ogden, 2012). 돌봄 제공자는 약물을 제공하는 방식으로 이러한 기대에 영향을 줄 수 있다. 최근의 체계적 문헌고찰을 통한 위약 효과에 대한 연구는 일관성 있는 결과를 제시하고 있지는 않지만(Hróbjartsson & Gøtzsche, 2010), 통증과 보고된 통증에 대한 영향(그 차이가 명확하지는 않다)에 대한 몇 가지 연구에서 제시되고 있다. 가장 중요한 것은, 위약 효과가 불활성 물질과 함께 일어난다면 활성제의 영향을 향상시킬 수도 있다는 점이다. 따라서 돌봄 제공자들은 약물에 대한 정보와 태도를 더하여 긍정적 영향에 대한 대상자의 기대 수준을 높일 필요가 있다.

활동 10-10 ••• 커뮤니케이션

다음의 대상자를 위해 진통제에 대한 짧은 소개를 작성하라. (a) 고학력 성인, (b) 저학력 성인. 동기부여 효과를 극대화하는 것을 목표로 하라.

이 장의 끝에 예시 답안이 제공된다

2.2.3. 응급 대처

심폐소생술(CPR) 및 기타 응급 처치를 제공하는 것은 삶과 죽음의 문제이므로 스트레스를 준다. 심폐소생술은 많은 간호사들이 자신을 신뢰할 수 있을 만큼 충분하게 접해 보지 못 해 봤다는 것이 문제이다. 따라서 정기적인 간격으로 반복 훈련을 하더라도 간호사는 상황에 압도되어 '신경'을 통제하지 못할 수 있다. 과도하게 활성화되면 실수가 발생할 수 있기 때문에(Arent & Landers, 2003; Yerkes & Dodson, 1908) 간호사는 긍정적 사고, 활동 감소 또는 이완기법을 통해 인지적 및 행동적 통제를 적용할 수 있는 것이 중요하다(Davis et al., 2008).

또한, 간호사는 심폐소생술 시도의 성공률이 예상보다 낮을 수 있음을 알고 있어야 한다(30% 이하)(Esibov et al., 2015). 그러나 이 사실을 알고 있음에도 불구하고 실패한 심폐소생술은, 특히 초보 간호사에게 큰 영향을 미치며 시간이 지남에 따라 외상 후 스트레스 반응을 일으킬 수도 있다. 병원은 외상 후 스트레스를 예방하기 위해 세 가지 심리학적 관점을 모두 이용하여 디브리핑 및 동료 지지를 시행한다. 그러한 개입으로 외상 반응을 어느 정도 예방할 수 있는지는 여전히 논란의 여지가 있다(Devilly et al., 2006).

활동 10-11 ••• 커뮤니케이션

학생 간호사가 방금 심폐소생술 시도에 실패했으며 혼란스럽고 감정이 격앙되어 있다. 동료를 돕기 위해 할 수 있는 일을 고려하라. 긍정심리학을 활용하면서 인본주의적, 인지주의적, 행동주의적 관점에서 할 수 있는 일을 명시하라.

이 장의 끝에 예시 답안이 제공된다

2.3. 기타 활동

2.3.1. 간호 계획의 개발 및 업데이트, 인계 및 기록 관리

간호 계획과 인계는 생물심리사회적 관점을 수용할 필요가 있다. 문서화하지 않으면 전체적인 관리가 이루어지지 않는다. 물론, 최근 몇 년간 기록 보관은 더욱 포괄적이고 복잡해졌으며 컴퓨터 기반 문서는 종종 건강관리 커뮤니케이션을 변화시켰다(Lavin et al., 2015). 기록 보관에 너무 많은 시간이 소요되어 환자 접촉을 방해한다는 우려도 있다(Hendrich et al., 2008). 그러나 간호사의 세심한 기록이 감정노동의 어려움에서 벗어나게 할 수도 있다.

2.3.2. 다학제팀과의 상호작용

병원 내에서 효율적이고 조화롭게 일하려면 동료들과의 친교 및 우정을 개발하고 유지해야 한다. 제7장에서 설명했듯이, 대부분은 자신의 전문가 집단 내에서 관계하는 경향이 있다(Westbrook et al., 2011). 놀라운 일은 아니지만, 개인이 다른 의료 전문가와 연락을 취하고 개인적 친교를 가질 때 의료시설이 가장 잘 작동한다는 것은 분명하다. 상호 존중은 역량(행동)과 지식(인지)을 입증하는 데 기초한다. 인본주의적 관점은 동료와의 친밀한 관계를 발전시킬 때 나타나는 경향이 있다. 원활한 업무 관계는 스트레스를 줄이고 대상자 돌봄의 질을 향상시키는 경향이 있기 때문에 중요하다. 다학제팀 회의(교육을 잘 받은 돌봄 제공자가 좀 더 중요한 역할을 하는)는 이러한 관계를 발전시킬 수 있는 기회를 제공한다. 팀 내 적합성을 지나치게 강조하는 회의는 '집단사고'가 발달될 수 있는 위험이 있다는 사실을 명심하라(Janis, 1982). 이로 인해 비판적인 목소리가 들리지 않을 수 있으며 이는 실수의 원인이 될 수 있다.

2.3.3. 멘토링과 지도자됨

만약 당신이 학위를 위해 공부하고 있다면 지도자가 되는 것이 아마도 가장 큰 관심사일 것이다. 당신의 부서 배정과 인턴십을 최대한 활용하려면 멘토나 프리셉터와 좋은 관계를 발전시키는 것이 필수적이다. 이러한 관계는 인본주의적 · 행동주의적 및 인지주의적 원리를 바탕으로 발전한다. 가장 간단하게 말하면, 인본주의 요소는 존중, 관심 및 애정을 통한 관계 발전의 핵심이며, 행동주의적 원리는 돌봄 행위 및 기술(모델링, 칭찬, 격려 등의 사용) 형성의 기초가 된다. 또한, 인지주의 원리는 건강관리 실무에 대한 지식, 태도, 가치 및 이해를 전달하는 방법의 본질이다. 훌륭한 멘토는 어떤 역할을 하는지 잘 관찰하라. 언젠가 당신이 학생 간호사를 직접 지도하도록 요청받을 수도 있다.

2.3.4. 가족 및 방문객과의 상호작용

병원에서의 돌봄 업무는 가족이 아닌 대상자와 함께하기 때문에 대부분의 가족 및 방문객과의 접촉은 짧게 지나가는 것이 대부분이다. 때때로 가족은 정보 회의 및 의사 결정에 참여한다. 가족 방문에 대한 돌봄 제공자들의 환영은 회의 운영에 도움을 준다. 인사와 친근한 상호작용은 종종 압도당하고 걱정스럽고 편하지 않다고 느끼는 방문객에게 매우 중요할 수 있다. 가족 및 다른 방문객과의 접촉에 대한 인본주의적 관점은 사랑하는 사람이 좋은 보살핌 아래에 있다는 인상을 강화할 가능성이 높다. 또한, 가족구성원들이 질병 위기의 모든 단계에서 중요한 지지원임을 잊지 말아라. 그들이 돌봄과 재활의 모든 인지적 · 행동적 측면에 관여하는 것은 필수적이다. 돌봄 제공자는 그런 메시지를 강화하고 가족을 모집하여 치료 과정의 적극적인 부분이 되도록 하는 데 중추적인 역할을 한다. 가족은 또한 중요한 정보원이다. 종종 가족과의 대화를 통해 대상자의 질병에 대한 완전한 생물심리사회적 맥락을 이해할 수 있다.

2.3.5. 보건 안전 활동 및 기타 업무

손 씻기를 포함한 여러 보건 및 안전 활동은 일상적인 업무이다. 감염 관리는 아마도 병원에서 가장 중요한 안전 조치 중 하나이며, 이에 손 씻기 규정 준수가 필수이다. 연구에 따르면 손 씻기 기준은 아직 최고의 병원에서도 최적은 아니다(Allegranzi et al., 2013). 손 씻기를 촉진하고 형성하기 위한 지속적인 행동적 · 인지적 노력이 이를 바꾸려고 하지만, 직원들이 충분히 동기를 부여받지 못하거나 인식하지 못하면 이러한 모든 노력은 쓸모가 없다. 주요 관심사는 그것을 하는 사실을 잊어버리는 것이다. 또한, 시간이 충분하지 않거나 인프라가 부족하다면(수돗물이 없거나 작동하지 않거나 결함이 있음, 알코올 세정제가 없거나 비어 있음), 손 씻기는 퇴보할 수 있다. 문제가 있을 때마다 이를 인식하고 이를 보고해야 하는 것이 필수적이다.

대상자 이동 또는 이동 준비, 식사 배식, 청소 업무, 용품 주문 등과 같은 다양한 업무도 대부분 돌봄 제공자의 일상 업무의 일부이기도 하다. 아마도 피할 수는 없지만 이것이 돌봄 행위의 질을 저하시킬 수 있다는 증거가 있다(Bekker et al., 2015). 영국 내 연구에 따르면 시간 압박을 받을 때

교육, 간호 계획 업데이트, 정서적 지지 업무가 취소될 가능성이 높다는 것이 입증되었다(Ball et al., 2013).

2.4. 비판적 성찰

돌봄 업무의 종류에 따라 각기 다른 도전이 제기된다. 심리학 적용에 대해 알고 열정적이라면 심리학의 각 학파를 잘 아는데 도움이 될 것이다. 우리는 다음과 같은 질문을 통해 자신을 비판적으로 생각해 볼 수 있다.

- **인본주의적 관점:** 나는 충분히 공감하는 모습을 보이는가? 나는 충분히 잘 듣고 있는가? 나는 대상자의 말을 진지하게 받아들이고 대상자 자신을 위해 중요한 결정을 내릴 수 있도록 지지하는가?
- **인지주의적 관점:** 대상자는 무엇을 생각하고 있는가? 이것이 과도한 불안이나 우울로 이어질 경우, 이것을 바꾸려면 나는 무엇을 할 수 있을까? 어떻게 대상자의 효과적인 사고를 촉진할 수 있을까?
- **행동주의적 관점:** 대상자의 건강 행동 또는 재활을 위한 나의 노력을 어떻게 계획할 것인가? 나는 효과적으로 격려하고 있는가? 어떻게 하면 효과적인 모델이 될 수 있을까?
- **긍정심리학 관점:** 나는 나의 돌봄 대상자들에게 긍정적인 기분, 낙관주의 및 희망감을 주는가?

비판적 성찰은 실제 업무가 표준, 규정 및 가치(6CS: Care, Compassion, Competence, Communication, Courage, Commitment)와 일치하는지 여부를 비판적으로 평가하는 것을 의미한다(Cummings & Bennett, 2012). 또한, 그렇지 않은 경우에는 업무가 예상 수준에 미치지 못하는 이유에 대한 방어를 하기보다는 노력을 조정하고 개선해야 한다. 이것은 인지부조화의 불편함을 느끼면(제6장) 인지적 방어보다는 행동적 반응을 선택해야 한다는 것을 의미한다. 학생에서 간호 전문가로서의 전환이 이루어질 때, 당신은 당신이 근무하는 건강관리 조직에서 운영의 순환을 효율적으로 장악해야 한다는 압박에 직면하게 된다. 근거 기반 간호와 비판적 성찰에 관해 배운 것을 잊어버리지 않는 것이 매우 중요하다(Dahl & Eriksen, 2016; Zerwekh & Garneau, 2014). 특히, 간호사에게 유용한 구조적 방식의 성찰 지침이 있다(Rolfe et al., 2010).

비판적 성찰이나 지속적으로 간호 수준을 모니터링하고 개선하려는 시도 없이, 우리는 일상적인 업무를 무의식적으로 진행하는 경향이 있다. 우리는 매우 편안하게 느낄 수 있다. 우리는 자동화된 활동과 동반되는 인지 부하 감소를 좋아하는 경향이 있다. 문제는 우리가 이런 식으로 대상자의 생명을 위태롭게 하고 있다는 것이다. 이를 고려하여, 경계를 늦추지 말고 자동화된 활동의 흐름을 경계하고 이중점검하는 것이 중요하다. 비판적 성찰은 불쾌할 수 있기 때문에 어렵지만, 안전 밸브 또는 회로 차단기의 기능이 있으므로 이는 안전 유지 방법의 중요한 측면이다(Reason, 1993; Reason et al., 2006). 비판적 성찰을 하지 않는다면 우리는 실수를 하거나, 중요한 문제를 인식하지 못하거나, **돌봄 침해**(care erosion)라 부르는 돌봄

활동 10-12 ●●● 비판적 사고

A 돌봄 제공자와 B 돌봄 제공자의 재방문: 대상자 중심 돌봄 VS 업무 중심 돌봄(제1장, p. 12)

- 돌봄 제공자 A는 경청하고, 공감하고, 각 대상자 및 가족과 시간을 보내며, 그들 모두에게 관심이 있음을 표현하고, 모든 의사 결정에 그들을 포함시킨다.
- 돌봄 제공자 B는 효율적으로 일하고, 시간 내에 일을 끝내며, 대상자에게 지도 · 조언하고, 대상자와 가족 간의 사생활 침해를 피한다.

지금 알고 있는 것을 토대로 일상 업무를 고려하여 두 돌봄 제공자가 이 장에서 강조한 네 가지 심리학적 관점을 어떻게 활용하는지 분석하라.

이 장의 끝에 예시 답안이 제공된다

수준의 점진적인 감소에 희생될 가능성이 더 커진다(de Vries & Timmins, 2016a; Timmins & de Vries, 2014). 당신 스스로 '검토 받지 않은 간호는 부주의해질 것이다.'를 상기시켜라. 심리학은 이것을 예방하는 핵심이며, 따라서 모든 간호사에게 필수적이다.

요약

- 인본주의 심리학은 연민의 간호를 알리고 대상자의 감정을 표적으로 한다. 공감을 표현하는 것이 핵심이다. 공감은 진정성 있게 느껴져야 하지만, 간호사들은 간호 피로를 피하기 위해 감정 간호의 강도에 대한 균형을 학습하는 것이 중요하다.
- 행동심리학은 재활, 건강 증진 및 대상자의 행동적 다른 측면을 알려 준다. 격려, 비계 지지 및 건강한 행동 모델링의 효과적인 사용이 돌봄의 핵심이다.
- 인지심리학을 통하여 대상자가 자신의 상태와 돌봄에 대해 효과적으로 생각할 수 있도록 유도할 수 있다. 이것은 태도 변화, 동기 강화 및 스트레스 수준 감소를 목표로 한다.
- 긍정심리학은 돌봄 행위의 질에 대한 심리학의 전반적인 영향을 향상시키기 위해 낙관주의와 돌봄 자극의 사용을 강조한다.
- 일상 돌봄 활동에 대한 비판적 성찰에는 심리학적 원리의 적용, 돌봄 행위의 수준과 가치 및 표준의 일관성, 자동화되고 지나치게 과업 지향적인 돌봄 행위에 대한 해석을 검토하는 노력이 포함되어야 한다.

활동: 예시 답안

활동 10-1: 인본주의적 돌봄 실무

비인간적인 측면 중 일부는 미묘하고 쉽게 보상받을 수 있지만, 그 영향을 과소평가해서는 안된다. 당신이 받는 쪽에 있다면 자신의 반응이 어떨지 고려해 보는 것이 도움이 된다.

활동 10-2: 행동주의 돌봄 실무

단지 1분짜리 일이라고 하더라도 그 사람이 원하는 활동을 시도할 수 있도록 하는 것이 중요하다. 모델링과 격려가 이를 실현하기 위해 사용될 수 있다. 지지, 지시 및 강화는 행동 형성을 심화시키기 위해 사용되어야 한다.

활동 10-3: 돌봄의 인지적 접근

옳은 쪽으로의 관점 전환을 위한 장시간의 대화나 영감의 순간이 요구되어질 수 있다. 이는 부정적인 기대에 대한 자기 충족 예언을 지적하는 데 도움이 된다.

활동 10-4: 돌봄에서의 통합 응용 사례

1) 인지심리학, 긍정심리학; 2) 인본주의; 3) 인본주의; 4) 인지주의, 인본주의; 5) 인지주의, 인본주의; 6) 인지심리학, 긍정심리학; 7) 인지, 행동 및 긍정심리학

활동 10-5

우리는 우리에게 의미 있는 지시를 하는 경향이 있다. 이것은 옳지 않다. 지시 사항이 작동하도록 하는 가장 확실한 방법은 대상자가 적극적으로 지시 사항을 구성하고 효과적인 방법으로 이를 표현하도록 하는 것이다. 그런 다음 테스트하라.

활동 10-6

정보가 압도적이거나 스트레스 수준을 상승시켜 예후에 부정적인 영향을 미칠 때에는 선택적인 정보제공이 좋다. 추후 필요시 추가 정보를 제공하겠다고 제안할 경우 윤리적 문제의 일부를 해결할 수 있다.

활동 10-7

세 가지 도전에 대한 개발 영역을 확인하려면 해당 과제를 수행하는 데 얼마나 많은 도움이 필요한지에 대한 실제 조사가 필요하다. 이를 바탕으로 운동 순서를 조정하고 비계 작업 계획을 설계할 수 있다.

활동 10-8: 설득

누군가 침대에서 일어나도록 설득하려면 인지적 · 행동주의적 노력(활동 10-1, 활동 10-2 참조)뿐만 아니라 인본주의적이고 긍정심리학이 필요하다. 관계가 좋을수록 영향을 줄 가능성이 높다.

활동 10-9

Clio에게 강의하는 것 같고(인지주의), 실망스러운 신호를 준다는(행동주의) 느낌이 있을 수도 있지만, 자해는 Clio의 들리지 않는 목소리를 나타낸다는 것을 깨달아야 한다. 이것은 무엇보다 먼저 인본주의적 관점(청취, 무조건적 존중, 공감)을 필요로 한다.

활동 10-10

예를 들면, (a) 이 진통제는 통증을 절반으로 줄이는 데 80%의 성공률을 가지고 있으며 부작용은 매우 제한적이다. 다른 진통제보다 더 효과적이라고 생각한 전투 부상을 입은 병사들에게 이 진통제가 사용되었다. (b) 나도 이 약을 사용했다. 효과가 좋다.

활동 10-11

핵심 질문은 '이야기하는 것이 좋은가?'이다. 이야기할 때 동료가 더 격앙된다는 것을 느끼면 계속하지 마라. 당신은 다른 인본주의적 지지를 제공할 수 있다. 인지주의적 노력에는 일반적인 심폐소생술 실패에 대한 정보를 제공하는 것이 포함될 수 있다. 행동주의적 노력에는 산책을 하는 것이 포함되며, 동료가 준비가 되었으면 심폐소생술 노력이 실시된 방을 다시 방문하라. 동료의 요구에 민감하게 반응하라.

활동 10-12

분명히 돌봄 제공자 A는 돌봄 제공자 B보다 심리학을 더 많이 이용할 것이다. 특히, 돌봄 제공자 B에게는 인본주의적인 대상자 중심 원칙이 포함되어 있지 않다. 돌봄 제공자 B는 낙관주의와 에너지(긍정심리학)의 사용을 보상을 위해 시도할 수 있다. 돌봄 제공자 B형 돌봄 행위는 직원이 부족하고 대상자를 위한 시간이 부족할 때 더 일반적이다.

더 읽을거리

- Upton, D., & Thirlaway, K. (2010). *Promoting healthy behaviour: a practical guide for nursing and healthcare professionals.* Harlow, UK: Pearson Education Limited.
  이 글은 음식을 잘 섭취하고 활동적으로 행동하며 나쁜 습관을 버리는 방법을 알리기 위한 실질적인 지침을 제공한다.

- Walker, S. (Ed.) (2015). *Psychosocial interventions in mental health nursing.* London, UK: Sage.
  이 글은 정신건강 간호사를 위해 작성되었지만 모든 간호사에게도 해당된다.

- Marsh, H. (2014). *Do no harm: stories of life, death and brain surgery.* London, UK: Weidenfeld and Nicholson.
  솔직한 신경외과 의사의 삶과 실천의 최고점을 다룬 이 글은 비판적 성찰 실무서의 최고봉이다.

- Zerwekh, J., & Garneau, A. Z. (2014). *Nursing today: transition and trends.* Philadelphia, PA: Elsevier Health Sciences.
  잘 정리된 이 저서는 학생에서 전문 간호사로서의 변화를 다루며 시야를 넓힐 수 있게 한다.

- Rolfe, G., Jasper, M., & Freshwater, D. (2010). *Critical reflection in practice: generating knowledge for care* (2nd ed.). Hampshire, UK: Palgrave Macmillan.
  비판적 성찰에 관한 이 저서는 우리가 비판적 성찰에서 심리학을 사용하기 위해 개략적으로 설명한 원칙과 관련되어 있다.

유용한 웹 사이트

- http://www.who.int/mental_health/en/
  정신건강에 관한 세계보건기구(WHO) 웹 페이지는 건강과 심리학의 관계에 대한 전 세계적인 관점을 제시한다.

- http://www.apa.org/pi/about/publications/caregivers/
  Caregiver Briefcase는 지역사회와 보건소에서의 돌봄에 대한 전문적인 심리학적 관점을 제공한다.

- https://www.psychologytoday.com/basics/caregiving
  「Psychology Today」는 온라인 접속을 제공하는 잡지이자 돌봄 제공자들을 위한 귀중한 조언이 담긴 기사로 연결된다. 다른 흥미로운 자료는 잡지를 검색하라.

- https://www.youtube.com/watch?v=fZffBAefwUM
  Ellen Langer의 'Counterclockwise: the power of possibility' at Happiness and Its Causes 2012.
  이것은 건강에 대한 많은 언급과 함께 그녀의 마음챙김에 대한 이야기 중 하나이다. 다른 몇 가지도 있다.

참고문헌

Adler, H. (2002). *Handbook of NLP: a manual for professional communicators*. Aldershot, UK: Gower Publishing Ltd.

Ainsworth, M., Blehar, M., Waters, E. and Wall, S. (1978). *Patterns of attachment: observations in the strange situation and at home*. Hillsdale, NJ: Lawrence Erlbaum Associates, Inc.

Ainsworth, S. (1999). The functions of multiple representations. *Computers and Education*, 33(2): 131-152.

Akkerman, R. and Knape, J. (2014). [Waking up during general anaesthesia]. *Nederlands Tijdschrift voor Geneeskunde,* 159: A8705-A8705.

Allegranzi, B., Gayet-Ageron, A., Damani, N., Bengaly, L., McLaws, M.-L., Moro, M. L. ... Storr, J. (2013). Global implementation of WHO's multimodal strategy for improvement of hand hygiene: a quasi-experimental study. *The Lancet Infectious Diseases*, 13(10): 843-851.

Anderson, L., Oldridge, N., Thompson, D. R., Zwisler, A.-D., Rees, K., Martin, N. and Taylor, R. S. (2016). Exercise-based cardiac rehabilitation for coronary heart disease: Cochrane systematic review and meta-analysis. *Journal of the American College of Cardiology*, 67: 1-12.

Arent, S. M. and Landers, D. M. (2003). Arousal, anxiety, and performance: a re-examination of the inverted-U hypothesis. *Research Quarterly for Exercise and Sport*, 74(4): 436-444.

Aronson, E. (1969). The theory of cognitive dissonance: a current perspective. *Advances in Experimental Social Psychology*, 4: 1-34.

Aronson, E. (2004). *The social animal* (9th ed.). New York, NY: Worth.

Aronson, E. and Bridgeman, D. (1992). 'Jigsaw groups and the desegregated classroom: in pursuit of common goals' in E. Aronson (Ed.), *Readings on the social animal*. New York, NY: W. H. Freeman, pp. 430-440.

Asch, S. E. (1946). Forming impressions of personality. *The Journal of Abnormal and Social Psychology*, 41: 258.

Asch, S. E. (1956). Studies of independence and conformity: a minority of one against a unanimous majority. *Psychological Monographs*, 70: 70.

Atchley, R. C. (1980). *The social forces in later life: an introduction to social gerontology*. Belmont, CA: Wadsworth Publishing Company.

Atkinson, R. C. and Shiffrin, R. M. (1968). 'Human memory: a proposed system and its control processes' in Spence, K. W. and Spence, J. T. (Eds.) *The Psychology of Learning and Motivation.* New York: Academic Press.

참고문헌

Backs, R. W. and Seljos, K. A. (1994). Metabolic and cardiorespiratory measures of mental effort: the effects of level of difficulty in a working memory task. *International Journal of Psychophysiology*, 16: 57–68.

Baddeley, A. (2000). The episodic buffer: a new component of working memory? *Trends in Cognitive Sciences,* 4: 417–423.

Baddeley, A. and Hitch, G. J. (1974). Working memory. *The Psychology of Learning and Motivation,* 8: 47–89.

Baker, R. R. and Bellis, M. A. (1995). *Human sperm competition: copulation, masturbation and infidelity*. London: Chapman & Hall.

Ball, J. E., Murrells, T., Rafferty, A. M., Morrow, E. and Griffiths, P. (2013). 'Care left undone' during nursing shifts: associations with workload and perceived quality of care. *BMJ Quality and Safety*, bmjqs-2012-001767.

Baltes, P. B. and Baltes, M. M. (1990). Psychological perspectives on successful aging: the model of selective optimization with compensation. *Successful Aging: Perspectives from the Behavioral Sciences,* 1: 1–34.

Baltes, M. M. and Skinner, E. A. (1983). Cognitive performance deficits and hospitalization: learned helplessness, instrumental passivity or what? Comment on Raps, Peterson, Jonas, and Seligman. *Journal of Personality and Social Psychology*, Vol 45(5): 1013–1016.

Bandman, E. L. and Bandman, B. (1988). *Critical thinking in nursing*. San Mateo, CA: McGraw-Hill/Appleton and Lange.

Bandura, A., Ross, D. and Ross, S. A. (1963). Imitation of film-mediated aggressive models. *The Journal of Abnormal and Social Psychology,* 66: 3.

Barnes, D. E. and Yaffe, K. (2011). The projected effect of risk factor reduction on Alzheimer's disease prevalence. *The Lancet Neurology*, 10: 819–828.

Bastian, B. and Haslam, N. (2010). Excluded from humanity: the dehumanizing effects of social ostracism. *Journal of Experimental Social Psychology*, 46(1): 107–113.

Baumrind, D. (1971). Current patterns of parental authority. *Developmental Psychology,* 4: 1.

Bedwell, W. L., Wildman, J. L., Diazgranados, D., Salazar, M., Kramer, W. S. and Salas, E. (2012). Collaboration at work: an integrative multilevel conceptualization. *Human Resource Management Review*, 22: 128–145.

Becker, G. and Newsom, E. (2005). Resilience in the face of serious illness among chronically ill African Americans in later life. *The Journals of Gerontology Series B: Psychological Sciences and Social Sciences*, 60: 214–223.

Bekker, M., Coetzee, S. K., Klopper, H. C. and Ellis, S. M. (2015). Non-nursing tasks, nursing tasks left undone and job satisfaction among professional nurses in South African hospitals. *Journal of Nursing Management*, 23(8): 1115–1125.

Belloc, N. B. (1973). Relationship of health practices and mortality. *Preventive Medicine,* 2: 67–81.

Belloc, N. B. and Breslow, L. (1972). Relationship of physical health status and health practices. *Preventive Medicine*, 1: 409–421.

Benjamin, A. S. (2010). Representational explanations of "process" dissociations in recognition: the DRYAD theory of aging and memory judgments. *Psychological Review,* 117: 1055.

Bergenthal, N., Will, A., Streckmann, F., Wolkewitz, K. D., Monsef, I., Engert, A., Elter, T. and Skoetz, N. (2014). Aerobic physical exercise for adult patients with haematological malignancies. *Cochrane Database of Systematic Reviews,* 11.

Bernhofer, E. I., Higgins, P. A., Daly, B. J., Burant, C. J. and Hornick, T. R. (2014). Hospital lighting and its association with sleep, mood and pain in medical inpatients. *Journal of Advanced Nursing,* 70: 1164–1173.

Bernstein, D. A., Clarke-Stewart, A., Penner, L. A. and Roy, E. J. (2012). *Psychology* (9th ed., Int. version). Belmont, CA: Wadsworth (Cengage Learning).

Berscheid, E. and Walster, E. (1974). 'Physical attractiveness' in L. Berkowitz (Ed.), *Advances in Experimental Social Psychology*, Volume 7, pp. 157–215.

Bienvenu, O., Gellar, J., Althouse, B., Colantuoni, E., Sricharoenchai, T., Mendez-Tellez, P., Shanholtz, C., Dennison, C., Pronovost, P. and Needham, D. (2013). Post-traumatic stress disorder symptoms after acute lung injury: a 2-year prospective longitudinal study. *Psychological Medicine*, 43: 2657–2671.

Biller-Andorno, N. and Zeltner, T. (2015). Individual responsibility and community solidarity-the Swiss health care system. *New England Journal of Medicine*, 373, 2193–2197.

Bin, Y. S., Marshall, N. S. and Glozier, N. (2012). Secular trends in adult sleep duration: a systematic review. *Sleep Medicine Reviews,* 16: 223–230.

Bower, G. H. (1981). Mood and memory. *American Psychologist*, 36: 129.

Bower, G. H. (1991). 'Mood congruity of social judgments' in J. P. Forgas (Ed.), *Emotion and social judgments* (pp. 31–54). Oxford, UK: Pergamon.

Bowlby, J. (2005). *A secure base: clinical applications of attachment theory*. Abingdon, UK: Taylor & Francis.

BPS (2015). *Division of Clinical Psychology: Mission Statement* [Online]. British

Psychological Society. Available at: http://www.bps.org.uk/networks-and-communities/member-microsite/division-clinical-psychology (accessed 26 June 2015).

Brehm, S. S. and Brehm, J. W. (2013). *Psychological reactance: a theory of freedom and control*. Cambridge, MA: Academic Press.

Bremmer, J. N. (1987). Romulus, Remus and the foundation of Rome. *Roman Myth and Mythography*, pp. 25–48.

Breslow, L. and Enstrom, J. E. (1980). Persistence of health habits and their relationship to mortality. *Preventive Medicine*, 9: 469–483.

Brown, D. (2015). Health promotion in multicultural populations: a handbook for practitioners and students. *Health Promotion Practice*, 16(5): 629–630.

Brown, R. A., Abrantes, A. M., Minami, H., Read, J. P., Marcus, B. H., Jakicic, J. M., Strong, D. R., Dubreuil, M. E., Gordon, A. A. and Ramsey, S. E. (2014). A preliminary, randomized trial of aerobic exercise for alcohol dependence. *Journal of Substance Abuse Treatment,* 47: 1–9.

Brownell, K. D. and Rodin, J. (1994). The dieting maelstrom: is it possible and advisable to lose weight? *American Psychologist,* 49: 781.

Burger, J. M. (2009). Replicating Milgram: would people still obey today? *American Psychologist*, 64: 1.

Burr, C. B. (1906). *A primer of psychology and mental disease: for use in training schools for attendants and nurses and in medical classes and as a ready reference for the practitioner* (3rd ed.). Philadelphia, PA: F.A. Davis Co.

Buss, D. M. (1999). *Evolutionary psychology: the new science of the mind*. Boston, MA: Allyn & Bacon.

Buzan, Tony (2006). *Use your memory: understand your mind to improve your memory and mental power*. Harlow, UK: BBC Active, Pearson Education.

Cacioppo, J. T., Petty, R. E. and Losch, M. E. (1986). Attributions of responsibility for helping and doing harm: evidence for confusion of responsibility. *Journal of Personality and Social Psychology*, 50: 100–105.

Camacho, E. M., Verstappen, S. M., Chipping, J. and Symmons, D. P. (2013). Learned helplessness predicts functional disability, pain and fatigue in patients with recent-onset inflammatory polyarthritis. *Rheumatology*, 52: 1233–1238.

Cameron, L. D. and Leventhal, H. (2003). *The self-regulation of health and illness behaviour*. London, UK: Routledge (Taylor and Francis).

Cannon, W. B. (1935). Stresses and strains of homeostasis. *The American Journal of the*

Medical Sciences, 189: 13–14.

Caplan, G. (1964). *Principles of preventive psychiatry*. New York, NY: Basic Books.

Care, T. (2012). *A national response to Winterbourne View Hospital*. Department of Health Review: Final Report.

Cartwright, R. D. (1974). Problem solving: waking and dreaming. *Journal of Abnormal Psychology*, 83: 451–455.

Carver, C. S., Scheier, M. F. and Segerstrom, S. C. (2010). Optimism. *Clinical Psychology Review*, 30: 879–889.

Castell, B. D., Kazantzis, N. and Moss-Morris, R. E. (2011). Cognitive behavioral therapy and graded exercise for chronic fatigue syndrome: a meta-analysis. *Clinical Psychology: Science and Practice*, 18: 311–324.

Cheng, C., Lau, H.-P. B. and Chan, M.-P. S. (2014). Coping flexibility and psychological adjustment to stressful life changes: a meta-analytic review. *Psychological Bulletin*, 140: 1582–1607.

Chou, T. L., Chang, L. I. and Chung, M. H. (2015). The mediating and moderating effects of sleep hygiene practice on anxiety and insomnia in hospital nurses. *International Journal of Nursing Practice*, 21: 9–18.

Chugani, H. T., Behen, M. E., Muzik, O., Juhasz, C., Nagy, F. and Chugani, D. C. (2001). Local brain functional activity following early deprivation: a study of postinstitutionalized Romanian orphans. *Neuroimage*, 14: 1290–1301.

Cialdini, R. B., Vincent, J. E., Lewis, S. K., Catalan, J., Wheeler, D. and Darby, B. L. (1975). Reciprocal concessions procedure for inducing compliance: the door-in-the-face technique. *Journal of Personality and Social Psychology*, 31: 206–215.

Clancy, S. A., Schacter, D. L., McNally, R. J. and Pitman, R. K. (2000). False recognition in women reporting recovered memories of sexual abuse. *Psychological Science*, 11: 26–31.

Clark, D. (2002). Between hope and acceptance: the medicalisation of dying. *British Medical Journal*, 324: 905–907.

Cohen, M. A. and Dennett, D. C. (2011). Consciousness cannot be separated from function. *Trends in Cognitive Sciences*, 15: 358–364.

Commisso, M. and Finkelstein, L. (2012). Physical attractiveness bias in employee termination. *Journal of Applied Social Psychology*, 42: 2968–2987.

Compas, B. E., Jaser, S. S., Dunn, M. J. and Rodriguez, E. M. (2012). Coping with chronic illness in childhood and adolescence. *Annual Review of Clinical Psychology*, 8: 455–480.

Coon, D. (2004). *Introduction to Psychology: Gateways to Mind and Behaviour* (10th ed.). Belmont, CA: Thomson-Wadsworth.

Coon, D. and Mitterer, J. (2012). *Introduction to psychology: gateways to mind and behavior with concept maps and reviews*. Andover, UK: Cengage Learning.

Cooper, J. (2007). *Cognitive dissonance: 50 years of a classic theory*. London, UK: Sage.

Cosmides, L. (1989). The logic of social exchange: has natural selection shaped how humans reason? Studies with the Wason selection task. *Cognition*, 31: 187-276.

Cosmides, L. and Tooby, J. (1992). 'Cognitive adaptations for social exchange' in J. H. Barkow, L. Cosmides and J. Tooby (Eds.), *The adapted mind: evolutionary psychology and the generation of culture*. Oxford, UK: Oxford University Press.

Crawford, F. A., Mammon, J. W. and Shingleton, W. W. (1971). The stress ulcer syndrome: a clinical and pathologic review. *The American Journal of Surgery*, 121: 644-649.

Crum, A. J., Salovey, P. and Achor, S. (2013). Rethinking stress: the role of mindsets in determining the stress response. *Journal of Personality and Social Psychology*, 104: 716-733.

Cumming, E., Henry, W. E. and Damianopoulos, E. (1961). 'A formal statement of disengagement theory' in E. Cumming and W. E. Henry *Growing old: the process of disengagement*. New York, NY: Basic Books, pp. 210-218.

Cummings, J. and Bennett, V. (2012). *Compassion in practice: nursing, midwifery and care staff: our vision and strategy*. Online, last accessed on 23 July 2014. Available at: http://www. england. nhs. uk/wp-content/uploads/2012/12/compassion-inpractice. pdf

Dahl, H. and Eriksen, K. A. (2016). Students' and teachers' experiences of participating in the reflection process "THiNK". *Nurse Education Today*, 36: 401-406.

Damasio, A., Meyer, K., Laureys, S. and Tononi, G. (2009). 'Consciousness: an overview of the phenomenon and of its possible neural basis' in S. Laureys and G. Tononi (Eds.), *The Neurology of Consciousness: Cognitive Neuroscience and Neuropathology*, pp. 3-14.

Darbyshire, P. (2014). Character assassination? Response to John Paley "social psychology and the compassion deficit". *Nurse Education Today*, 34: 887-889.

Darley, J. M. and Latané, B. (1968). Bystander intervention in emergencies: diffusion of responsibility. *Journal of Personality and Social Psychology*, 8: 377-381.

Darwin, C. (1859). *On the origin of species by means of natural selection*. London, UK: Murray.

Davies, P. G., Spencer, S. J. and Steele, C. M. (2005). Clearing the air: identity safety moderates the effects of stereotype threat on women's leadership aspirations. *Journal of Personality and Social Psychology*, 88: 276–287.

Davis, M., Eshelman, E. R. and McKay, M. (2008). *The relaxation and stress reduction workbook*. Oakland, CA: New Harbinger Publications.

Davis, S. W., Dennis, N. A., Daselaar, S. M., Fleck, M. S. and Cabeza, R. (2008). Que PASA? The posterior–anterior shift in aging. *Cerebral cortex*, 18: 1201–1209.

Davydow, D. S., Zatzick, D., Hough, C. L. and Katon, W. J. (2013). A longitudinal investigation of posttraumatic stress and depressive symptoms over the course of the year following medical–surgical intensive care unit admission. *General Hospital Psychiatry*, 35: 226–232.

Dawkins, R. (2006). *The selfish gene*. Oxford, UK: Oxford University Press.

Dennett, D. C. (1993). *Consciousness explained*. London, Penguin.

Denzin, N. K. and Lincoln, Y. S. (2011). *The Sage handbook of qualitative research* (4th ed.). London: Sage.

De Ridder, D., Geenen, R., Kuijer, R. and Van Middendorp, H. (2008). Psychological adjustment to chronic disease. *The Lancet*, 372: 246–255.

Devilly, G. J., Gist, R. and Cotton, P. (2006). Ready! Fire! Aim! The status of psychological debriefing and therapeutic interventions: in the work place and after disasters. *Review of General Psychology*, 10(4): 318–345.

De Vries, J. M. and Timmins, F. (2012). Psychology teaching in nursing education: a review of and reflection on approaches, issues, and contemporary practice. *Nurse Education in Practice* 12: 316–21.

De Vries, J. and Timmins, F. (2016a). Care erosion in hospitals: Problems in reflective nursing practice and the role of cognitive dissonance. *Nurse Education Today*, 38: 5–8.

De Vries, J. and Timmins, F. (2016b). Deception and self-deception in health care. *Nursing Philosophy*, 17: 163–172.

DiCenso, A., Bourgeault, I., Abelson, J., Martin-Misener, R., Kaasalainen, S., Carter, N., Harbman, P., Donald, F., Bryant-Lukosius, D. and Kilpatrick, K. (2010). Utilization of nurse practitioners to increase patient access to primary healthcare in Canada–thinking outside the box. *Nursing Leadership* (Toronto, Ont.), 23: 239–259.

Diehl, D. J. and Gershon, S. (1992). The role of dopamine in mood disorders. *Comprehensive Psychiatry*, 33: 115–120.

Dinsmore, D. L. and Alexander, P. A. (2012). A critical discussion of deep and surface processing: what it means, how it is measured, the role of context, and model specification. *Educational Psychology Review*, 24: 499–567.

Dion, K., Berscheid, E. and Walster, E. (1972). What is beautiful is good. *Journal of Personality and Social Psychology*, 24: 285–290.

Dittman, M. (2002). Study ranks the top 20th century psychologists. *Monitor on Psychology*, 33: 28–29.

Donovan, K. A., McGinty, H. L. and Jacobsen, P. B. (2013). A systematic review of research using the diagnostic criteria for cancer-related fatigue. *Psycho-Oncology*, 22: 737–744.

Dror, O. E. (2014). The Cannon-Bard thalamic theory of emotions: a brief genealogy and reappraisal. *Emotion Review*, 6: 13–20.

Dungan, J., Waytz, A. and Young, L. (2015). The psychology of whistleblowing. *Current Opinion in Psychology*, 6: 129–133.

Eccleston, C., Hearn, L. and Williams, A. (2015). Psychological therapies for the management of chronic neuropathic pain in adults. *Cochrane Database of Systematic Reviews* Oct 29;(10): CD011259. doi:10.1002/14651858.CD011259.pub2.

Edinger, J. D., Bonnet, M. H., Bootzin, R. R., Doghramji, K., Dorsey, C. M., Espie, C. A., Jamieson, A. O., McCall, W. V., Morin, C. M. and Stepanski, E. J. (2004). Derivation of research diagnostic criteria for insomnia: report of an American Academy of Sleep Medicine Work Group. *Sleep,* 27: 1567–1596.

Eisenberger, N. I. and Lieberman, M. D. (2004). Why rejection hurts: a common neural alarm system for physical and social pain. *Trends in Cognitive Sciences*, 8: 294–300.

Ekman, P. (1992). An argument for basic emotions. *Cognition and Emotion*, 6: 169–200.

Ekman, P. and Friesen, W. V. (1971). Constants across cultures in the face and emotion. *Journal of Personality and Social Psychology*, 17: 124–129.

Ekman, P., Friesen, W. V., O'Sullivan, M., Chan, A., Diacoyanni-Tarlatzis, I., Heider, K., Krause, R., Lecompte, W. A., Pitcairn, T. and Ricci-Bitti, P. E. (1987). Universals and cultural differences in the judgments of facial expressions of emotion. *Journal of Personality and Social Psychology*, 53: 712–717.

Eliason, M. J. (1993). AIDS-related stigma and homophobia: implications for nursing education. *Nurse Educator*, 18: 27–30.

Eling, P., Aleman, A. and Krabbendam, L. (Eds.) (2013). *Cognitieve Neuropsychiatrie: een processbenadering van symptomen*. Amsterdam, NL: Boom.

Erickson, K. I., Weinstein, A. M. and Lopez, O. L. (2012). Physical activity, brain plasticity, and Alzheimer's disease. *Archives of Medical Research,* 43: 615–621.

Erikson, E. H. (1959). *Identity and the life cycle: selected papers: Psychological Issues, Vol. 1, No. 1.* New York, NY: International Universities Press, Inc.

Esibov, A., Banville, I., Chapman, F. W., Boomars, R., Box, M. and Rubertsson, S. (2015). Mechanical chest compressions improved aspects of CPR in the LINC trial. *Resuscitation*, 91: 116–121.

Ezzati, M. and Riboli, E. (2013). Behavioral and dietary risk factors for noncommunicable diseases. *New England Journal of Medicine*, 369: 954–964.

Federenko, I. S. and Wadhwa, P. D. (2004). Women's mental health during pregnancy influences fetal and infant developmental and health outcomes. *CNS Spectrums*, 9: 198–206.

Fenton, L. (2004). Preventing HIV/AIDS through poverty reduction: the only sustainable solution? *The Lancet*, 364: 1186–1187.

Festinger, L. (1957). *A theory of cognitive dissonance*. Stanford, CA: Stanford University Press.

Fiedler, K., Nickel, S., Muehlfriedel, T. and Unkelbach, C. (2001). Is mood congruency an effect of genuine memory or response bias? *Journal of Experimental Social Psychology*, 37: 201–214.

Firth-Cozens, J. and Greenhalgh, J. (1997). Doctors' perceptions of the links between stress and lowered clinical care. *Social Science and Medicine*, 44: 1017–1022.

Fiske, S. T. and Taylor, S. E. (1991). *Social cognition* (2nd ed.). New York, NY: McGraw-Hill.

Fiske, S. T. (2000). Stereotyping, prejudice, and discrimination at the seam between the centuries: evolution, culture, mind, and brain. *European Journal of Social Psychology*, 30: 299–322.

Fiske, S. T. (2004). Intent and ordinary bias: Unintended thought and social motivation create casual prejudice. *Social Justice Research*, 17: 117–127.

Fletcher, G. F., Balady, G., Blair, S. N., Blumenthal, J., Caspersen, C., Chaitman, B., Epstein, S., Froelicher, E. S. S., Froelicher, V. F. and Pina, I. L. (1996). Statement on exercise: benefits and recommendations for physical activity programs for all Americans. A statement for health professionals by the committee on exercise and cardiac rehabilitation of the council on clinical cardiology (American Heart Association). *Circulation*, 94: 857–862.

Flinn, M. V., Geary, D. C. and Ward, C. V. (2005). Ecological dominance, social competition, and coalitionary arms races: why humans evolved extraordinary intelligence. *Evolution and Human Behavior*, 26: 10–46.

Forbes, J. E. (1919). Psychology for nurses. *The American Journal of Nursing*, 19: 6.

Fraga, A. (2015). Pretty probationers: the relationship between physical attractiveness and sentencing outcomes. The Ohio State University (electronic thesis or dissertation). Retrieved from https://etd.ohiolink.edu/

Frank, A. W. (2013). *The wounded storyteller: Body, illness, and ethics*. Chicago, IL: University of Chicago Press.

Freud, S. and Brill, A. A. (1916). *Wit and its relation to the unconscious*. Courier Corporation.

Freud, S. (1922). The unconscious. *The Journal of Nervous and Mental Disease,* 56: 291-294.

Freud, S. (1940). *Moses and Monotheism, an outline of psycho-analysis and other works (1937-1939): the development of the sexual function*, Standard Ed., Vol 23. London, UK: Hogarth Press and the Institute of Psychoanalysis (pp. 52-156).

Freud, S. (2010). *The interpretation of dreams*. New York, NY: Basic Books.

Friedman, M. and Rosenman, R. H. (1959). Association of specific overt behavior pattern with blood and cardiovascular findings: blood cholesterol level, blood clotting time, incidence of arcus senilis, and clinical coronary artery disease. *Journal of the American Medical Association*, 169: 1286-1296.

Frijda, N. (1986). *The emotions*. Cambridge, UK: Cambridge University Press.

Frodl, T. and O'Keane, V. (2013). How does the brain deal with cumulative stress? A review with focus on developmental stress, HPA axis function and hippocampal structure in humans. *Neurobiology of Disease*, 52: 24-37.

Garcia, A. W. and King, A. C. (1991). Predicting long-term adherence to aerobic exercise: a comparison of two models. *Journal of Sport and Exercise Psychology*, 13: 394-410.

Gardner, H. (2008). *The mind's new science: a history of the cognitive revolution*. New York, NY: Basic Books.

Gaulin, S. J. and McBurney, D. H. (2001). *Psychology: an evolutionary approach*. Upper Saddle River, NJ: Prentice Hall.

Gergen, K. J. and Gergen, M. (2010). 'Positive aging: resilience and reconstruction' in P. S. Fry and C. L. M. Keyes *New frontiers in resilient aging: life-strengths and well-being in late life*. Cambridge, UK: Cambridge University Press.

Gibson, E. J. and Walk, R. D. (1960). The "visual cliff". *Scientific American*, 202: 67-71.

Goffman, E. (1963). *Stigma: notes on the management of spoiled identity*. Englewood Cliffs, NJ: Prentice Hall Inc.

Goldenthal, P. (2000). *Beyond sibling rivalry: how to help your children become cooperative, caring and compassionate*. New York, NY: Henry Holt and Co.

Goleman, D. (1995). *Emotional intelligence*. New York, NY: Bantam Books.

Gonzalez-Liencres, C., Shamay-Tsoory, S. G. and Brune, M. (2013). Towards a neuroscience of empathy: ontogeny, phylogeny, brain mechanisms, context and psychopathology. *Neuroscience and Biobehavioral Reviews*, 37(8): 1537–1548.

Grammer, K., Renninger, L. and Fischer, B. (2004). Disco clothing, female sexual motivation, and relationship status: is she dressed to impress? *Journal of Sex Research*, 41: 66–74.

Gray, B. (2012). *Face to face with emotions in health and social care*. New York, NY: Springer-Verlag.

Greenberg, D. J., Hillman, D. and Grice, D. (1973). Infant and stranger variables related to stranger anxiety in the first year of life. *Developmental Psychology*, 9: 207–212.

Gross, A. E. and Latané, J. G. (1974). Receiving help, reciprocation, and interpersonal attraction. *Journal of Applied Social Psychology*, 4: 210–223.

Gross, R. and Kinnison, N. (2014). *Psychology for Nurses and Allied Health Professionals: Applying Theory to Practice*. London: Routledge.

Guéguen, N. (2009). Menstrual cycle phases and female receptivity to a courtship solicitation: an evaluation in a nightclub. *Evolution and Human Behavior*, 30: 351–355.

Gupta, S. and Mittal, S. (2015). Runner's high: a review of the plausible mechanisms underlying exercise-induced ecstasy. *Saudi Journal of Sports Medicine*, 15: 207–209.

Hackett, M. L., Yapa, C., Parag, V. and Anderson, C. S. (2005). Frequency of depression after stroke: a systematic review of observational studies. *Stroke*, 36: 1330–1340.

Hagger, M. S. and Orbell, S. (2003). A meta-analytic review of the common-sense model of illness representations. *Psychology and Health*, 18: 141–184.

Hall, J. M., Podawiltz, A., Mummert, D. I., Jones, H. and Mummert, M. E. (2012). Psychological stress and the cutaneous immune response: roles of the HPA axis and the sympathetic nervous system in atopic dermatitis and psoriasis. *Dermatology Research and Practice* http://dx.doi.org/10.1371/journal.pone.0098283

Han, B. and Haley, W. E. (1999). Family caregiving for patients with stroke review and analysis. *Stroke*, 30: 1478–1485.

Hannigan, C., Coen, R. F., Lawlor, B. A., Robertson, I. H. and Brennan, S. (2015). The NEIL Memory Research Unit: psychosocial, biological, physiological and lifestyle factors associated with healthy ageing: study protocol. *BMC Psychology*, 20: 1–14.

Harris, R., Sims, S., Parr, J. and Davies, N. (2015). Impact of 12h shift patterns in nursing: a scoping review. *International Journal of Nursing Studies*, 52: 605–634.

Hasegawa, T. and Karandagoda, W. (2011). *Change management for hospitals. Through stepwise approach*. 5S-KAIZEN-TQM. Tokyo: JICA.

Haslam, S. A. and Reicher, S. D. (2012). Contesting the "nature" of conformity: what Milgram and Zimbardo's studies really show. *PLoS Biol* 10(11): e1001426.

Haynes, R. B., Ackloo, E., Sahota, N., McDonald, H. P. and Yao, X. (2008). Interventions for enhancing medication adherence. *Cochrane Database Syst Rev*, 2(2).

Heider, F. (1944). Social perception and phenomenal causality. *Psychological Review*, 51: 358–374.

Hendrich, A., Chow, M., Skierczynski, B. A. and Lu, Z. (2008). A 36-hospital time and motion study: how do medical-surgical nurses spend their time? *RCHE Publications*, 50: 25–34.

Heran, B. S., Chen, J., Ebrahim, S., Moxham, T., Oldridge, N., Rees, K., Thompson, D. R. and Taylor, R. S. (2011). Exercise-based cardiac rehabilitation for coronary heart disease. *Cochrane Database Syst Rev.*, 7.

Herring, M. P., Puetz, T. W., O'Connor, P. J. and Dishman, R. K. (2012). Effect of exercise training on depressive symptoms among patients with a chronic illness: a systematic review and meta-analysis of randomized controlled trials. *Archives of Internal Medicine*, 172: 101–111.

Heyes, A. (2005). The economics of vocation or 'why is a badly paid nurse a good nurse'? *Journal of Health Economics*, 24: 561–569.

Higgins, A. C. (1921). *The Psychology of Nursing*. New York and London: G.P. Putnam and Sons.

Hillman, C. H., Erickson, K. I. and Kramer, A. F. (2008). Be smart, exercise your heart: exercise effects on brain and cognition. *Nature Reviews Neuroscience*, 9: 58–65.

Hobfoll, S. E. and Freedy, J. (1993). *Conservation of resources: a general stress theory applied to burnout*. Abingdon, UK: Taylor & Francis.

Hodges, B. H. and Geyer, A. L. (2006). A nonconformist account of the Asch experiments: values, pragmatics, and moral dilemmas. *Personality and Social Psychology Review*, 10: 2–19.

Holmes, T. H. and Rahe, R. H. (1967). The social readjustment rating scale. *Journal of Psychosomatic Research*, 11: 213–218.

Hopkins, C. and MacKenzie, J. (2008). 'Crisis assessment and resolution' in: P. Barker (Ed.), *Psychiatric and mental health nursing: the craft of caring*. London, UK: Hodder Arnold, p. 426.

Horsley, J. A., Absalom, K. A., Akiens, E. M., Dunk, R. J. and Ferguson, A. M. (2014). The proportion of unhealthy foodstuffs children are exposed to at the checkout of convenience supermarkets. *Public Health Nutrition*, 17: 2453–2458.

Hosoda, M., Stone-Romero, E. F. and Coats, G. (2003). The effects of physical attractiveness on job-related outcomes: a meta-analysis of experimental studies. *Personnel Psychology*, 56: 431–462.

House, J. S. (1974). Occupational stress and coronary heart disease: a review and theoretical integration. *Journal of Health and Social Behavior*, 12–27.

Hróbjartsson, A. and Gøtzsche, P. C. (2010). Placebo interventions for all clinical conditions. *Cochrane Database Syst Rev*, 1(1).

Hsu, M.-Y. (2015). A Quality of Working Life Survey Instrument for hospital nurses. *The Journal of Nursing Research (JNR)*, Mar; 24(1): 87–99.

Hudson, R. and Trillmich, F. (2008). Sibling competition and cooperation in mammals: challenges, developments and prospects. *Behavioral Ecology and Sociobiology*, 62: 299–307.

Huguet, A., McGrath, P. J., Stinson, J., Tougas, M. E. and Doucette, S. (2014). Efficacy of psychological treatment for headaches: an overview of systematic reviews and analysis of potential modifiers of treatment efficacy. *The Clinical Journal of Pain*, 30: 353–369.

Hull, C. L. (1943). *Principles of behaviour*. New York, NY: Appleton-Century-Crofts.

Hultsch, D. F., Hertzog, C., Small, B. J. and Dixon, R. A. (1999). Use it or lose it: engaged lifestyle as a buffer of cognitive decline in aging? *Psychology and Aging,* 14: 245–263.

Ikoma, A., Steinhoff, M., Stander, S., Yosipovitch, G. and Schmelz, M. (2006). The neurobiology of itch. *Nature Reviews Neuroscience*, 7: 535–547.

Irwin, B. C., Scorniaenchi, J., Kerr, N. L., Eisenmann, J. C. and Feltz, D. L. (2012). Aerobic exercise is promoted when individual performance affects the group: a test of the Kohler motivation gain effect. *Annals of Behavioral Medicine*, 44: 151–159.

Izard, C. E. (1992). Basic emotions, relations among emotions, and emotion-cognition relations. *Psychological Review*, Jul; 99(3): 561–566.

Jackson, M., Harrison, P., Swinburn, B. and Lawrence, M. (2015). 'Marketing ethics in context: the promotion of unhealthy foods and beverages to children', Chapter 17 in A. Nill (Ed.), *Handbook on Ethics and Marketing*. Cheltenham, UK: Edward Elgar Publishing, p. 354.

James, N. (1989). Emotional labour: skill and work in the social regulation of feelings. *The Sociological Review*, 37(1): 15–42.

James, W. (1890). *The principles of psychology*. New York, NY: H. Holt and Company.

James, W. (1884). II.-What is an emotion? *Mind*, 188–205.

Janis, I. L. (1958). *Psychological stress: psychoanalytic and behavioral studies of surgical patients.* New York, NY: John Wiley and Sons.

Janis, I. L. (1982). *Groupthink: psychological studies of policy decisions and fiascos*. Boston, MA: Houghton Mifflin.

Janssen, P. P., De Jonge, J. and Bakker, A. B. (1999). Specific determinants of intrinsic work motivation, burnout and turnover intentions: a study among nurses. *Journal of Advanced Nursing*, 29: 1360-1369.

Jasper, M. (2013). *Beginning reflective practice* (2nd ed.). Andover, UK: Cengage Learning.

Jaynes, J. (2000). *The origin of consciousness in the breakdown of the bicameral mind*. Boston, MA: Houghton Mifflin Harcourt.

Jobin, J., Wrosch, C. and Scheier, M. F. (2014). Associations between dispositional optimism and diurnal cortisol in a community sample: when stress is perceived as higher than normal. *Health Psychology*, 33(4): 382-391.

Joinson, C. (1992). Coping with compassion fatigue. *Nursing*, 22(4): 116-118.

Jones, E. E. and Nisbett, R. E. (1971). 'The actor and the observer: divergent perceptions of the causes of behavior' in E. E. Jones, D. E. Kanouse, H. H. Kelly, R.E. Nisbett, S. Valins and B. Weiner, (Eds.), *Attribution: perceiving the causes of behaviour*. Morristown, NJ: General Learning Press.

Jones, F. and Riazi, A. (2011). Self-efficacy and self-management after stroke: a systematic review. *Disability and rehabilitation*, 33: 797-810.

Josephson, B. R. (1996). Mood regulation and memory: repairing sad moods with happy memories. *Cognition and Emotion*, 10: 437-444.

Kagan, J., Reznick, J. S. and Snidman, N. (1988). Biological bases of childhood shyness. *Science*, 240: 167-171.

Kahneman, D. (2011). *Thinking, fast and slow*. London, UK: Penguin.

Kaiser, L. and Allen, L. H. (2008). Position of the American Dietetic Association: nutrition and lifestyle for a healthy pregnancy outcome. *J. Am Diet Assoc,* 108: 553-561.

Kanter, P. F., Medrano, L. and Conn, H. (2015). Does mood affect self-concept? Analysis through a natural semantic networks based approach. *International Journal of Behavioral Research and Psychology*, 3: 114-120.

Katz, J. and Rosenbloom, B. (2015). The Golden Anniversary of Melzack and Wall's gate control theory of pain: celebrating fifty years of pain research and management. *Pain Research and Management* Nov-Dec; 20(6): 285-291.

Kehyayan, V., Hirdes, J. P., Tyas, S. L. and Stolee, P. (2015). Residents' self-reported quality of life in longterm care facilities in Canada. *Canadian Journal on Aging/La Revue canadienne du vieillissement*, 34: 149-164.

Kelly, D. and Smith, P. (2016). 'Caring, face-work and nursing' (Ch 5) in H. Allan, M.

Traynor, D. Kelly and P. Smith (Eds.) *Understanding Sociology in Nursing*. London, UK: Sage.

Kennedy, P., Lude, P., Elfstrom, M. and Smithson, E. (2010). Cognitive appraisals, coping and quality of life outcomes: a multi-centre study of spinal cord injury rehabilitation. *Spinal Cord*, 48: 762–769.

Kitzinger, S. (2006). *Birth crisis*. London and New York: Routledge.

Kobasa, S. C. (1982). Commitment and coping in stress resistance among lawyers. *Journal of Personality and Social Psychology*, 42(4): 707–717.

Kobasa, S. C., Maddi, S. R. and Puccetti, M. C. (1982). Personality and exercise as buffers in the stress-illness relationship. *Journal of Behavioral Medicine*, 5: 391–404.

Koffka, K. (1921). *Die grundlagen der psychischen entwicklung*. Osterwieck AM Harz: Verlag Von A. W. Zickfeldt.

Kohlberg, L. (1984). *The psychology of moral development: the nature and validity of moral stages*. New York, NY: Harper Collins College Division.

Kok, L., Hillegers, M. H., Veldhuijzen, D. S., Cornelisse, S., Nierich, A. P., Van Der Maaten, J. M., Rosseel, P. M., Hofland, J., Sep, M. S. and Dieleman, J. M. (2015). The effect of Dexamethasone on symptoms of posttraumatic stress disorder and depression after cardiac surgery and intensive care admission: longitudinal follow-up of a randomized controlled trial. *Critical Care Medicine*, Mar; 44(3): 512–520.

Konok, V., Nagy, K. and Miklosi, A. (2015). How do humans represent the emotions of dogs? The resemblance between the human representation of the canine and the human affective space. *Applied Animal Behaviour Science*, 162: 37–46.

Kosco, M. and Warren, N. A. (2000). Critical care nurses' perceptions of family needs as met. *Critical Care Nursing Quarterly*, 23: 60–72.

Kosfeld, M. (2007). *Trust in the brain*. EMBO Reports, 8: 44–47.

Kübler-Ross, E. (1969). *On death and dying*. New York, NY: Macmillan, pp. 45–9.

Kundera, M. (1996). *Laughable loves*. London, UK: Faber and Faber.

Kwakkel, G., Van Peppen, R., Wagenaar, R. C., Dauphinee, S. W., Richards, C., Ashburn, A., Miller, K., Lincoln, N., Partridge, C. and Wellwood, I. (2004). Effects of augmented exercise therapy time after stroke: a meta-analysis. *Stroke*, 35: 2529–2539.

Lachman, V. D. (2001). Professional presence: how do you get it? *Nursing Management*, 32(10): 41.

Lancaster, G. I. and Febbraio, M. A. (2015). Exercise and the immune system: implications for elite athletes and the general population. *Immunology and Cell Biology*, 94: 115–116.

Langer, E., Djikic, M., Pirson, M., Madenci, A. and Donohue, R. (2010). Believing is seeing using mindlessness (mindfully) to improve visual acuity. *Psychological Science*, May; 21(5): 661-667.

Langer, E. J., Janis, I. L. and Wolfer, J. A. (1975). Reduction of psychological stress in surgical patients. *Journal of Experimental Social Psychology*, 11(2): 155-165.

Langer, E. J. and Moldoveanu, M. (2000). The construct of mindfulness. *Journal of Social Issues*. 56: 1-9.

Latané, B. and Darley, J. M. (1969). Bystander "Apathy". *American Scientist*, 57(2): 244-268.

Latané, B. and Nida, S. (1981). Ten years of research on group size and helping. *Psychological Bulletin*, 89(2): 308-324.

Launiala, A. and Honkasalo, M. L. (2010). Malaria, danger, and risk perceptions among the Yao in rural Malawi. *Medical Anthropology Quarterly*, 24: 399-420.

Laureys, S. and Tononi, G. (2011). *The neurology of consciousness: cognitive neuroscience and neuropathology*. Cambridge, MA: Academic Press.

Lavin, M., Harper, E. and Barr, N. (2015). Health information technology, patient safety, and professional nursing care documentation in acute care settings. *OJIN: The Online Journal of Issues in Nursing*, 20(2).

Lazarus, R. S. and Folkman, S. (1984). *Stress, appraisal, and coping*. New York, NY: Springer.

Leiter, M. P. and Maslach, C. (2009). Nurse turnover: the mediating role of burnout. *Journal of Nursing Management*, 17: 331-339.

Leknes, S. and Tracey, I. (2008). A common neurobiology for pain and pleasure. *Nature Reviews Neuroscience*, 9: 314-320.

Leventhal, H., Brissette, I. and Leventhal, E. A. (2003). 'The common-sense model of self-regulation of health and illness' in L. D. Cameron and H. Leventhal (Eds.), *The Self-Regulation of Health and Illness Behaviour*. London, UK: Routledge, pp. 42-65.

Leventhal, H., Meyer, D. and Nerenz, D. (1980). The common sense representation of illness danger' in S. Rachman (Ed.), *Contributions to Medical Psychology*, Vol. 2. New York, NY: Pergamon Press, pp. 7-30.

Lewin, K. (1935). *A dynamic theory of personality*. New York, NY: McGraw-Hill.

Lewis, M. D. (2002). 'Interacting time scales in personality (and cognitive) development: Intentions, emotions, and emergent forms' in N. Granott and J. Parziale (Eds.), *Microdevelopment: transition processes in development and learning*, pp. 183-212. Cambridge Studies in Cognitive and Perceptual Development (No. 7). Cambridge, UK: Cambridge University Press.

Leyendecker, B., Lamb, M. E., Fracasso, M. P., Scholmerich, A. and Larson, C. (1997). Playful interaction and the antecedents of attachment: a longitudinal study of Central American and Euro-American mothers and infants. *Merrill-Palmer Quarterly (1982-)*, 24-47.

Lin, F. R., Metter, E. J., O'Brien, R. J., Resnick, S. M., Zonderman, A. B. and Ferrucci, L. (2011). Hearing loss and incident dementia. *Archives of Neurology*, 68: 214-220.

Littlewood, D. L., Gooding, P. A., Panagioti, M. and Kyle, S. D. (2015). Nightmares and suicide in post-traumatic stress disorder: the mediating role of defeat, entrapment, and hopelessness. *Journal of Clinical Sleep Medicine*, March; 12(3): 393-9 *JCSM [Official Publication of the American Academy of Sleep Medicine]*.

Loftus, E. and Ketcham, K. (1996). *The myth of repressed memory: false memories and allegations of sexual abuse*. London, UK: Macmillan Publishers.

Loftus, E. F. (1996). *Eyewitness testimony*. Cambridge, MA: Harvard University Press.

Loftus, E. F. (2005). Planting misinformation in the human mind: a 30-year investigation of the malleability of memory. *Learning & Memory,* 12: 361-366.

London, K., Bruck, M., Ceci, S. J. and Shuman, D. W. (2005). Disclosure of child sexual abuse: what does the research tell us about the ways that children tell? *Psychology, Public Policy, and Law,* 11(1): 194-226.

Lorber, J. (1975). Good patients and problem patients: conformity and deviance in a general hospital. *Journal of Health and Social Behavior*, 213-225.

Lorenz, K. (1937). (on imprinting) The companion in the bird's world. *Auk*, 54: 245-73.

Lowry, R. (1971). *The evolution of psychological theory: 1650 to present*. Chicago, IL: Aldine.

Maccoby, E. E. (1992). The role of parents in the socialization of children: an historical overview. *Developmental Psychology*, 28(6): 1006-1017.

MacLennan, B. (1996). The elements of consciousness and their neurodynamical correlates. *Journal of Consciousness Studies,* 3: 409-424.

MacLean, P. D. and Kral, V. A. (1973). *A triune concept of the brain and behaviour*. Published for the Ontario Mental Health Foundation by University of Toronto Press.

Manabe, K., Matsui, T., Yamaya, M., Sato-Nakagawa, T., Okamura, N., Arai, H. and Sasaki, H. (2000). Sleep patterns and mortality among elderly patients in a geriatric hospital. *Gerontology,* 46: 318-322.

Mannion, R. and Davies, H. T. (2015). Cultures of silence and cultures of voice: the role of whistleblowing in healthcare organisations. *International Journal of Health Policy and Management*, 4(8): 503-505.

Marcia, J. E. (1980). 'Identity in adolescence', Chapter 5 in J. Adelson (Ed.), *Handbook of Adolescent Psychology*, New York, NY: John Wiley, pp. 159-187.

Marks, D. F., Murray, M., Evans, B. and Estacio, E. V. (2011). *Health psychology: theory, research and practice* (3rd ed.). London, UK: Sage.

Martin, P., Da Rosa, G., Siegler, I. C., Davey, A., MacDonald, M., Poon, L. W. and Study, G. C. (2006). Personality and longevity: findings from the Georgia Centenarian Study. *Age*, 28: 343-352.

Maslach, C. (2003). *Burnout: the cost of caring*. Cambridge, MA: Malor Books.

Maslach, C., Schaufeli, W. B. and Leiter, M. P. (2001). Job burnout. *Annual Review of Psychology*, 52: 397-422.

Maslow, A. H. (1943). A theory of human motivation. *Psychological Review*, 50(4): 370-396.

Maslow, A. H., Frager, R., Fadiman, J., McReynolds, C. and Cox, R. (1970). Motivation and personality. New York, NY: Harper and Row.

Mavridou, P., Dimitriou, V., Manataki, A., Arnaoutoglou, E. and Papadopoulos, G. (2013). Patient's anxiety and fear of anesthesia: effect of gender, age, education, and previous experience of anesthesia. A survey of 400 patients. *Journal of Anesthesia,* 27: 104-108.

May, C. P., Rahhal, T., Berry, E. M. and Leighton, E. A. (2005). Aging, source memory, and emotion. *Psychology and Aging,* 20(4): 571-578.

Maykovich, M. K. (1978). Social constraints in eating patterns among the obese and overweight. *Social Problems*, 453-460.

Mayou, R. A., Black, J. and Bryant, B. (2000). Unconsciousness, amnesia and psychiatric symptoms following road traffic accident injury. *The British Journal of Psychiatry,* 177: 540-545.

McCarley, R. W. and Hobson, J. A. (1979). The form of dreams and the biology of sleep. *Handbook of dreams: research, theories and applications*, pp. 76-130.

McCrone, P., Sharpe, M., Chalder, T., Knapp, M., Johnson, A. L., Goldsmith, K. A. and White, P. D. (2012). Adaptive pacing, cognitive behaviour therapy, graded exercise, and specialist medical care for chronic fatigue syndrome: a cost-effectiveness analysis. *PloS one*, 7: e40808.

McIntosh, D. N. (1996). Facial feedback hypotheses: evidence, implications, and directions. *Motivation and Emotion*, 20: 121-147.

McKeown, T. (1979). *The Role of Medicine*. Oxford, UK: Blackwell.

McKeown, T. (2014). *The role of medicine: dream, mirage, or nemesis?* Princeton, NJ: Princeton University Press.

Melinder, C., Udumyan, R., Hiyoshi, A., Brummer, R. and Montgomery, S. (2015). Decreased stress resilience in young men significantly increases the risk of subsequent peptic ulcer disease–a prospective study of 233 093 men in Sweden. *Alimentary Pharmacology and Therapeutics*, 41: 1005–1015.

Melzack, R. and Wall, P. D. (1967). Pain mechanisms: a new theory. *Survey of Anesthesiology*, 11: 89–90.

Milgrim, S (1963). Behavioural Study of Obedience. *The Journal of Abnormal and Social Psychology*, 67(4): 371–378.

Miller, G. A. (1956). The magical number seven, plus or minus two: some limits on our capacity for processing information. *Psychological Review*, 63: 81–97.

Miller, N. E. (1951). Illustrated by the development of a theory of conflict behavior. *Journal of Personality*, 20: 82–100.

Mischel, W. and Moore, B. (1973). Effects of attention to symbolically presented rewards on self-control. *Journal of Personality and Social Psychology*, 28(2): 172–179.

Mishra, S. I., Scherer, R. W., Snyder, C., Geigle, P. M., Berlanstein, D. R. and Topaloglu, O. (2012). Exercise interventions on health-related quality of life for people with cancer during active treatment. *Cochrane Database of Systematic Reviews* August, 15(8): CD008465.

Miyake, A., Friedman, N. P., Emerson, M. J., Witzki, A. H., Howerter, A. and Wager, T. D. (2000). The unity and diversity of executive functions and their contributions to complex "frontal lobe" tasks: a latent variable analysis. *Cognitive Psychology,* 41: 49–100.

Monk, C., Fifer, W. P., Myers, M. M., Sloan, R. P., Trien, L. and Hurtado, A. (2000). Maternal stress responses and anxiety during pregnancy: effects on fetal heart rate. *Developmental Psychobiology*, 36: 67–77.

Moos, R. H. and Schaefer, J. A. (1984). 'The crisis of physical illness' in R. Moos (Ed.) *Coping with Physical Illness 2: new perspectives*. New York, NY: Plenum.

Motamedi, M. H. K. (2012). Thinking outside of the box. *Trauma Monthly*, 17: 217–218.

Mozaffarian, D., Benjamin, E. J., Go, A. S., Arnett, D. K., Blaha, M. J., Cushman, M., Das, S. R., De Ferranti, S., Després, J.-P. and Fullerton, H. J. (2016). Executive summary: heart disease and stroke statistics–2016 update: a report from the American Heart Association. *Circulation*, 133: 447–454.

Mufune, P. (2015). Poverty and HIV/AIDS in Africa: specifying the connections. *Social Theory and Health*, 13: 1–29.

Mulder, G. (1986). The concept and measurement of mental effort. *Energetics and human information processing*. Dordrecht, NL: Springer-Verlag.

Mulder, E., De Medina, P. R., Huizink, A., Van Den Bergh, B., Buitelaar, J. and Visser, G. (2002). Prenatal maternal stress: effects on pregnancy and the (unborn) child. *Early Human Development*, 70: 3-14.

Murphy, L. R. (1996). Stress management in work settings: a critical review of the health effects. *American Journal of Health Promotion*, 11: 112-135.

Murray, J., Ehlers, A. and Mayou, R. A. (2002) Dissociation and post-traumatic stress disorder: two prospective studies of road traffic accident survivors. *The British Journal of Psychiatry*, 180: 363-368.

Muse, M. B. (1925). *A textbook of psychology*. Philadelphia, PA and London: W. B. Saunders Company.

Muse, M. B. (1934). *A textbook of psychology* (3rd ed.). Philadelphia, PA and London: W. B. Saunders Company.

Myers, D. G. (2004). *Exploring psychology*. New York, NY: Worth Publishers.

Nash, R. A. and Takarangi, M. K. (2011). Reconstructing alcohol-induced memory blackouts. *Memory*, 19: 566-573.

Neeman, E. and Ben-Eliyahu, S. (2013). Surgery and stress promote cancer metastasis: new outlooks on perioperative mediating mechanisms and immune involvement. *Brain, Behavior, and Immunity*, 30: S32-S40.

Nes, L. S. and Segerstrom, S. C. (2006). Dispositional optimism and coping: a meta-analytic review. *Personality and Social Psychology Review*, 10: 235-251.

Neugarten, B. L. and Havighurst, R. J. (1969). 'Disengagement reconsidered in a cross-national context', Chapter 22 in R. J. Havighurst, J. M. A. Munnichs, B.L. Neugarten and H. Thomae (Eds.), *Adjustment to retirement*. Assen, NL: van Gorcum and Company, pp. 138-146.

Neumann, R. and Strack, F. (2000). "Mood contagion": the automatic transfer of mood between persons. *Journal of Personality and Social Psychology*, 79(2): 211-223.

Nickerson, R. S. (1998). Confirmation bias: a ubiquitous phenomenon in many guises. *Review of General Psychology*, 2: 175.

Nieuwlaat, R., Wilczynski, N., Navarro, T., Hobson, N., Jeffery, R., Keepanasseril, A. ... Jack, S. (2014). Interventions for enhancing medication adherence. *Cochrane Database of Systematic Reviews*, 11.

Nilsson, U., Unosson, M. and Rawal, N. (2005). Stress reduction and analgesia in patients exposed to calming music postoperatively: a randomized controlled trial. *European Journal of Anaesthesiology*, 22(02), 96-102.

NMC (2010). Standards of proficiency for pre-registration nursing education. London: Nursing and Midwifery Council. Available at: http://www.nmc-uk.org/documents/standards/nmcstandardsofprofi iencyforpre_registrationnursingeducation.pdf (last accessed 10 April 2016).

NMC (2015). *The code: professional standards of practice and behaviour for nurses and midwives*. London: Nursing and Midwifery Council.

Nolen-Hoeksema, S., Frederickson, B., Loftus, G. and Lutz, C. (2014). *Atkinson & Hilgard's Introduction to Psychology* (16th ed.). Andover, Hampshire, UK: Cengage Learning.

Odlum, D. M. (1952). *Psychology, the nurse and the patient* (1st ed.). New York, NY: Philosophical Library.

O'Dougherty, M., Story, M. and Stang, J. (2006). Observations of parent-child co-shoppers in supermarkets: children's involvement in food selections, parental yielding, and refusal strategies. *Journal of Nutrition Education and Behavior*, 38: 183–188.

Ogden, J. (2012). *Health psychology*. Maidenhead, UK: Open University Press.

Olds, J. (1956). Pleasure centers in the brain. *Scientific American*, 195: 105–117.

Omlin, A., Blum, D., Wierecky, J., Haile, S. R., Ottery, F. D. and Strasser, F. (2013). Nutrition impact symptoms in advanced cancer patients: frequency and specific interventions, a case-control study. *Journal of Cachexia, Sarcopenia and Muscle,* 4: 55–61.

Orr, W. C. and Stahl, M. L. (1977). Sleep disturbances after open heart surgery. *The American Journal of Cardiology,* 39: 196–201.

O'Sullivan, E. (2015). Dealing with the difficult patient. *Annals of Emergency Medicine*, 66: 555–555.

Paley, J. (2014). Cognition and the compassion deficit: the social psychology of helping behaviour in nursing. *Nursing Philosophy*, 15: 274–287.

Papalia, D. E., Wendkos Old, S. and Duskin Feldman, R. (2004). *Human Development* (9th ed.). New York, NY: McGraw-Hill.

Patel, A. (2013). Review: the role of inflammation in depression. *Psychiatria Danubina*, 25: S216–223.

Pavlov, I. P. (1906). The scientific investigation of the psychical faculties or processes in the higher animals. *Science,* 24: 613–619.

Penedo, F. J. and Dahn, J. R. (2005). Exercise and well-being: a review of mental and physical health benefits associated with physical activity. *Current Opinion in Psychiatry*, 18: 189–193.

Perry, B. D. (2008). 'Child maltreatment: a neurodevelopmental perspective on the role of trauma and neglect in psychopathology' in T. Beauchaine and S. P. Hinshaw (Eds.), *Textbook of Child and Adolescent Psychopathology*, pp. 93–128.

Perry, B. D. and Szalavitz, M. (2007). *The boy who was raised as a dog and other stories from a child psychiatrist's notebook: what traumatized children can teach us about loss, love and healing*. New York, NY: Basic Books.

Peterson, D. I. (1967). Developing the difficult patient. *The American Journal of Nursing*, 67(3): 522–525.

Petty, R. E. and Cacioppo, J. T. (1986). *Communication and persuasion: central and peripheral routes to attitude change*. New York, NY: Springer–Verlag.

Phelvin, A. (2014). Winterbourne View hospital and the social psychology of abuse. *Learning Disability Practice*, 17, 10, 25–29.

Piaget, J. (1959). *The language and thought of the child*. Hove, UK: Psychology Press.

Piaget, J. (1976). *Piaget's theory*. Dordrecht, NL: Springer.

Piaget, J. and Inhelder, B. (1969). *The psychology of the child*. New York, NY: Basic Books.

Plomin, R., Defries, J. C., Knopik, V. S. and Neiderheiser, J. (2013). *Behavioral genetics*. Palgrave Macmillan.

Plsek, P. E. and Wilson, T. (2001). Complexity science: complexity, leadership, and management in healthcare organisations. *BMJ: British Medical Journal*, 323: 746–749.

Plutchik, R. (1980). *Emotion: a psychoevolutionary synthesis*. New York, NY: Harper and Row.

Polit, D. F. and Beck, C. T. (2013). *Essentials of nursing research: appraising evidence for nursing practice*. London: Lippincott Williams & Wilkins.

Ponchel, A., Bombois, S., Bordet, R. and Henon, H. (2015). Factors associated with poststroke fatigue: a systematic review. *Stroke Research and Treatment*, doi: 10.1155/2015/347920.

Ponsford, J. L., Parcell, D. L., Sinclair, K. L., Roper, M. and Rajaratnam, S. M. (2013). Changes in sleep patterns following traumatic brain injury: a controlled study. *Neurorehabilitation and Neural Repair,* 27: 613–621.

Powell, N., Tarr, A. and Sheridan, J. F. (2013). Psychosocial stress and inflammation in cancer. *Brain, Behavior, and Immunity*, 30: S41–S47.

Prochaska, J. O. and Di Clemente, C. C. (1986). *Toward a comprehensive model of change*. New York, NY: Plenum Press.

Raczynski, J. M. and DiClemente, R. J. (2013). *Handbook of health promotion and disease prevention*. New York, NY: Springer Science + Business Media.

Ramaekers, S. and Suissa, J. (2012). 'Good Enough Parenting?' Chapter 4 in S. Ramaekers and J. Suissa *The Claims of Parenting*. Dordrecht, NL: Springer.

Rana, D. and Upton, D. (2013). *Psychology for nurses*. London: Routledge.

Reason, J. (1990). *Human error*. Cambridge, UK: Cambridge University Press.

Reason, J. (1993). 'Managing the management risk: new approaches to organisational safety' in B. Wilpert and T. Qvale (Eds.), *Reliability and safety in hazardous work systems*. Hove, UK: Lawrence Erlbaum Associates, pp. 7–22.

Reason, J., Hollnagel, E. and Paries, J. (2006). Revisiting the ≪Swiss cheese≫ model of accidents. *Journal of Clinical Engineering*, 27: 110–115.

Roach, M. S. (2013). 'Caring: the human mode of being' in M. C. Smith, M. C. Turkel and Z. Robinson-Wolf (Eds.), *Caring in nursing classics: an essential resource*. New York, NY: Springer (pp. 165–179).

Robertson, I. (2012). *The winner effect: how power affects your brain*. London: Bloomsbury.

Robinson, E., Thomas, J., Aveyard, P. and Higgs, S. (2014). What everyone else is eating: a systematic review and meta-analysis of the effect of informational eating norms on eating behavior. *Journal of the Academy of Nutrition and Dietetics*, 114: 414–429.

Robinson, R. G. and Jorge, R. E. (2015). Post-stroke depression: a review. *American Journal of Psychiatry*, 173(3): 221–231.

Rodin, J. and Langer, E. J. (1977). Long-term effects of a control-relevant intervention with the institutionalized aged. *Journal of Personality and Social Psychology*, 35(12): 897–902.

Rogers, C. R. (1951). *Client-centered therapy: its current practice, implications, and theory*. London: Constable.

Rolfe, G., Jasper, M. and Freshwater, D. (2010). *Critical reflection in practice: generating knowledge for care* (2nd ed.), Hampshire, UK: Palgrave Macmillan.

Ross, C. A. and Goldner, E. M. (2009). Stigma, negative attitudes and discrimination towards mental illness within the nursing profession: a review of the literature. *Journal of Psychiatric and Mental Health Nursing*, 16: 558–567.

Rydon-Grange, M. (2015). 'What's Psychology got to do with it?' Applying psychological theory to understanding failures in modern healthcare settings. *Journal of Medical Ethics*, medethics-2015-102922.

Sadja, J. and Mills, P. J. (2013). Effects of yoga interventions on fatigue in cancer patients and survivors: a systematic review of randomized controlled trials. *Explore: The Journal of Science and Healing*, 9: 232–243.

Saunders, L. E., Green, J. M., Petticrew, M. P., Steinbach, R. and Roberts, H. (2013). What are the health benefits of active travel? A systematic review of trials and cohort studies. *PLoS One*, 8, e69912.

Schacter, D. L. (1999). The seven sins of memory: insights from psychology and cognitive neuroscience. *American Psychologist*, 54(3): 182–203.

Schacter, D. L. and Addis, D. R. (2007). The cognitive neuroscience of constructive memory: remembering the past and imagining the future. *Philosophical Transactions of the Royal Society B: Biological Sciences*, 362: 773–786.

Schachter, S. and Singer, J. (1962). Cognitive, social, and physiological determinants of emotional state. *Psychological Review*, 69: 379–399.

Schaufeli, W. B., Leiter, M. P. and Maslach, C. (2009). Burnout: 35 years of research and practice. *Career Development International*, 14: 204–220.

Scheier, M. F. and Carver, C. S. (1993). On the power of positive thinking: the benefits of being optimistic. *Current Directions in Psychological Science*, 2: 26–30.

Schramm, W. (1971) 'The nature of communication between humans' in W. Schramm and D. E. Roberts (Eds.), *The process and effects of mass communication*. Urbana: University of Illinois Press, pp. 3–53.

Schwartz, S. H. and Clausen, G. T. (1970). Responsibility, norms, and helping in an emergency. *Journal of Personality and Social Psychology*, 16(2): 299–310.

Schwender, D., Kaiser, A., Klasing, S., Peter, K. and Poppel, E. (1994). Midlatency auditory evoked potentials and explicit and implicit memory in patients undergoing cardiac surgery. *Anesthesiology*, 80: 493–501.

Seligman, M. E. (1971). Phobias and preparedness. *Behavior Therapy*, 2: 307–320.

Seligman, M. E. (2011). *Learned optimism: how to change your mind and your life*. New York, NY: Vintage Books (Random House).

Seligman, M. E. and Csikszentmihalyi, M. (2000). *Positive psychology: an introduction*. American Psychological Association. *American Psychologist*, 55(1): 5–14.

Selye, H. (1956). *The stress of life*. New York, NY: McGraw-Hill.

Sherif, M., Harvey, O., White, B., Hood, W. and Sherif, C. (1961). *Intergroup cooperation and conflict: the robbers' cave experiment*. Norman, OK: University of Oklahoma Book Exchange.

Shimizu, M., Johnson, K. and Wansink, B. (2014). In good company. The effect of an eating companion's appearance on food intake. *Appetite*, 83: 263–268.

Skinner, B. F. (1938). *The behavior of organisms: an experimental analysis*. New York, NY: Appleton-Century-Crofts, Inc.

Skinner, B. F. (1972) *Beyond freedom and dignity*. New York, NY: Bantam Books.

Skinner, B. F. and Hayes, J. (1976). *Walden Two*. New York, NY: Macmillan.

Sklar, L. S. and Anisman, H. (1981). Stress and cancer. *Psychological Bulletin*, 89(3): 369–406.

Slade, A., Cohen, L. J., Sadler, L. S. and Miller, M. (2009). 'The psychology and psychopathology of pregnancy' Chapter 2 in Charles H. Zeanah Jr. (Ed.), *The Handbook of Infant Mental Health*, pp. 22–39.

Smit, C. (2015). Theories and models of grief: applications to professional practice. *Whitireia Nursing and Health Journal*: 33.

Smith, J., Forster, A., Young, J. and Stroke, C. G. F. I. P. A. (2009). Cochrane review: information provision for stroke patients and their caregivers. *Clinical Rehabilitation*, 23: 195–206.

Smith-Miller, C. A., Shaw-Kokot, J., Curro, B. and Jones, C. B. (2014). An integrative review: fatigue among nurses in acute care settings. *Journal of Nursing Administration*, 44: 487–494.

Soderstrom, M., Dolbier, C., Leiferman, J. and Steinhardt, M. (2000). The relationship of hardiness, coping strategies, and perceived stress to symptoms of illness. *Journal of Behavioral Medicine*, 23: 311–328.

Spencer, S. J., Steele, C. M. and Quinn, D. M. (1999). Stereotype threat and women's math performance. *Journal of Experimental Social Psychology*, 35: 4–28.

Stamenov, M. and Gallese, V. (2002). *Mirror neurons and the evolution of brain and language*. Amsterdam, NL: John Benjamins Publishing.

Staud, R., Mokthech, M., Price, D. D. and Robinson, M. E. (2015). Evidence for sensitized fatigue pathways in patients with chronic fatigue syndrome. *Pain*, 156: 750–759.

Steblay, N. M. (1992). A meta-analytic review of the weapon focus effect. *Law and Human Behavior*, 16: 413.

Steele, C. M. (1988). The psychology of self-affirmation: sustaining the integrity of the self. *Advances in Experimental Social Psychology*, 21: 261–302.

Steele, C. M. and Aronson, J. (1995). Stereotype threat and the intellectual test performance of African Americans. *Journal of Personality and Social Psychology*, 69: 797–811.

Steele, C. M., Spencer, S. J. and Aronson, J. (2002). Contending with group image: the psychology of stereotype and social identity threat. *Advances in Experimental Social Psychology*, 34: 379–440.

Steptoe, A. and Kivimaki, M. (2013). Stress and cardiovascular disease: an update on current knowledge. *Annual Review of Public Health*, 34: 337–354.

Stern, D. N. (2010). *Forms of vitality: exploring dynamic experience in psychology, the arts, psychotherapy, and development*. Oxford University Press.

Sternberg, R. J. (1986). A triangular theory of love. *Psychological Review, 93*(2): 119-135.

Stroebe, M. and Schut, H. (1999). The dual process model of coping with bereavement: rationale and description. *Death Studies*, 23: 197-224.

Stroebe, M., Schut, H. and Stroebe, W. (1998). 'Trauma and grief: a comparative analysis' in J. Harvey (Ed.), *Perspectives on loss: a sourcebook*. Philadelphia, PA: Brunner/Mazel, pp. 81-96.

Swaab, D. (1991). Brain aging and Alzheimer's disease, "wear and tear" versus "use it or lose it". *Neurobiology of Aging,* 12: 317-324.

Sykes, J. and Javidnia, H. (2013). A contemporary review of the management of the difficult patient. *JAMA facial plastic surgery*, 15: 81-84.

Takase, M., Maude, P. and Manias, E. (2006). Impact of the perceived public image of nursing on nurses' work behaviour. *Journal of Advanced Nursing*, 53: 333-343.

Tangney, J. P. and Fisher, K. W. (1995). *Self-conscious emotions: the psychology of shame, guilt, embarrassment, and pride*. New York, NY: Guilford Press.

Taylor, S. E. (1983). Adjustment to threatening events: a theory of cognitive adaptation. *American Psychologist*, 38(11): 1161-1173.

Taylor, S. E., Lichtman, R. R. and Wood, J. V. (1984). Attributions, beliefs about control, and adjustment to breast cancer. *Journal of Personality and Social Psychology*, 46(3): 489-502.

Thomas, A. G., Dennis, A., Bandettini, P. A. and Johansen-Berg, H. (2012). The effects of aerobic activity on brain structure. *Frontiers in Psychology*, 3.

Thompson, A., Hollis, C. and Richards, D. (2003). Authoritarian parenting attitudes as a risk for conduct problems. *European Child & Adolescent Psychiatry,* 12: 84-91.

Thorndike, E. L. (1927). The law of effect. *The American Journal of Psychology*, 39(1): 212-222.

Timmins, F. and de Vries, J. M. (2014). Nurses are not bystanders: a response to Paley. *Nurse Education Today*, 34(10): 1269-1334.

Todorovic, D. (2008). Gestalt principles. *Scholarpedia*, 3(12): 5345.

Tooby, J. and Cosmides, L. (1990). The past explains the present: emotional adaptations and the structure of ancestral environments. *Ethology and Sociobiology*, 11: 375-424.

Tooby, J. and Cosmides, L. (2008). 'The evolutionary psychology of the emotions and their relationship to internal regulatory variables' in M. Lewis, J. M. Haviland-Jones and L. Feldman Barrett (Eds.), *Handbook of emotions* (3rd ed.). New York, NY: The

Guildford Press.

Trivers, R. L. (1971). The evolution of reciprocal altruism. *Quarterly Review of Biology*, 46(1): 35–57.

Trivers, R. (2006). 'Reciprocal altruism: 30 years later' in P. M. Kappeler and C. P. van Schaik (Eds.), *Cooperation in Primates and Humans*. Berlin Heidelberg: Springer-Verlag.

Tulving, E. (2002). Episodic memory: from mind to brain. *Annual Review of Psychology,* 53: 1–25.

Upton, D. and Thirlaway, K. (2010). *Promoting healthy behaviour: a practical guide for nursing and healthcare professionals*. Harlow, UK: Pearson Education Limited.

Urquhart, D. M., Phyomaung, P. P., Dubowitz, J., Fernando, S., Wluka, A. E., Raajmaakers, P., Wang, Y. and Cicuttini, F. M. (2015). Are cognitive and behavioural factors associated with knee pain? A systematic review. *Seminars in Arthritis and Rheumatism*, Feb; 44(4): 445–55.

Van der Kolk, B. A. and McFarlane, A. C. (2012). *Traumatic stress: the effects of overwhelming experience on mind, body, and society*. Guilford Press.

Van der Kolk, B. A., Pelcovitz, D., Roth, S., Mandel, F., McFarlane, A. and Herman, J. L. (1996). Dissociation, somatization, and affect dysregulation: the complexity of adaptation to trauma. *American Journal of Psychiatry,* 153: 83–93.

Vargas, M. A. D. O. and Ramos, F. R. S. (2011). Responsibility in health care: regarding the time we live as intensive care nurses. *Revista da Escola de Enfermagem da USP*, 45: 876–883.

Veehof, M., Trompetter, H., Bohlmeijer, E. and Schreurs, K. (2016). Acceptance- and mindfulness-based interventions for the treatment of chronic pain: a meta-analytic review. *Cognitive Behaviour Therapy*, 45(1): 5–31.

Vetter, D., Barth, J., Uyulmaz, S., Uyulmaz, S., Vonlanthen, R., Belli, G. ... Clavien, P.-A. (2015). Effects of art on surgical patients: a systematic review and meta-analysis. *Annals of Surgery*, 262(5): 704–713.

Vissing, Y. M., Straus, M. A., Gelles, R. J. and Harrop, J. W. (1991). Verbal aggression by parents and psychosocial problems of children. *Child Abuse & Neglect,* 15: 223–238.

Volker, S., Keller, H., Lohaus, A., Cappenberg, M. and Chasiotis, A. (1999). Maternal interactive behaviour in early infancy and later attachment. *International Journal of Behavioral Development,* 23: 921–936.

Vygotsky, L. (1978). Interaction between learning and development. *Readings on the Development of Children*, 23(3): 34–41.

Wahrendorf, M., Ribet, C., Zins, M., Goldberg, M. and Siegrist, J. (2010). Perceived reciprocity in social exchange and health functioning in early old age: prospective findings from the GAZEL study. *Aging & Mental Health,* 14: 425–432.

Walker, J., Payne, S., Jarrett, N. and Ley, T. (2012). *Psychology for nurses and the caring professions*. New York, NY: McGraw–Hill International.

Walsh, K. and Kowanko, I. (2002). Nurses' and patients' perceptions of dignity. *International Journal of Nursing Practice*. 8: 143–151.

Walton, G. M., Murphy, M. C. and Ryan, A. M. (2015). Stereotype threat in organizations: implications for equity and performance. *Annual Review of Organizational Psychology and Organizational Behavior*, 2: 523–550.

Ward, J. (2010). *The Student's Guide to Cognitive Neuroscience* (2nd ed.). Hove and New York: Psychology Press (Taylor and Francis Group).

Wason, P. C. and Johnson–Laird, P. N. (1972). *Psychology of reasoning: structure and content*. Cambridge, MA: Harvard University Press.

Watanabe, N., Stewart, R., Jenkins, R., Bhugra, D. K. and Furukawa, T. A. (2008). The epidemiology of chronic fatigue, physical illness, and symptoms of common mental disorders: a cross–sectional survey from the second British National Survey of Psychiatric Morbidity. *Journal of Psychosomatic Research,* 64: 357–362.

Watson, J. B. and Rayner, R. (1920). Conditioned emotional reactions. *Journal of Experimental Psychology*, 3(1): 1–14.

Watt–Watson, J., Garfinkel, P., Gallop, R., Stevens, B. and Streiner, D. (2000). The impact of nurses' empathic responses on patients' pain management in acute care. *Nursing Research*, 49(4): 191–200.

Weiner, B. (1988). Attribution theory and attributional therapy: some theoretical observations and suggestions. *British Journal of Clinical Psychology*, 27: 99–104.

Weinreb, L., Wehler, C., Perloff, J., Scott, R., Hosmer, D., Sagor, L. and Gundersen, C. (2002). Hunger: its impact on children's health and mental health. *Pediatrics*, 110: e41–e41.

Weinstein, B. E. and Ventry, I. M. (1982). Hearing impairment and social isolation in the elderly. *Journal of Speech, Language, and Hearing Research*, 25: 593–599.

Weinstein, T. L. and Li, X. (2015). The relationship between stress and clinical outcomes for persons living with HIV/AIDS: a systematic review of the global literature. *AIDS Care*: 28(2): 160–169.

Weiten, W. (2010). *Psychology: Themes and Variations (briefer version)* (8th Int. Ed.) Belmont, CA: Wadsworth Cengage Learning.

Wertheimer, M. (1923). Laws of organization in perceptual forms. *A source book of Gestalt psychology*. London, UK: Routledge & Kegan Paul.

Westbrook, J. I., Duffield, C., Li, L. and Creswick, N. J. (2011). How much time do nurses have for patients? A longitudinal study quantifying hospital nurses' patterns of task time distribution and interactions with health professionals. *BMC Health Services Research*, 11: 319.

Whiteford, H. A., Degenhardt, L., Rehm, J., Baxter, A. J., Ferrari, A. J., Erskine, H. E., Charlson, F. J., Norman, R. E., Flaxman, A. D. and Johns, N. (2013). Global burden of disease attributable to mental and substance use disorders: findings from the Global Burden of Disease Study 2010. *The Lancet*, 382: 1575–1586.

WHO (2006). *Constitution of the World Health Organization*. Basic Documents, Supplement, October 2006. Geneva: World Health Organisation (WHO).

Williams, A., Eccleston, C. and Morley, S. (2012). Psychological therapies for the management of chronic pain (excluding headache) in adults. *Cochrane Database Syst Rev*, 11.

Wills, T. A. (1978). Perceptions of clients by professional helpers. *Psychological Bulletin*, 85(5): 968–1000.

Winstanley, S. and Whittington, R. (2004). Aggression towards health care staff in a UK general hospital: variation among professions and departments. *Journal of Clinical Nursing*, 13(1): 3–10.

Wood, D., Bruner, J. S. and Ross, G. (1976). The role of tutoring in problem solving. *Journal of Child Psychology and Psychiatry*, 17(2): 89–100.

Yerkes, R. M. and Dodson, J. D. (1908). The relation of strength of stimulus to rapidity of habit-formation. *Journal of Comparative Neurology and Psychology*, 18, 459–482.

Yoder, E. A. (2010). Compassion fatigue in nurses. *Applied Nursing Research*, 23(4): 191–197.

Zedelius, C. M. and Schooler, J. W. (2015). Mind wandering "Ahas" versus mindful reasoning: alternative routes to creative solutions. *Frontiers in Psychology*, 6: 834.

Zerwekh, J. and Garneau, A. Z. (2014). *Nursing today: transition and trends* (8th ed.). St Louis, MO: Elsevier Health Sciences.

Zimbardo, P. G., Haney, C., Banks, W. C. and Jaffe, D. (1974). 'The psychology of imprisonment: privation, power, and pathology' in Z. Rubin (Ed.), *Doing Unto Others: Explorations in Social Behavior*. Englewood Cliffs, NJ: Prentice-Hall, pp. 61–73.

Zwi, M., Jones, H., Thorgaard, C., York, A. and Dennis, J. A. (2011). *Parent training interventions for Attention Deficit Hyperactivity Disorder (ADHD) in children aged 5 to 18 years*. London: The Cochrane Library.

찾아보기

ㅊ

ㅋ

ㅌ

ㅍ

ㅎ

찾아보기